# Wertewandel – Rechtswandel

## Perspektiven auf die gefährdeten Voraussetzungen unserer Demokratie

# Wertewandel – Rechtswandel

## Perspektiven auf die gefährdeten Voraussetzungen unserer Demokratie

RESCH VERLAG

Die Deutsche Bibliothek - CIP-Einheitsaufnahme

**Wertewandel – Rechtswandel** : Perspektiven auf die gefährdeten Voraussetzungen unserer Demokratie / [Fikentscher ...]. – Gräfelfing : Resch, 1997
(Reihe Wirtschaft und Gesellschaft)
ISBN-3-930039-60-5


Gestaltung: Norbert Dinkel, München
Umschlag: Helmut Brandl, Grafik Design, Gilching
Umschlagbild: Bundesverfassungsrichter, 2. Senat: Monika Heinlein, Karlsruhe
Foto-Demonstration dpa Deutsche Presseagentur
Satz: Filmsatz Schröter GmbH, München
Druck, Bindung: Jos. C. Huber KG, Dießen
Printed in Germany
ISBN-3-930039-60-5

# Inhalt

*Andreas Püttmann*

# Einführung

I.

Benjamin Franklin wurde nach dem Verfassungskonvent von Philadelphia von einer Frau gefragt, ob sie nun eine Demokratie hätten. »Ja, liebe Dame«, antwortete Franklin, »wir haben sie, wenn Sie sie halten können.« Als Rudolf Wassermann, langjähriger Vorsitzender der Arbeitsgemeinschaft sozialdemokratischer Juristen, diese Begebenheit 1989 in Erinnerung rief und erläuterte: »In einem Staat kann es nur so viel Recht geben, wie es rechtlich denkende Menschen gibt«[1], hatten die Bürger der westdeutschen Bundesrepublik – unterstützt durch die freien Völker Westeuropas und Nordamerikas – ihre Demokratie vier Jahrzehnte hindurch gegen die militärische Bedrohung und ideologische Infiltration aus den angrenzenden Diktaturen im Osten »halten können«. Bei den 40-Jahr-Feiern zum Bestehen der Republik und ihres Grundgesetzes ahnte kaum jemand, daß sich schon wenig später Konrad Adenauers »Magnettheorie« bewahrheiten sollte, wonach von einer prosperierenden Gemeinschaft freier, demokratisch verfaßter Völker eine so große Anziehungskraft ausgehen werde, daß es schließlich möglich sei, »nicht nur die Sowjetzone, sondern das ganze versklavte Europa östlich des Eisernen Vorhangs in Frieden zu befreien«[2]. Im folgenden Jahr bestätigte sich durch den Modus der Wiedervereinigung Deutschlands – Beitritt nach Artikel 23 GG a. F. – der treuhänderische Anspruch in der Präambel des Bonner Grundgesetzes, man habe »auch für jene Deutschen gehandelt, denen mitzuwirken versagt war«. Die Menschen in der DDR verstanden die Rede vom »Staat des Grundgesetzes als Angebot und Aufgabe«[3] auf ihre Weise und schlossen sich dem Erfolgsunternehmen »Leben unter dem Grundgesetz« lieber an, statt in »gleichberechtigte« Verhandlungen über eine gemeinsame neue Verfassung gemäß Artikel 146 einzutreten, wie dies Bundespräsident Richard von Weizsäcker und ein großer Teil der deutschen Linken zunächst präferiert hatten. So erlebte am 3. Oktober 1990 das Grundgesetz der zunächst nur »provisorisch« organisierten »Bonner Republik« seine denkbar eindrucksvollste Bestätigung. Eine Verfassung in der Stunde ihres größten Glanzes.

## II.

Deutschland also »in bester Verfassung«? Die Autoren dieses Buches, angesehene Wissenschaftler und Praktiker aus Jurisprudenz, Politik und Philosophie, äußern Zweifel. Josef Isensee, Martin Kriele und Rupert Scholz zeigen – etwa am Beispiel von Meinungs- und Versammlungsfreiheit, Ehrenschutz und Lebensschutz – Widersprüche zwischen Verfassungstext, Verfassungsverständnis und Verfassungswirklichkeit auf und sorgen sich vor dem Hintergrund des gesellschaftlichen Wertewandels um eine Erosion des Rechtsbewußtseins in der Bevölkerung wie in den Amtseliten. Wenn es in einem Staat tatsächlich »nur so viel Recht geben kann, wie es rechtlich denkende Menschen gibt«, ist allerdings auch aus der Sicht der Bevölkerung selbst Grund zur Skepsis gegeben. 70 Prozent der Bundesbürger haben den Eindruck, »daß das Gefühl für Recht und Unrecht in unserem Land zurückgeht«[4]. Kriminalitätsstatistik und demoskopische Untersuchungen zum Rechtsbewußtsein scheinen dies zu bestätigen. »Daß alle die Gesetze achten«, gehört – bei kontinuierlichem Rückgang seit den siebziger Jahren – gerade noch für jeden zweiten Bundesbürger und nur noch für eine Minderheit der jungen Deutschen »unbedingt zur Demokratie«[5]. Die erklärte Bereitschaft zur öffentlichen »Regelverletzung«, auch zur Beteiligung an gewalttätigen Demonstrationen ist nach einschlägigen Umfragen[6] ebenso deutlich gestiegen wie die Permissivität gegenüber den diversen Formen der sogenannten Alltagskriminalität: Steuerhinterziehung, Miß- brauch von Sozialleistungen, Mitnahme von Büromaterial zu privaten Zwecken, Versicherungsbetrug, Schwarzfahren. Zugleich anerkennt nur noch eine schrumpfende Minderheit der Bevölkerung »klare Maßstäbe für gut und böse«[7]; die große Mehrheit nimmt Zuflucht zu einer Art situativer Ethik, nach der alles immer »von den gegebenen Umständen« abhängt. Folglich hat sich die Bandbreite des Zulässigen – oder jedenfalls nicht unbedingt Verbotenen –, die Zahl der unter den Augen der Gesellschaft wählbaren Optionen, scheinbar unaufhörlich erweitert. »Die meisten Normen stehen noch, jedoch wie bröckelndes Mauerwerk, durch die wachsende Bereitschaft zur Tolerierung von Normverstößen«[8], welche – das sei nebenbei vermerkt – die Aufmerksamkeitsschwelle der Medien leichter überschreiten als das regelgetreue Verhalten. So hat eine friedliche Demonstration (»Latsch-Demo«) von tausend Bürgern weniger Chancen ins Fernsehen zu kommen, als eine Sitzblockade von zwanzig wahrheitsmonopolistischen »Widerstands«-Aktivisten.

Die Verfassungsväter waren 1949 – so Carlo Schmid – noch »der Meinung, daß mit dem Begriff des Rechtsstaates von vornherein die Verpflichtung aller Bürger gegeben ist, die Gesetze dieses Staates zu befolgen und jenen Anordnungen Folge zu leisten, die kraft dieser Gesetze von den von ihnen für zuständig erklärten Stellen erlassen werden«[9]. Damit entsprachen sie dem Vermächtnis der Widerstandskämpfer gegen die nationalsozialistische Unrechtsdiktatur, das Eugen Gerstenmaier angesichts des »zeit-verrückten« Widerstandspathos westdeutscher Protestbewegungen in die Worte faßte: »Wir wollten Recht. Geordnet gehandhabtes und vollzogenes Recht. (...) Wir waren entschlossen, an den fundamentalen Grundsätzen des Rechtsstaates festzuhalten, richtiger: sie wieder auf den Leuchter zu stellen.«[10]

## III.

Das Normensystem des freiheitlichen Rechtsstaates, wie er in den Verfassungsartikeln 1 bis 20 zugrunde gelegt ist, verkörpert nach der zum Gemeingut politischer Bildung und Rhetorik gewordenen Judikatur des Bundesverfassungsgerichts auch eine »objektive Wertordnung«[11]. Schon deshalb ist Rechtsbruch unter Berufung auf dem Recht überlegene Werte in der Demokratie des Grundgesetzes widersinnig. Doch nicht allein die Diskreditierung des Gesetzesgehorsams gefährdet die Stabilität der Rechtsordnung. Die »objektiven« Grundwerte des Grundgesetzes können langfristig nicht vom Wandel der subjektiven Wertvorstellungen in der Gesellschaft unbeeinflußt bleiben. Zwar verändern sich

Gesetze, Sitten und Konventionen langsamer als die moralischen Normen der Individuen, es besteht hier also immer ein »time lag«. Wenn sich aber die Normen der einzelnen Menschen verändern, dann verändern sich auch die Gesetze, Sitten und Konventionen unausweichlich. Zeitgeist und Recht[12] stehen besonders bei der Verfassungsauslegung in einer Wechselbeziehung. Staatszielbestimmungen und Grundrechte lassen nun einmal einen weiteren Interpretationsspielraum als die Straßenverkehrsordnung, und der Regelungsgegenstand des Politischen macht es dem Interpreten schwer, sich dem Sog der Zeitströmungen, der konkurrierenden Ideen und Interessen zu entziehen. Durch ihr Verständnis und ihre Auslegung »arbeitet« die Verfassung gleichsam wie Holz. »Wenn die Interpretationsfolie wechselt, ändert sich, ohne Änderung des Verfassungstextes, die Verfassungssubstanz. Ein Philologe, der seinen Text falsch auslegt, verfehlt sein Objekt; der Jurist, der seinen Text falsch auslegt, verändert sein Objekt und schafft substantiell neues Recht, jedenfalls wenn sich seine Auslegung durchsetzt.«[13] Die Verwirrung etwa um die höchstrichterliche Bewertung von Sitzblockaden zeigt einmal mehr: Gerichte existieren nicht in einem gesellschaftlichen Vakuum, auch »Richter sind Kinder ihrer Zeit, und in ihrer Einstellung spiegelt sich das Meinungsklima der Gesellschaft wider«[14]. Dies gilt nicht zuletzt für das Bundesverfassungsgericht, das »in den Vorstellungen eines dem Verfassungsgesetz unterstellten und seine Innehaltung mit den Mitteln herkömmlicher Rechtsauslegungskunst sichernden Gerichts nicht mehr begriffen werden kann«[15].

Für jeden Bürger, dem am Bestand unseres Rechtsstaats und seiner Wertordnung gelegen ist, steht damit die eigene Teilnahme am Wettbewerb der Verfassungsauslegung offen. Diese ist weder ein Monopol von Verfassungsrichtern noch von politischen Amtsträgern und fachlich geschulten Juristen. »Man mag das allgemeine Verfassungsinterpretentum (ein quasi lutheranisches Element) beklagen und kritisieren, daß nunmehr alle Zutritt hätten: die Theologen, Philosophen, Soziologen, Politologen und Journalisten (...). Man kann die ›offene Gesellschaft der Verfassungsinterpreten‹ feiern[16] oder die Verfassungsauslegung als neuartigen ›Volkssport‹ ironisieren. Aber man kann das Faktum nicht ignorieren, mag auch der Staatsrechtslehrer aus Berufshochmut dazu neigen. Und man kommt nicht umhin, es zu akzeptieren als demokratische Normalität.«[17]

IV.

Dies bedeutet freilich nicht, daß gewissermaßen alles Recht mittel- bis langfristig zur Disposition wechselnder Mehrheitsströmungen stünde. Zwar mag das Bewußtsein (von Werten) letzten Endes tatsächlich alles Sein (von Recht) bestimmen, weil – umgekehrt – die bewußtseinsbildende Kraft des positiven Rechts weniger wirkungsmächtig zu sein scheint (§ 218!). Doch, wie Staatsminister Steffen Heitmann in diesem Buch betont, »darf sich der Staat nicht in die Rolle eines ›Abwicklers‹ zurückziehen, darf er nicht zum Sklaven sich wandelnder gesellschaftlicher Entwicklungen machen«. Und ganz generell darf eine humane Gesellschaft niemals die Überzeugung aufgeben, daß ein dem Wandel unterworfener Bereich von Wertvorstellungen und Rechtssätzen seine Begrenzung findet in einem menschlicher Verfügung entzogenen Kernbestand »ewiger« Werte und Rechte, »die droben hangen unveräußerlich und unzerbrechlich wie die Sterne selbst« (Schiller). Entsprechend unterscheiden auch Wolfgang Fikentscher und Nikolaus Lobkowicz in ihren Beiträgen zu diesem Band »zwei Wertebenen«, deren eine überzeitlich, unwandelbar und (scheinbar) innerweltlich evident, doch letztlich nur transzendent begründbar ist. Wo diese transzendente Wurzel unserer Imperative unbedingten Sollens oder Unterlassens abgeschnitten wird, mögen Stamm und Äste menschlicher Lebensordnung noch eine Weile grüne Blätter tragen, doch ihr Absterben ist gewiß.

Diese Gewißheit dämmert heute auch wieder jenen, die früher nicht gerade zu den Verfechtern, manchmal gar zu den Verächtern einer religiös bestimmten Ethik und der sie lehrenden Institutionen gehörten. Unter dem Schock einer Welle von ausländerfeindlichen Brandanschlägen fragte die GRÜNEN-Abgeordnete im nordrhein-westfälischen Landtag, Beate Scheffler, im Rückblick auf die Erziehungsreformziele der 68er-Bewegung, wie es kommen konnte, daß »statt der mündigen, sozial und ökologisch engagierten, politisch hochmotivierten Jugend unsere Erziehung eine Spezies hervorgebracht hat, die zum überwiegenden Teil egozentrisch, konsumorientiert und, im schlimmsten Fall, sogar gewalttätig und fremdenfeindlich ist«[18]. Eine mögliche Antwort konnte sie zu diesem Zeitpunkt bereits in Joschka Fischers Programmschrift »Die Linke nach dem Sozialismus« nachlesen: »Eine Ethik, die sich nicht auf die tiefer reichende, normative Kraft einer verbindlichen Religion (...) stützen kann, wird es schwer haben, sich in der Gesellschaft durchzusetzen und von Dauer zu sein. (...) Das offene Glaubensproblem der Moderne wird sich nicht durch eine handlungsorientierte Verantwortungsethik auflösen lassen, wie sie Hans Jonas versucht hat, denn ihre gesellschaftliche Wirkung könnte sie erst auf dem Hintergrund neuer und akzeptierter religiöser Tabus und davon abgeleiteter Normierungen entfalten. Eine Verantwortungsethik ohne religiöse Fundierung scheint (...) in der Moderne einfach nicht zu funktionieren.«[19]

Die Begründung fällt nicht schwer: Erst die Annahme einer überweltlichen Rechtfertigungspflicht und eines transzendenten Ausgleichs von Sittlichkeit und »pursuit of happiness« für die unsterbliche Seele stellt die Versicherungsinstanz dafür dar, daß ethische Maßstäbe unverbrüchlich gelten, daß sogar der Zustand, selbst als einziger sittlich zu handeln und dabei – innerweltlich betrachtet – hoffnungslos unterzugehen, immer noch jenem Zustand vorzuziehen wäre, in dem gar keiner sittlich handelte[20]: Die letzte Konsequenz einer Auflösung dieser religiösen Ethikverankerung hat Dostojewski (Schuld und Sühne) in dem drastischen Satz zugespitzt: »Wenn es Gott nicht gibt, dann ist alles erlaubt.«

## V.

Tatsächlich deuten zahlreiche empirische Befunde für die Bundesrepublik Deutschland auf einen engen Zusammenhang zwischen dem Verfall der religiösen Kultur und einer Schwächung des Rechtsbewußtseins hin: Sowohl illegale Protestformen als auch die obengenannten Delikte der Alltagskriminalität werden mit wachsender Nähe zur Kirche entschiedener abgelehnt. Der Vorsprung praktizierender Christen gegenüber konfessionslosen Bürgern beträgt hier zwischen 10 und 30 Prozent[21]. Ähnlich drastische Unterschiede ergeben sich in der Unterstützung von Handlungsmaximen wie »immer die Wahrheit sagen«, »bescheiden sein«, »höflich zu anderen sein«, »Dankbarkeit zeigen«, »auch mal verzichten können«, »anderen vergeben«: kirchlich gebundene Jugendliche machen sich diese Grundsätze um durchschnittlich 16 Prozentpunkte häufiger zu eigen als Gleichaltrige ohne Kirchenbindung[22]. Auch in der Ablehnung radikaler politischer Parteien von links und rechts, in der Bejahung der Gesellschaftsordnung der Bundesrepublik Deutschland und in der Bereitschaft zu sozialem Engagement (Ehrenamt, Armenhilfe, Spendenbereitschaft) erweisen sich die Christen durchaus als eine demokratische »Werte-Elite«. Dies heißt selbstverständlich nicht, daß ein Mensch ohne Gottesglauben kein rechtschaffener und vorbildlicher Bürger sein könnte. Demoskopie macht Aussagen über alle, nicht über jeden. Fraglich ist jedoch, wohin eine ganze Gesellschaft[23] driftet, wenn sie den Anker lichtet, den das Grundgesetz in seiner Präambel mit der »Verantwortung vor Gott« geworfen hat. Die Beispiele der antichristlichen, totalitären Staaten unseres ausgehenden Jahrhunderts mahnen. So erklärte der Dresdener Bischof Joachim Reinelt 1993: »Wer Gott aus den Herzen der Menschen reißt, weckt die wölfischen Instinkte. Wer einmal miterlebt hat, was die Idee bewirken kann, daß am Anfang nicht der Logos, sondern die Materie steht, hat keine Lust, die Konsequenzen aus diesem Irrtum noch einmal zu tragen.«

In einer Allensbacher Umfrage unterstützten 49 Prozent der Bundesbürger die Aussage, daß »die traditionellen christlichen Werte wieder wichtiger werden müssen« – also weit mehr als nur die aktiven Kirchenmitglieder. Die gegenteilige Antwortalternative: »Traditionelle christliche Werte bringen uns nicht weiter«, wurde von ebenfalls 49 Prozent vertreten.[24] Also ein Patt. Für die deutschen Patrioten, die den mörderischen Allmachtswahn derer zu stoppen suchten, die zum »Recht« erklärten, »was dem Volke Heil bringt« (Hans Frank[25]), oder sich damit brüsteten, sie seien »stolz darauf, nicht zu wissen, was Recht ist« (Hermann Göring), wäre die Entscheidung klar. In einem Bericht über »die konfessionellen Bindungen und kirchlichen Beziehungen der Verschwörerclique vom 20.7.« erklärte der Chef der Sicherheitspolizei und des SD, SS-Obergruppenführer Kaltenbrunner: »Über alle Unterschiede und Gegensätzlichkeiten hinweg, wie sie im Gesamtkreis der Verschwörung angetroffen werden, bestand eine gewisse Übereinstimmung, daß das Christentum die sittliche Grundlage des Staates abgeben sollte.«[26]

Entsprechend schufen die Väter des Grundgesetzes die zweite demokratische Verfassung der Deutschen aus einem Kanon ethischer Grundnormen, die einen engen Zusammenhang mit dem Christentum erkennen lassen. Daß – wie auch Wolfgang Fikentschers ideengeschichtlicher Beitrag belegt – »deutlich christliches Erbe«[27] in der Verfassungssubstanz enthalten ist, kann als zwischen Theologie, Staatsrechtslehre und Politischer Wissenschaft unumstritten gelten. Dementsprechend ergab eine Analyse der höchstrichterlichen Judikatur (bis zum Ende der fünfziger Jahre), »daß dem Menschenbild der Rechtsprechung weitgehend christliche Auffassungen zugrunde liegen«[28]. Aus der Anerkennung des »spezifisch christlichen Ursprungs« der Ideen der Menschenwürde und der »gleichen Freiheit alles dessen, was Menschenantlitz trägt«[29], folgt dann aber auch die Frage von Nikolaus Lobkowicz, ob die heutige »unmittelbare Evidenz« des Satzes: »Die Würde des Menschen ist unantastbar« (Artikel 1 I GG) sich tatsächlich als ebenso unveränderlich erweisen werde, wie es seiner »Ewigkeitsgarantie« durch Artikel 79 III GG entspräche. »Nichts spricht dafür, daß es immer so bleiben müßte. Es ist eine Evidenz, die kulturgeschichtliche Voraussetzungen hat: das jüdisch-christliche Menschenbild (...). Wie der Holocaust, der Archipel Gulag und die jüngsten Ereignisse im vormaligen Jugoslawien beweisen, braucht es nur wenig, um sie als Evidenzen auszulöschen, so als dürften wir heute technisch hochgerüstete Neandertaler sein« (Lobkowicz).

## VI.

Die Decke unserer Zivilisation ist also dünn. Bessere Menschen als im ehemaligen Jugoslawien leben in Deutschland wohl nicht. Wir haben nur das Glück, in rechtsstaatlichen Strukturen zu leben, die – unter der Ägide demokratischer Siegermächte – in einer erfahrungsverdichteten Zeit durch eine Positivauswahl von Menschen errichtet wurden, die den Untergang einer Demokratie und den Ungeist einer Unrechtsherrschaft erlebt hatten und auf dieser Gegenfolie nun um so klarer die geistigen Voraussetzungen und Strukturprinzipien eines menschenwürdigen Gemeinwesens erkannten. Der Einfluß der Kirchen und ihrer Soziallehre auf die Konstituierung der Bonner Demokratie war entsprechend groß. Der zunehmend selbstverständliche Genuß von Freiheit und Rechtssicherheit scheint aber für das Bewußtsein ihrer Gefährdung zu desensibilisieren, die lebendige Erinnerung wächst sich im Generationenwechsel aus, der christlich-humanistische Bildungshorizont ist auf ein zum Teil erschreckendes Niveau gefallen, die in »erfahrungsverdünnten akademischen Räumen« (Hermann Lübbe) geborenen »Diskursethiken« und »Systemtheorien« betonen mit Nachdruck ihren »nachmetaphysischen« Status[30], und der Rechtspositivismus hat das Naturrechtsdenken fast vollständig verdrängt. Die überlebenden Opfer der zweiten deutschen Unrechtsdiktatur DDR vermögen ein Lied davon zu singen – eine Erfahrung, die auch der sächsische Justizminister in seinem Beitrag als »bitter« und »ernüchternd« beschreibt.

Hielt die in Rousseaus anthropologischem Irrtum verhaftete Linke es traditionell für ausgemacht, daß der gute Mensch durch die ungerechten gesellschaftlichen Strukturen verdorben werde, so beschleicht uns heute das bange Gefühl, es könnte inzwischen genau umgekehrt sein: Eine im ethischen Sinne gute Ordnung des Staates ist nicht mehr »gedeckt« durch die entsprechenden Werthaltungen und Tugenden ihrer Bürger, derer sie aber existentiell bedarf: »Der freiheitliche, säkularisierte Staat lebt von Voraussetzungen, die er selbst nicht garantieren kann. Das ist das große Wagnis, das er, um der Freiheit willen, eingegangen ist.«[31] Der Ausgang dieses Wagnisses bleibt ungewiß. Schon 1986 warnte Bundespräsident von Weizsäcker vor dem Deutschen Juristentag, »nicht Schwarzmaler, sondern nüchterne Beobachter« äußerten den Verdacht, »die Demokratie lebe geistig von den Restbeständen vormoderner Werte und brauche diesen Vorrat allmählich auf«[32].

Daß wir – so eine Allensbacher Umfrage – »eine moralische Wende brauchen«, davon ist inzwischen eine Zweidrittelmehrheit der Bevölkerung überzeugt. »Einsicht ist der erste Weg zur Besserung«, mag man geneigt sein zu antworten. Jedenfalls ist uns das Maß an Übereinstimmung von Recht und Moral nicht vorgegeben, sondern aufgegeben. Mit Benjamin Franklin gesprochen: Wir haben einen demokratischen Rechtsstaat, wenn wir – viele einzelne – ihn halten können. Tua res agitur!

## Anmerkungen

1 *Rudolf Wassermann:* Die Zuschauerdemokratie, München/Zürich 1989, 39.

2 *Konrad Adenauer:* Rundfunkrede 1952 (zit. n. Frank R. Pfetsch: Die Außenpolitik der Bundesrepublik 1949–1992. Von der Spaltung zur Vereinigung, 2., erw. und verb. Aufl., München 1993, 150).

3 So die Denkschrift: »Evangelische Kirche und freiheitliche Demokratie. Der Staat des Grundgesetzes als Angebot und Aufgabe«, Gütersloh 1985.

4 Allensbacher Archiv: IfD-Umfrage 5087.

5 Ebd., IfD-Umfragen 5049 und 9006.

6 Zusammenstellung bei Andreas Püttmann: Ziviler Ungehorsam und christliche Bürger-

loyalität. Konfession und Staatsgesinnung in der Demokratie des Grundgesetzes (Politik- und Kommunikationswissenschaftliche Veröffentlichungen der Görres-Gesellschaft, hg. von Hans Maier u. a., Bd. 9), Paderborn u. a. 1994, 74–84.

7 Allensbacher Archiv: IfD-Umfragen 3201 und 3221.

8 *Renate Köcher:* Die Schwierigkeit, in Freiheit zu leben, in: Stimmen der Zeit 10/1985 (110. Jg.), 661–670, 664.

9 *Carlo Schmid:* Erinnerungen, Bern/München/Wien 1979, 372.

10 *Eugen Gerstenmaier:* Streit und Friede hat seine Zeit. Ein Lebensbericht, Frankfurt a. M./ Berlin/Wien 1991, 165.

11 BVerfGE 2,1 (12); 5,85 (134 ff.,197 ff.); 6,32 (40); 7,198 (204 f.); 21,362 (372).

12 *Thomas Würtenberger:* Zeitgeist und Recht, Tübingen, 2., erg. Aufl. 1991.

13 *Josef Isensee:* Freiheit – Recht – Moral. Das Dilemma des Rechtsbewußtseins im deutschen Verfassungsstaat, in: Klaus Weigelt (Hg.): Freiheit – Recht – Moral, Bonn 1988, 14–40, 24.

14 *Rudolf Wassermann:* Rechtsstaat ohne Rechtsbewußtsein? (Schriftenreihe der niedersächsischen Landeszentrale für politische Bildung. Grundfragen der Demokratie, Folge 8), Hannover 1988, 51.

15 *Ernst Forsthoff:* Die Umbildung des Verfassungsgesetzes, in: ders., Rechtsstaat im Wandel. Verfassungsrechtliche Abhandlungen 1950–1964, Stuttgart 1964, 147–175, 170.

16 Vgl. *Peter Häberle:* Die offene Gesellschaft der Verfassungsinterpreten, in: Juristenzeitung 1975 (30. Jg.), 297–305.

17 *Josef Isensee:* Die Verfassung als Vaterland. Zur Staatsverdrängung der Deutschen, in: Armin Mohler (Hg.): Wirklichkeit als Tabu. Anmerkungen zur Lage (Schriften der Carl-Friedrich-von-Siemens-Stiftung, Bd. 11), München 1986, 11–35, 27 f.

18 Zit. n. *Herbert Reul:* Gewalt unter Jugendlichen. Das Scheitern der antiautoritären Erziehungsideologie, in: Die Welt vom 20.4.93, 7.

19 Hamburg 1992, 191.

20 Siehe *Peter Koslowski:* Ethik und Religion als Korrektiv der Wirtschaft, in: Jahrbuch des Forschungsinstituts für Philosophie Hannover 1992/1993 (Schriftenreihe, Bd. 7), Hildesheim 1993, 216–235, 228 ff.

21 Siehe *Püttmann:* Ziviler Ungehorsam, 251 ff.

22 Siehe *Gerhard Schmidtchen:* Ethik und Protest. Moralbilder und Wertkonflikte junger Menschen. Mit Kommentaren von Lothar Roos und Manfred Seitz, Opladen 1992, 171.

23 *Lothar Roos:* Gesellschaft ohne Gott? (Kirche und Gesellschaft Nr. 214, hg. von der Katholischen Sozialwissenschaftlichen Zentralstelle), Köln 1994.

24 Allensbacher Archiv: IfD-Umfrage 5087 (November 1993).

25 *Hans Frank:* Neues Deutsches Recht, München 1936, 7.

26 Zit. n. *Hans-Adolf Jacobsen* (Hg.): »Spiegelbild einer Verschwörung«. Die Opposition gegen Hitler und der Staatsstreich vom 20. Juli 1944 in der SD-Berichterstattung. Geheime Dokumente aus dem ehemaligen Reichssicherheitshauptamt, Bd. 1, Stuttgart 1984, 434.

27 *Klaus Tanner:* Die fromme Verstaatlichung des Gewissens. Zur Auseinandersetzung um die Legitimität der Weimarer Reichsverfassung in der Staatsrechtswissenschaft und Theologie der zwanziger Jahre, Göttingen 1989, 8.

28 *Albrecht Langner:* Der Gedanke des Naturrechts seit Weimar und in der Rechtsprechung der Bundesrepublik (Schriften zur Rechtslehre und Politik, hg. von Ernst von Hippel, Bd. 20), Bonn 1959, 115.

29 *Hermann Heller,* prominentester sozialdemokratischer Staatsrechtslehrer der zwanziger Jahre, in seiner Staatslehre (1934); in der Bearb. von Gerhart Niemeyer Wiederabdruck in: ders., Gesammelte Schriften, Bd. III, hg. von Martin Drath u. a., Leiden 1971, 215.

30 Dazu *Sibylle Tönnies:* Der leere Wertehimmel über Karlsruhe, in: F.A.Z. vom 22.11.96.

31 *Ernst-Wolfgang Böckenförde:* Die Entstehung des Staates als Vorgang der Säkularisation (1967), in: ders.: Staat, Gesellschaft, Freiheit. Studien zur Staatstheorie und zum Verfassungsrecht, Frankfurt 1976, 42–64, 60.

32 *Richard von Weizsäcker:* Verantwortung für die Stabilität des demokratischen Rechtsstaates, in: Verhandlungen des 56. Deutschen Juristentages, Bd. II, München 1986, I 25–40, 39.

*Josef Isensee*

# Rechtsbewußtsein im Rechtsstaat

## I.

Die deutsche Kulturrevolution hat Epoche gemacht, auch für das Rechtsbewußtsein. Sie ist nicht im thukydideischen Sinne Ursache, aber doch Anlaß eines fundamentalen Wandels; sie hat eine Entwicklung offenkundig gemacht und beschleunigt. Mit ihr brach im Verständnis von Recht, Staat und Verfassung ein Fundamentaldissens auf, der bis heute, ungeachtet aller neueren Entwicklungen, fortwirkt.

Die Kulturrevolution kündigte den Konsens auf, der die Deutschen beim Aufbau der Bundesrepublik geleitet und der das praktische Verfassungsverständnis des Anfangs geprägt hatte. Sie verwarf den Fundus an bürgerlichen Selbstverständlichkeiten, die offene und latente Kontinuität zu vorgrundgesetzlichen Wertvorstellungen, damit das hergebrachte Staatsverständnis, die christliche Pflichtenethik, die bürgerliche Arbeitsmoral, das ordoliberale Wirtschaftsprinzip. Wesentlich für die politische Ortsbestimmung und das verfassungsrechtliche Selbstverständnis der jungen Demokratie war der Antitotalitarismus gewesen. Die freiheitliche Demokratie hatte sich in Äquidistanz zu den totalitären Staaten auf der rechten wie auf der linken Seite gesehen, zum nationalsozialistischen wie zum realsozialistischen Feindbild.

Die Konsensgrundlagen sollten sich nicht regenerieren, jedenfalls nicht hinreichend, um Kontinuität der politischen Kultur zu ermöglichen. Das mag nicht zuletzt an der reeducation gelegen haben, die einseitig auf die neuen demokratischen und freiheitsrechtlichen Verfassungskomponenten fixiert war. Der Bruch wurde nun in der Kulturrevolution offenkundig. Studenten, die in der neuen grundgesetzlichen Umwelt aufgewachsen waren, empörten sich gegen alles Vordemokratische, das »Faschismus möglich gemacht« habe, damit gegen die bürgerliche Tradition, gegen die apriorischen Pflichten der Zivilität, der Friedenswahrung und des Rechtsgehorsams, gegen alles Staatliche am Verfassungsstaat, das nunmehr als obrigkeitsstaatlich denunziert wurde. Gehorsam, Fleiß, Berufstüchtigkeit wurden als Sekundärtugenden gebrandmarkt, die auch den KZ-Schergen eigen gewesen seien. Bundeskanzler *Schmidt*, der sich zu seinem Pflichtbewußtsein im Amt bekannte, sollte 1982 von einem jüngeren Parteigenossen entsprechend belehrt werden.

Die Generation der Väter erwies sich als unfähig, ihre Tradition zu verteidigen, weil sie, mitsamt ihrer Tradition, vor Hitler versagt hatte. Die Jugend erhob sich mit der ihr eigenen moralischen Strenge und Selbstgerechtigkeit zum Richter über ihre Väter, gründlicher und unerbittlicher, als je eine Besatzungsmacht es getan hatte. Nun begann die deutsche Erbsünde von innen her zu schmerzen. Die Prozeduren der politischen Selbstreinigung setzten ein, die Rituale des nachträglichen Widerstandskampfes. Wer durch purgatorische Übungen rückwirkenden Ungehorsams von der Erbsünde erlöst wird, hat nunmehr allerdings ein komfortables moralisches Auskommen: Er braucht, wie *Odo Marquard* formuliert, das Gewissen nicht mehr zu *haben*, weil er nun das Gewissen *ist*, »das Tribunal, dem man entkommt, indem man es wird«[1]. Die Zeitverschiebung zwischen Hitler-Tyrannis und bundesdeutschem Widerstand wird dadurch überbrückt, daß das Bild der Bundesrepublik faschistisch eingefärbt wird. Noch einmal *Odo Marquard:* »Vor allem aber entstand der Zwang zur sekundären Verähnlichung von Heute und Damals: weil das, gegen das die Revolte unterblieb, Faschismus war, soll nun das, gegen das sie nachgeholt wurde, auch Faschismus sein und wird (durch ein entsprechendes Sortiment an Theorien) dazu stilisiert. ... Darum wird die angleichende Negativierung des Vorhandenen – die Technik, in jeder Suppe ein Haar, in jeder Wirklichkeit Entfremdung, in jeder Institution Repression, in jedem Verhältnis Gewalt und Faschismus zu entdecken – zu hoher Kunst entwickelt. ... Partout nicht wegzuinterpretierende Differenzen zum Damals gelten als Zusatzschurkereien des Heute, als besonders infame Tarnung: so werden gerade Unterschiede zum Ähnlichkeitsbeweis.«[2]

Der deutsche Negativ-Patriotismus, der Anti-Hitler-Affekt, zeigte nun seine verfassungspolitische Ambivalenz. In seiner ursprünglich dominierenden Erscheinung, als Antitotalitarismus, hatte er die liberale Demokratie gestärkt. In der nunmehr mächtig werdenden Form, als Antifaschismus, brachte er sie in Bedrängnis, weil er sie vor die böse Alternative stellte, entweder Partner des vormals verfemten Linkstotalitarismus zu werden oder ihrerseits in Faschismusverdacht zu geraten. Das Grundgesetz wurde »umfunktioniert« zum neo-, paläo- oder postmarxistischen, zum radikalemanzipatorischen oder zum anarchistischen Programm. Demokratie und Freiheitsrechte galten als Legitimationstitel für Gewalt im Dienste des Fortschritts oder, nachdem in der ersten Hälfte der siebziger Jahre die Fortschrittseuphorie in Fortschrittsphobie umgeschlagen war, Gewalt zur Abwehr des Fortschritts mit seinen gefährlichen Folgen und Nebenfolgen. Der Ausnahmefall in Permanenz wurde ausgerufen und die Grenze zwischen verfassungsrechtlicher Normalität und Notstand niedergelegt. Im Namen der Verfassung erwuchs die politische Kultur des Ungehorsams gegen die Normen und Institutionen der Bundesrepublik. Die Verfassung wurde entlarvt als »die Lebenslüge des Systems«: Zwischen ihren Garantien und den Interessen der herrschenden Klasse klaffe ein Widerspruch, der sich nicht länger zudecken lasse. Das Grundgesetz sei ein Versprechen, das nicht die herrschende Klasse, sondern nur die Revolution einlösen könne. »Die Verfassung selbst ist staatsgefährdend.«[3]

Das Establishment, mit seinen eigenen Waffen angegriffen, war wehrlos. Es sollte lange dauern, bis wenigstens ein Teil der zerbrochenen Selbstverständlichkeiten wiederhergestellt wurde, erneuert durch Erkenntnisse, die sich nunmehr unmittelbar durch die Verfassung beglaubigen, sich also nunmehr nicht traditional, sondern rational legitimieren. Dazu gehören: das staatliche Gewaltmonopol, die Friedenspflicht des Bürgers, der Rechtsgehorsam, die innere Sicherheit und die innere Souveränität, die Regierbarkeit, die Schutzpflichten des Staates, die Funktionsfähigkeit seiner Institutionen, das Amtsprinzip. In diesen Kategorien bringt sich das Staatliche im Verfassungsstaat wieder zur Geltung. Es wird rehabilitiert als Bedingung der Möglichkeit von Freiheit und Gleichheit, von Demokratie und Rechtsstaat. Diese Fundamente der Staatlichkeit sind nicht ausdrücklich im Grundgesetz geregelt, weil sie notwendig Voraussetzung der Verfassung und daher nicht notwendig ihr Regelungsthema sind.

II.

Der (aus vielerlei Kräften gespeiste) Trend zur Verrechtlichung verstärkt sich. Die Kulturrevolution ging an gegen die außerrechtlichen Verhaltensmuster der bürgerlichen Konvention und Moral. Sie zerstörte die traditionellen Selbstverständlichkeiten. Das, was »man tut«, wurde als freiheitsbeengende, als bourgeoise Repression verworfen, das Joch der autonomen Normen der Gesellschaft abgeschüttelt im Namen der Freiheit, dafür jedoch eingetauscht das Joch der heteronomen des Staates. Wo die gesellschaftliche Selbstregulierung nachläßt, drängt nun nach dem Gesetz der kommunizierenden Röhren das staatliche Recht nach. Ein triviales Exempel: Wenn Raucher und Nichtraucher sich heute nicht mehr wie zuvor nach Comment und Courtoisie zu arrangieren vermögen, entscheidet ihren Konflikt das Gericht nach immissionsrechtlichen Abwägungen und grundrechtlichen Schutzpflichten.

Das staatliche Recht in seiner Starrheit, Härte und Allgemeinheit ist kein adäquater Ersatz für die gesellschaftsautonomen Ordnungen, die elastisch und differenziert den unterschiedlichen Lebensbereichen und sozialen Rollen, den wechselnden Bedürfnissen sich anpassen können. Das staatliche Recht in seiner Allgemeinheit und Stringenz bedarf der Ergänzung und der Abfederung durch außerstaatliche Normen, und zwar um der gesellschaftlichen Freiheit, aber auch um seiner selbst willen. Auf der einen Seite schafft das Gesetz, übermäßig dosiert, Gefahren der Reglementierung, der Nivellierung, der egalitären Schroffheit. Auf der anderen Seite kann das Gesetz, wenn es in alle Lebensbeziehungen hineinwuchert, seine Allgemeinheit und Stringenz verlieren. Diese lösen sich auf im Einzelfallvollzug nach Billigkeitserwägungen des jeweiligen Rechtsanwenders, aufgeweicht durch den »großen Weichmacher« der heutigen Rechtsordnung, den Grundsatz der Verhältnismäßigkeit[4]. So muß die staatliche Rechtsordnung um der Freiheit der Bürger, aber auch um ihrer eigenen Wirksamkeit willen, Freiräume privater und gesellschaftlicher Autonomie aussparen.

Ganz allgemein gilt: Wo der autonome Konsens der Gesellschaft zerbröckelt, wo Sitte, Sittlichkeit und Religion das Zusammenleben nicht mehr hinlänglich steuern, wo common sense Mangelware wird und soziale Instinktsicherheit verlorengeht, wächst das Bedürfnis nach immer mehr Normen, nach immer dichteren, nach immer feineren Normen.

Doch das Gesetz kann den Verlust autonomer Verhaltensmuster eben nur auf seine Weise kompensieren, und auch das nur, wenn es ihm gelingt, den beschädigten Konsens zu sanieren oder neuen Konsens zu stiften. Damit wird ein Zirkel deutlich: Gesetze sollen den Verlust vorrechtlichen Konsenses ausgleichen und haben doch nur effektive Befolgungschancen, wenn sie den freien Konsens der Bürger finden. Daran aber herrscht Not.

## III.

Ein rechtspolitischer Impuls zur Ausdehnung und Intensivierung des Gesetzes fließt aus fundamentalem Mißtrauen gegen die Exekutive und Judikative. So ging und geht es bei der Verrechtlichung der Schule seit den siebziger Jahren auch darum, dem Amtsmißbrauch der Lehrer, der parteilichen, ideologischen Indoktrination zu begegnen. Das Ziel ist nur teilweise erreichbar. Die pädagogische Gewalt entzieht sich weitgehend der Normierung. Und wo sie normiert ist, kann sie leicht unterlaufen werden, jedenfalls dann, wenn das Amtsethos zerfallen ist, der denkende Gehorsam ausbleibt, den der Beamte dem Gesetz schuldet.

An der Gehorsamspflicht stoßen sich heute die emanzipatorischen Bedürfnisse, am Amtsethos die Selbstverwirklichungs- und Selbstermächtigungsideologien. Das parlamentarische Gesetz und die Weisungshierarchie, die vom parlamentarisch verantwortlichen Ressortminister ausgeht, vermitteln demokratische Legitimation aus dem Willen des Volkes. Die eigene Entscheidungskompetenz der Exekutive ist angewiesen auf das Amtsethos der Entscheidungsträger. Amtsethos bedeutet treuhänderischer Dienst für die Allgemeinheit, wie sie sich in der gewaltenteiligen Demokratie repräsentiert, sowie Verzicht auf Eigenwillen, auf Eigennutz und auf Eigenmacht. In dem Maße aber, in dem Gesetzesgehorsam und Amtsethos schwinden, verliert das Amt die demokratische Legitimation und mißrät zur Sozialpfründe, zur privaten Machtbasis ihres Inhabers, seiner Gewerkschaft, seiner Partei.

Der Hexenkreis schließt sich: Gesetze sollen den Schwund des Amtsethos ausgleichen. Aber sie werden nur dort korrekt vollzogen, wo Amtsethos der Vollzugsorgane bereitsteht. Es ist also dieselbe Sache, deren Fehlen den Notstand auslöst und deren Vorhandensein Abhilfe ermöglicht.

Analoge Feststellungen gelten für die Gerichtsbarkeit. Hier liefert die richterliche Unabhängigkeit den Rechtstitel für die Selbstermächtigung des Richters zu Sozialgestaltung und Weltbesserung nach eigenem Gusto – intra legem, praeter legem, contra legem. Die richterliche Unabhängigkeit wird hier verkannt und mißbraucht. Sie schirmt ab gegen Weisungen der Exekutive, aber sie tastet nicht die Bindung an Gesetz und Recht an, die von Verfassungs wegen für die Exekutive und für die Judikative gilt, für beide Erscheinungen der vollziehenden Gewalt. Die richterliche Rechtserkenntnis wird nicht wie die behördliche durch Weisungshierarchie mediatisiert. Sie ist daher unvermittelte, reine Rechtsbindung. Die richterliche Unabhängigkeit ist nur ein anderes Wort für amtsspezifischen Rechtsgehorsam.

## IV.

Das Gesetz kann heute nicht auf Autorität hoffen, nur weil es Gesetz ist. Das liegt nicht allein daran, daß die heutige Gesellschaft autoritätsungläubig und autoritätsunwillig ist – das ist sie in der Tat –, sondern wesentlich auch daran, daß das Gesetz des heutigen Sozial- und Interventionsstaates Autorität gar nicht erwartet und nicht verdient. Es ist zum Massenfabrikat geworden, zum Einweggesetz, nach kurzfristigem Gebrauch zum Wegwurf bestimmt und darauf angelegt, daß seine geplanten und ungeplanten Nebenfolgen in der sozialen Umwelt entsorgt werden durch neue Einweggesetze. Das heutige Gesetz ist nicht auf Autorität angelegt, sondern auf wirksamen Vollzug, nicht auf Achtung, sondern auf Beachtung.

Aber um beachtet zu werden, bedarf es der Legitimation. Hier gerät es nun in einen Engpaß, jedenfalls dann, wenn es den Normadressaten lästig ist. Der aufgeklärte Bürger der rechtsstaatlichen Demokratie, so heißt es, dürfe Einsicht verlangen in die inhaltliche Notwendigkeit und Sinnhaftigkeit des Gesetzes. Diese aber ist bei einem erheblichen Teil der Normen, auch bei gutem Willen und bei Immunität gegen emanzipatorische Ideologie, schwer zu finden. Mögen bei den inflationären Regelungen des Steuer-, Sozial-, Bau- und Umweltrechts auch der allgemeine Staatszweck und das politische Grundbedürfnis außer Zweifel stehen, so leuchten deshalb nicht die kontingenten Einzelregelungen ein.

## V.

Wie eh und je gibt es heute Normen von unmittelbar rechtsethischer Bedeutung. Dazu gehören Bestimmungen des Strafrechts, die das naturrechtliche Gebot des »neminem laedere« positivieren und grundrechtliche Schutzpflichten umsetzen. Doch auch hier zeigen sich Reibungen und Widersprüche, wenn der rechtsethische Konsens, den die staatliche Norm sichern soll, in der Gesellschaft zerfällt. Prekäre Exempel bilden das strafrechtliche Verbot der Abtreibung und in Bälde vielleicht auch das der Tötung auf Verlangen, nicht zuletzt auch das Verbot der Nötigung, soweit sie Verkehrsblockaden zu politischen Propagandazwecken betrifft. Die notleidenden Normen, die hier als Beispiele figurieren, haben Rückendeckung der Verfassung, weil diese den Schutz der Rechtsgüter gebietet. Es geht zum einen um das ungeborene und das moribunde Leben, also Leben in den Phasen völliger Wehrlosigkeit; zum anderen geht es um die Bewegungsfreiheit der Verkehrsteilnehmer, ihre negative Meinungsfreiheit und nicht zuletzt auch ihre Menschenwürde, die es verbietet, die Person zum Mittel für fremde politische Zwecke zu instrumentalisieren.

Hier kollidieren unterschiedliche ethische Wertvorstellungen der Gesellschaft; hier kollidiert auch der Wertdissens der Gesellschaft mit materialen Normen der Verfassung. Wie lassen sich diese Kollisionen auflösen?

Das Ei des Kolumbus, das der Rechtspositivismus präsentiert, besteht darin, von vornherein auf materiale Legitimation zu verzichten und allein auf eine formale Legitimation abzustellen: Legitimation aus Kompetenz und Verfahren in der parlamentarischen und gewaltenteiligen Demokratie. Doch werden die Probleme damit nicht gelöst, sondern nur verschoben. Denn nunmehr erhebt sich die Frage, was denn die parlamentarische Mehrheit, die Behörde, das Gericht legitimiere, bestimmte, prekäre Entscheidungen zu treffen und dafür Verbindlichkeit zu beanspruchen. Nun erhebt sich die Notwendigkeit, die materiale Legitimation für das formale System von Kompetenz und Verfahren zu suchen. Dafür aber bedarf es des Aufstiegs auf höhere Abstraktionsebenen, zu den Leitideen der parlamentarischen Demokratie: demokratische Freiheitsidee, Selbstbestimmung des Volkes und Mitbestimmung der Bürger, Mehrheits-, Repräsentations- und Gewaltenteilungsprinzip, Legitimationsbedarf und Legitimationsvermittlung. Der Rekurs führt über das demokratische Prinzip hinaus auf die Strukturen des modernen Staates, dessen reifste Spielart die liberale Demokratie ist: des Staates als Entscheidungs- und Friedenseinheit, innerhalb deren der Streit um die richtige politische Gestaltung wie der Streit um die richtige juristische Interpretation dadurch beigelegt werden können, daß eine Instanz bereitsteht, die das Recht des letzten Wortes hat.

## VI.

Alle Legitimationsfragen führen letztlich wieder auf die Bürger zurück: auf ihr materiales Rechtsbewußtsein, aber auch auf ihr Staatsbewußtsein: ihre Bereitschaft zur Staatlichkeit, wie sie verfassungsrechtlich Gestalt gefunden hat. Diese Bereitschaft bewährt und bestätigt sich in der Bürgeraktivität, welche die demokratische und grundrechtliche Freiheit kräftig und sinnvoll verwirklicht, aber auch in der Übernahme der Fundamentalpflichten, welche die Staatlichkeit auch in ihrer demokratischen Form konstituieren: Rechtsgehorsam und Friedenspflicht.

Alle Pflichten, die dem Bürger im Rechtsstaat obliegen, lassen sich auf diese zwei Grundpflichten reduzieren. Der Rechtsgehorsam ist die formale Grundpflicht, das verfassungsmäßige Gesetz und den gesetzmäßigen Verwaltungsakt oder das Urteil zu befolgen. Die Friedenspflicht ist deren materialer Kern: Die Grundpflicht des Bürgers, von Androhung wie Anwendung von physischer Gewalt als Mittel der Auseinandersetzung abzusehen.

Die freiheitliche Demokratie ist angelegt auf den freiwilligen Gehorsam ihrer Bürger. Sie ist weder fähig noch willens, den Rechtsgehorsam auf ganzer Linie zu erzwingen. Rechtszwang ist nur in vereinzelten Ausnahmen einsetzbar. Sie ist darauf angewiesen, daß der Bürger die Spielregeln der repräsentativen Mehrheitsherrschaft akzeptiert und daß er den Gehorsam aus Einsicht in die Notwendigkeit des demokratischen Gesetzes erbringt. In der Demokratie gewinnt der Rechtsgehorsam eine zusätzliche Dimension. Er ist nicht nur Rechtspflicht, sondern auch Bürgertugend.

Politische Utopien zielen noch darüber hinaus; sie verheißen die Ablösung des Rechtsgehorsams durch Selbst- und Mitbestimmung der Bürger und die Aufhebung der Staatsgewalt im herrschaftsfreien Diskurs aller. Doch die Utopien scheitern an der Realität der freien Gesellschaft mit ihren Interessengegensätzen, ihrer Meinungsvielfalt, ihrem weltanschaulichen Pluralismus. Die Gegensätze sind die Konsequenz der Freiheit, und sie können nur zusammen mit der Freiheit selbst aufgehoben werden. Das freiheitliche Gemeinwesen bedarf des freien Konsenses seiner Bürger. Aber es kann sich nicht darauf verlassen, daß jeder einzelne das Gerechte und Vernünftige in jeder staatlichen Norm erkennt und daß diese persönliche Einsicht sich mit dem allgemeinen Willen deckt, der sich im Gesetz ausdrückt.

Der Verfassungsstaat erhebt nicht den Anspruch, daß alle seine Gesetze gerecht und vernünftig seien. Solche Hybris ist nur autoritären Staaten eigen. Was Gerechtigkeit und Vernunft erheischen, bleibt diskutabel und unterliegt der Meinungsfreiheit – auch dann noch, wenn der Gesetzgeber entschieden hat. Der Bürger muß dem geltenden Gesetz gehorchen, aber er muß nicht daran glauben, daß es gerecht und zweckmäßig ist. Er kann es kritisieren und auf seine Änderung in den regulären Verfahren drängen.

Wer den Rechtsgehorsam durch reine Vernunfteinsicht des einzelnen ersetzen möchte, müßte am Ende, da die Einsicht aller sich unter den Bedingungen der Freiheit nicht von selbst ergibt, Einsicht erzwingen. Das Gemeinwesen geriete aus dem Regen des Rechtsgehorsams in die Traufe des Gesinnungszwangs. Konsensutopien laufen letztlich auf die Legitimation einer Erziehungsdiktatur zugunsten derer hinaus, die das richtige Bewußtsein für sich reklamieren. Das spätmarxistische Ideal des herrschaftsfreien Diskurses rechtfertigt in der marxistischen Praxis die diskursfreie Herrschaft.

Der Rechtsgehorsam ist also die Bedingung praktischer Freiheit, weil er dem Bürger erspart, sich mit dem Gesetz inhaltlich zu identifizieren. Rechtsgehorsam sichert die politische Meinungsfreiheit und die Möglichkeit rechtspolitischer Evolution. Der Zusammenhang von Rechtsgehorsam und Freiheit, von Rechtsfrieden und staatlicher Entscheidungseinheit wird schon von *Spinoza* vor über 300 Jahren aufgewiesen, ein Jahrhundert vor den ersten Erklärungen der Menschen- und Bürgerrechte. *Spinoza* entwirft ein Idealreich der vollkommenen Toleranz, in dem alle Meinungen frei sind, nur die eine nicht: daß man der Obrigkeit nicht gehorchen müsse, wenn man ihre Gesetze und Anordnungen für töricht und ungerecht hält[5].

## VII.

Alle Legitimationswege hierzulande führen auf die Verfassung. Die Gesellschaft, die alles in Frage zu stellen pflegt, respektiert die Verfassung als Tabu und akzeptiert sie, über die Fronten des Pluralismus hinweg, als Symbol ihrer Einheit. Das Grundgesetz ist vielleicht das einzige Symbol, das den Deutschen in ihrem Leiden an Staat, Geschichte und sich selbst geblieben ist. Sie suchen in der Verfassung über alles Rechtsmögliche hinaus das, was andere Völker in Staats- und Traditionsbewußtsein, in kultureller und religiöser Gemeinsamkeit besitzen. Die einzige im postlapsarischen Deutschland noch mögliche Form des Patriotismus, so wird oftmals gelehrt, sei der Verfassungspatriotismus.

Im Verfassungsstaat, so könnte man meinen, gehe der alte republikanische Traum in Erfüllung, daß nicht mehr Menschen herrschen, sondern allein die Gesetze. Doch Gesetze werden nur wirklich durch Auslegung und Anwendung, genauer: über die Menschen, die sie auslegen und anwenden. Das gilt auch für das höchste, das Verfassungsgesetz. Durch die Hintertür der Interpretation gelangen die republikanisch entthronten Menschen wieder an die Macht. Der Skeptiker dürfte fragen, ob Interpretation nicht eine neue, die juristisch verbrämte Form der Willkür sei. Der alltägliche Streit um die Auslegung der Verfassung und die Besetzung ihrer Begriffe zeigt es: Wenn die Interpretationsfolie wechselt, ändert sich, ohne Änderung des Verfassungstextes, die Verfassungssubstanz. In einem Roman *Joseph Roths* findet sich der Vergleich der Zustände vor und nach der Revolution: »Wir waren nicht von Gesetzen, sondern von Launen abhängig. Aber diese Launen waren fast eher berechenbar als die Gesetze. Und auch Gesetze sind von Launen abhängig. Man kann sie nämlich auslegen.«

Der Verfassungsstaat ist dazu angetreten, die Macht des Staates dem Recht zu unterwerfen, und er hat im Ergebnis die Macht derer begründet, die das Recht interpretieren. Da Recht Ordnung der sozialen Wirklichkeit ist, prägt seine Interpretation diese Wirklichkeit. Die Kompetenz, das Recht verbindlich auszulegen, bedeutet in der Tat ein Stück Macht. Der Wirkungsunterschied zur Interpretation literarischer Texte ist deutlich. Ein Philologe, der seinen Text falsch auslegt, verfehlt sein Objekt; der Jurist, der seinen Text falsch auslegt, verändert sein Objekt und schafft substantiell neues Recht, jedenfalls wenn sich seine Auslegung durchsetzt. Verfassungsauslegung ist übrigens kein Monopol des Juristen. Sie steht in der freiheitlichen Demokratie jedermann zu, dem Bürger wie dem Amtsträger. Die eingängigen und visionären Formeln der Verfassung, die nicht der technischen Rechtssprache, sondern der politischen Rhetorik entstammen, laden dazu ein: Freiheit, Gleichheit, Demokratie, sozialer Rechtsstaat, Würde des Menschen. Damit ist freilich auch eine spezifische Aporie erkennbar: wie politische Vision in sinnidentische, praktikable Interpretation umsetzbar ist.

Die Verfassung ist vorgegebene rechtliche Grundordnung und zugleich aufgegebenes Objekt der Auslegung und Anwendung. Die rechtliche Ordnung bedarf der praktischen Umsetzung. Für das Leben des Gemeinwesens zählt nicht, was die Angelsachsen »law in the books« nennen, sondern »law in action«. Etwas komplizierter läßt sich die Unterscheidung auch über kantianische Kategorien verdeutlichen: Effektive Geltung kommt nicht einer transzendenten, sondern einer transzendalen Verfassung zu, nicht der Verfassung an sich, sondern der Verfassung, wie sie sich ihren Interpreten darstellt, wie diese sie verstehen und umsetzen. Diese Umsetzung und Aneignung der Verfassung durch Interpretation ist kein einmaliger Akt, sondern ein ständiger Prozeß. Die Ordnungssubstanz, die sich im Verfassungsgesetz verkörpert, bleibt nur wirksam, wenn sie sich im Rechtsbewußtsein und in der Rechtspraxis ständig erneuert.

Aufklärerische Vertreter der neueren Rechtslehre wiederholen unentwegt die Entlarvungstheorie, daß die Interpretation des Rechts determiniert werde durch das private Vorverständnis des Interpreten, seinen Klassenstandpunkt, sein politisches Interesse, daß die Idee objektiver, unparteiischer, interessenneutraler, unpolitischer Rechtsauslegung Berufsideologie der Juristen, Lebenslüge des Verfassungsstaates sei. Die praktische Konsequenz, die solcherart aufgeklärte Richter und Beamte ziehen, geht dahin, sich vom hergebrachten Objektivitätsideal amtlicher Normeninterpretation zu emanzipieren und das, was vormals Tugend war, als Einfalt, Heuchelei und falsches Bewußtsein zu deklarieren, das, was vormals Verfehlung war, zur neuen Tugend zu erheben und nunmehr ungehemmt die Subjektivität zum Maßstab der Normauslegung zu machen: Interpretation nach dem jeweils eigenen moralischen und politischen Vorverständnis, Parteilichkeit mit gutem Rechtsgewissen.

Der unkritische Umgang mit der hermeneutischen Kritik bedroht Grundlagen des Verfassungsstaates. Dieser Verfassungsstaat steht und fällt damit, daß Objektivität und Allgemeinheit des Gesetzes realisierbar sind und daß, wenn die Auslegung des Rechts auch dem Individuum in seiner Subjektivität anvertraut, es doch nicht seinem Belieben preisgegeben ist. Auf dieser Voraussetzung gründen die Demokratie, der das Gesetz als der allgemeine Wille des Volkes gilt, der Rechtsstaat, der Freiheit und Gleichheit durch berechenbare Normen gewährleistet, die Gewaltenteilung, die Rechtssetzung und Rechtsanwendung scheidet. Nicht zuletzt liegt hier die Legitimationsbasis der Verfassungsgerichtsbarkeit. Sie ermächtigt die Richter nicht, souverän über die Verfassungsgehalte zu disponieren, sondern in richterlicher Amtsdisziplin und Amtsaskese das vorgegebene Normprogramm mit den Mitteln juristischer Hermeneutik zu erschließen. Souveräne Richtermacht könnte nur aus Mißbrauch der Richtermacht erwachsen. Der rechte Gebrauch der richterlichen Kompetenz hängt von persönlichen, fachlichen und ethischen Momenten ab, gegen deren Versagen es keine Garantie gibt. Unabweislich bleibt, daß die Existenz von Richtermacht sich angesichts des Spielraums vertretbarer Interpretation und angesichts der Wirkungen der Entscheidungen nicht leugnen läßt. Es ist keine Übertreibung, festzustellen, daß Richterwahlen zum Bundesverfassungsgericht auf mittlere Sicht das Schicksal des Landes stärker bestimmen können als Parlamentswahlen.

Unabweislich ist auch, daß Interpretation bedingt ist durch das subjektive Vorverständnis des Interpreten. Doch die angemessene Folgerung, die der Amtsträger des Staates aus dieser rechtstheoretischen

Einsicht zu ziehen hat, ist, sich seines Vorverständnisses durch kritische, also selbstkritische Reflexion zu vergewissern, um es überwinden zu können und frei zu werden für die Sicht auf das objektive, für alle geltende Gesetz und für die verallgemeinerungsfähige Interpretationsentscheidung.

Noch einmal: Interpretationsmacht fordert Interpretationsethos. Sie darf nicht Willkür entbinden. Der Verfassungsstaat zehrt von einem Prinzip, das allen demokratischen und rechtsstaatlichen Prinzipien vorausliegt: dem Prinzip des Amtes. Herrschaft des Rechts ist nur möglich durch ein dienendes Ethos.

## VIII.

Die Verfassung soll den Konsens herstellen und ist doch darauf verwiesen, den Konsens derer zu finden, die sie verbindlich und einflußhaft interpretieren. Die allseitige Zustimmung, die das Grundgesetz findet, beweist noch keinen materialen Wertkonsens. Sie könnte sich in einem Formelkonsens erschöpfen, der den Sachdissens überdeckt. Ob und wieweit materiale Einheit im Namen der Verfassung über die pluralistischen Spaltungen der Gesellschaft hinweg besteht, entscheidet sich im tagtäglichen Plebiszit der Verfassungsinterpreten. Die Verfassung will zwar über den politischen und sozialen Auseinandersetzungen stehen. Doch sie lebt in der Gefahr, in die Auseinandersetzungen hineingezogen zu werden dadurch, daß die gesellschaftlichen Gegensätze auf die Verfassungsinterpretation übergreifen.

Die gesellschaftlichen Gegensätze stoßen in der Abtreibungsfrage in voller Schärfe aufeinander. Hier hat die Verfassung nicht Einheit gestiftet, obwohl das Bundesverfassungsgericht die verfassungsrechtlichen Vorgaben, wenn auch nicht mit letzter Konsequenz, so doch mit hinlänglicher Deutlichkeit, interpretiert hat[6]. Diese Vorgaben werden vom Rechtsbewußtsein der Bürger und der Amtsträger nicht in ausreichendem Maße aufgenommen. Damit brechen Widersprüche auf zwischen Verfassungsnorm und Verfassungspraxis, aber auch im Verständnis dessen, was den effektiven Inhalt der Verfassung ausmacht.

IX.

Der Versuch liegt nahe, den Widerspruch zwischen Verfassungsnormen und herrschendem Rechtsbewußtsein mit Hilfe des demokratischen Prinzips aufzulösen: die Verfassung der Demokratie könne nur demokratisch gehandhabt werden, also nur nach Maßgabe der gesellschaftlichen Mehrheiten. Die Verfassung existiere nicht unabhängig von den Bürgern, deren Freiheit sie sichern solle, ihre Aussagen dürften nicht gegen sie gekehrt werden, sie lasse sich nicht vom Mehrheitswillen ablösen. Die demokratische Verfassung, so müßte es folgerichtig heißen, könne nicht das bessere Selbst der Gesellschaft abbilden, sondern nur das wirkliche, das ehrliche Selbst. *Camille Desmoulins*, einer der Revolutionäre in Büchners Stück »Dantons Tod«, faßt den Gedanken in markante Worte:

»Die Staatsform muß ein durchsichtiges Gewand sein, das sich dicht an den Leib des Volkes schmiegt. Jedes Schwellen der Adern, jedes Spannen der Muskeln, jedes Zucken der Sehnen muß sich darin abdrücken. Die Gestalt mag nun schön oder häßlich sein, sie hat einmal das Recht, zu sein, wie sie ist; wir sind nicht berechtigt, ihr ein Röcklein nach Belieben zuzuschneiden. – Wir werden den Leuten, welche über die nackten Schultern der allerliebsten Sünderin Frankreich den Nonnenschleier werfen wollen, auf die Finger schlagen.«

Doch die Prämisse ist falsch. Die Demokratie der Bundesrepublik ist die Demokratie auf der Grundlage und nach Maßgabe des Grundgesetzes. Es gibt keine Hyper-Demokratie über oder neben der grundgesetzlichen Demokratie. Die Verfassung begründet und begrenzt die demokratische Kompetenz. Das gilt sogar für die Änderung des Verfassungsgesetzes selbst, hinsichtlich des Verfahrens wie hinsichtlich der möglichen sachlichen Reichweite. Der Volkssouverän hat sich selbst gebunden. Er vermag nicht mehr, über diese Bindung zu disponieren, außer im Falle der Revolution. Volkssouveränität ist nicht mehr aktuell, sondern nur noch virtuell vorhanden.

Das demokratische Mehrheitsprinzip gilt von Verfassungs wegen nur für die rechtlich organisierte Aktivbürgerschaft in Wahlen oder Abstimmungen und für Staatsorgane, nicht aber im grundrechtlich geschützten Bereich der Gesellschaft, deren Freiheitsäußerungen nicht abstimmbar sind. Statistisch ermittelte Bevölkerungsmehrheiten sind nicht demokratische, sondern demoskopische Daten. Herrschende Rechtsmeinungen und Schweigespiralen, Stimmungslagen und Strömungen des gesellschaftlichen Rechtsbewußtseins sind nicht direkt rechtserheblich, gleichwohl können sie indirekte faktische Wirksamkeit erlangen auf jenem vorrechtlichen Felde, auf dem die Entscheidungen fallen über effektive Rechtsgeltung, Rechtslegitimation und realen Rechtskonsens. Alle diese Faktoren aber bestimmen das Rechtsbewußtsein. Es ist nicht Objekt rechtlicher Regelungen, sondern die Voraussetzung ihrer möglichen Geltung.

Die Kraft, die das Rechtsbewußtsein der Allgemeinheit lenkt, läßt sich nicht leicht auf den Begriff bringen. Sie ist nicht der Volkssouverän. Denn sie ist keine einige, verfaßte und verfassende Personengruppe, die handelt und entscheidet, sondern ein offener, unverfaßter Wirkungszusammenhang, die Atmosphäre, innerhalb deren Entscheidungen ergehen. Eher bietet sich die Kategorie öffentliche Meinung an; doch auch diese ist letztlich unangemessen, weil sie nicht unmittelbar das Rechtsbewußtsein prägt. Adäquat ist dagegen *Hegels* Begriff des objektiven Geistes, die geschichtlich wandelbare sittliche und rechtliche Wirklichkeit des Gemeinwesens.

## X.

Die theoretische Analyse hat in den circulus vitiosus geführt, daß das Recht, zumal das Verfassungsrecht, das allgemeine Rechtsbewußtsein prägen soll und daß es doch seinerseits in Geltung und Inhalt abhängt von eben diesem Rechtsbewußtsein. Dieser Zirkel kann nur durch die Rechtspraxis aufgebrochen werden, welche die Normen ihrem vorgegebenen Inhalt gemäß deutet und umsetzt. Die Rechtspraxis aber löst diese Aufgabe nur, wenn sie Grundloyalität einbringt: Willen zum Recht, Willen zur Verfassung, Bereitschaft zur Staatlichkeit. Der Verfassungsstaat lebt aus schöpferischem Rechtsgehorsam der Amtsträger und Bürger, den er, aufs Ganze gesehen, nicht erzwingen kann. Er geht hervor aus sinnvoll realisierter Freiheit. Die Sorge dafür, daß Rechtsnormen und Rechtsbewußtsein der Allgemeinheit übereinstimmen, fällt allen zu, Amtsträgern und Bürgern, Staat und Gesellschaft. Die Verantwortung ist allerdings nach Art und Umfang differenziert, im Rahmen des gewaltenteiligen Kompetenzgefüges.

## XI.

Die Machtmittel, die der Verfassungsstaat besitzt, um auf das Rechtsbewußtsein der Bürger einzuwirken, sind um der Freiheit der Bürger willen begrenzt. Unbegrenzt und unbedingt aber ist seine eigene Bindung an Verfassung und Gesetz. Er kann nicht Gesetzesgehorsam der Bürger erwarten, wenn seine Organe selbst den Verfassungs- und Gesetzesgehorsam schuldig bleiben, dann nämlich, wenn er politisch lästig wird, wenn er Gruppen der Wählerklientel vergraulen oder wenn er den legalen oder illegalen Widerstand der Straße auslösen könnte.

Das Gesetz muß nicht nur Wirkung der jeweils herrschenden gesellschaftlichen Strömungen sein. Innerhalb bestimmter Grenzen kann es ihnen auch Richtung geben. Das Bundesverfassungsgericht hat die mögliche Signalwirkung des Gesetzes 1975 in seiner ersten Abtreibungsentscheidung hervorgehoben[7]. Und just auf diesem Felde fand die Signalwirkung ihre Bestätigung, ganz anders allerdings, als das Gericht sie angestrebt hatte. Der Gesetzgeber schuf strafrechtliche, sozial- und verfahrensrechtliche Normen, die sowohl gerade noch verfassungskonform als auch verfassungswidrig praktiziert, die einerseits als Mindestleistung an Verfassungsloyalität, andererseits als Potemkinsches Dorf des Verfassungsgehorsams und als Offerte zur Abtreibungspermissivität verstanden werden konnten. Die Praxis der Beratung verwirklicht die zweite Möglichkeit, aktiviert moralisches Alibi und soziales Ausredenpotential. Der Abbau des Unrechtsbewußtseins hat sich entsprechend verstärkt und beschleunigt. Die verfassungswidrige Vorstellung eines »Rechts auf Abtreibung« hat sich in breiten Kreisen der Bevölkerung etabliert. Dennoch sind Reste von schlechtem Gewissen gegenüber der Tötung ungeborener Kinder geblieben. Sie reagieren sich ab in rechtspolitischen Aktivitäten zum Embryonenschutz gegenüber der Gentechnologie, dort also, wo Moral für Politiker und Bürger wohlfeil ist und ihnen sogar den opportunen Ausweis der Forschungs- und Industriekritik einbringt.

Politische und rechtliche Wachsamkeit regen sich für den Schutz der ungeborenen Generationen, soweit es um die Sicherung der Umwelt geht. Das Abstraktum der künftigen Generationen beschwört ökologische Gefahren und verdrängt die physischen. Die Lebensgrundlagen rangieren höher als das Leben selbst. Moralismus eben nur nach Maßgabe des Hedonismus.

Das zweite Abtreibungsurteil des Bundesverfassungsgerichts aus dem Jahre 1993 beharrt darauf, daß der Schwangerschaftsabbruch für die ganze Dauer der Schwangerschaft grundsätzlich als Unrecht anzusehen und demgemäß rechtlich zu verbieten ist. Der Staat müsse zur Erfüllung seiner Schutzpflicht ausreichende Maßnahmen normativer und tatsächlicher Art ergreifen, die dazu führten, daß ein wirksamer Schutz erreicht werde. »Der Schutzauftrag verpflichtet den Staat ferner, den rechtlichen Schutzanspruch des ungeborenen Lebens im allgemeinen Bewußtsein zu erhalten und zu beleben.«[8] Gleichwohl nimmt das Bundesverfassungsgericht eine Art strafrechtliche »Frontbegradigung« vor und akzeptiert, daß der Gesetzgeber für die Frühphase der Schwangerschaft die Strafdrohung zurücknimmt zugunsten einer Beratung, welche die Frau für das Austragen des Kindes gewinnen will, ihr aber anheimgibt, wie sie entscheidet. Das Bundesverfassungsgericht knüpft diese weitestgehende Zurücknahme des staatlichen Schutzes jedoch mit deutlichen Worten an die Bedingung, daß die Schwangere die Gründe mitteilt, die sie bewegen, einen Abbruch der Schwangerschaft in Erwägung zu ziehen[9]. Das einschlägige Bundesgesetz läßt aber – im Gegensatz zu dem Ausführungsgesetz Bayerns – dieses Erfordernis fallen, begibt sich in offenen Widerspruch zum Bundesverfassungsgericht und gibt ein Zeichen dahin, daß die Beratung nur noch zur bloßen Formalität gerät, der staatlich geschuldete Schutz des ungeborenen Kindes gegen Null geht.

## XII.

Die Bemühungen der wenigen, die heute noch offen für den Schutz des Menschen vor seiner Geburt eintreten, zumal die der katholischen Kirche, verlieren immer mehr an Wirkung. Ein Erfolg ist freilich zu verbuchen, weil sie rechtspolitische Kräfte der permissiven Gegenseite binden, die sonst darauf ausgingen, nunmehr den rechtlichen Schutz am Ende des Lebens abzubauen und der Euthanasie jene Akzeptanz zu verschaffen, wie sie die Abtreibung inzwischen erreicht hat. Latente Neigung dazu ergibt sich aus vielerlei Gründen: dem wachsenden Anteil der alten Generation an der Gesellschaft, dem verbreiteten Hedonismus und der mangelnden Bereitschaft der nächsten Angehörigen, Zeit, Arbeit und Geld der Pflege zu widmen, dem Fortschritt von Technik und Medizin, das Leben zu verlängern, mithin der zunehmenden Fähigkeit der Menschen, über Lebensdauer und Todeszeitpunkt zu disponieren.

Auch dieses Problemfeld hat seine rechtspolitische Seite. Wenn den Deutschen seit unvordenklichen Zeiten nachgesagt wird, sie seien »ein rührend legalitätsbedürftiges Volk«[10], so erbringen einen neuen Beleg die rechtspolitischen Vorstöße, die Sterbehilfe förmlich zu legalisieren und die Strafvorschrift der Tötung auf Verlangen entsprechend zu modifizieren[11]. Die heiklen Grenzprobleme, die sich hier stellen, insbesondere als Folge des medizin-technischen Fortschritts und der modernen Möglichkeiten künstlicher Lebensverlängerung, werden heute von der Strafrechtsauslegung und der ärztlichen Berufsethik gelöst durch behutsame Differenzierung im Umgang mit der lapidaren Strafnorm, so wie sie heute gilt. Freilich begibt sich der Arzt, der die Behandlung abbricht, sei es auch sozialethisch noch so unangreifbar, unter ein latentes strafrechtliches Risiko. Die Bemühungen, die heutigen Gepflogenheiten gesetzesförmig festzuschreiben, zielen vor allem darauf ab, dem Arzt das Risiko abzunehmen und Rechtssicherheit herzustellen. Doch diese an sich systemimmanenten Tendenzen (nur von diesen ist hier die Rede) wären geeignet, das Tötungs-Tabu aufzuheben dort, wo es heute, aufs Ganze gesehen, noch respektiert wird. Nunmehr würde das bisher Anomale, das Unausgesprochene und Unbeschreibliche, normiert und damit für das allgemeine Rechtsbewußtsein normalisiert. Die Interpretationsmacht über die rechtlichen Ausnahmetatbestände liegt bei den Handelnden; das Risiko der Fehldeutung, Rechtsunsicherheit und Angst, träfen die potentiellen Opfer, die Patienten.

## XIII.

Die Exekutive, die auf der Durchsetzung des für alle geltenden Gesetzes auch zu Lasten jener Rechtsbrecher besteht, welche die Gunst der Großmedien genießen, zieht sich heute leicht den Vorwurf des »autoritären Legalismus«[12] zu. Doch der Hamburger Senat brauchte 1987 in der Affäre Hafenstraße, der nordrhein-westfälische Innenminister 1988 bei der Duisburger Verkehrsblockade in Sachen Rheinhausen die medienwirksame Schelte nicht zu fürchten, weil sie sich jeweils gegenüber den Störungen der öffentlichen Sicherheit in den permissiven Legalismus zurückzogen.

Ein Staat, der sich von Habermasiaden beeindrucken läßt und den Vorwurf des »autoritären Legalismus« fürchtet, hat nicht den Mut, demokratischer Rechtsstaat zu sein. Wenn er zum selektiven Rechtsgehorsam nach Medienopportunität übergeht und der partiellen Anarchisierung Raum gibt, setzt er einen Prozeß der Entlegitimierung des Gesetzes insgesamt in Gang. Der permissive Legalismus wäre nur ein Übergang zum autoritären Illegalismus, in dem eine neue Instanz diktiert, was nunmehr legitim ist und wer Gehorsam heischt. Deutlicher: Wenn die Exekutive auf Rechtsdurchsetzung aus Prinzip verzichtet, wenn der Widerstand der Straße droht, dann überläßt sie die Entscheidung über den Rechtskonflikt den Mächten, welche die Straße mobilisieren können. Die Souveränität fiele denen zu, welche den Rechtsfrieden aufkündigen können.

Zur Klarstellung: Der Rechtsstaat ist nicht verpflichtet, jedwedem Rechtsbruch entgegenzutreten. Er kann in einem bestimmten Spielraum, wie ihn das polizeirechtliche Opportunitätsprinzip offenhält, elastisch reagieren, zuweilen fünfe gerade sein, den Kairós abwarten und, politischer Klugheit folgend, Provokation ins Leere verlaufen lassen. Die Grenze gelassenen Zuwartens, taktischer Toleranz ist allerdings erreicht, wenn ungehinderter Rechtsbruch das Rechtsbewußtsein der Allgemeinheit zu irritieren und gar zu wandeln beginnt.

Schlechthin rechtswidrig ist die gängige Maxime der Politik, rechtswidrigem Druck eilfertig und verständnisvoll nachzugeben, loyalem Vorbringen von Bürgerinteressen aber unnachgiebig standzuhalten. Derart rechtsblinde Anbiederungstaktik bietet dem angemaßten Widerstand die fatale Legitimation, der eigentliche Motor der Demokratie zu sein, indes Parlament wie Bürokratie von Haus aus immobil und verstockt, die schweigende Bürgermehrheit stumpf, dumpf, unaufgeklärt, desinteressiert sei.

Mutatis mutandis gelten diese Maximen auch für die Gesetzgebung, die erheblich weiteren Spielraum hat als die Exekutive. Die rechtsstaatliche Demokratie ist nicht dazu berufen, Rechtsperfektionismus und Prinzipienstarrsinn zu üben. »Fiat iustitia, pereat mundus« ist kein Satz der Verfassung. Die Rechtsidee hebt nicht die Gebote politischer Klugheit auf. Doch ist Gesetzgebung im Verfassungsstaat mehr als politisches Wellenreiten auf den Stimmungen des Zeitgeistes. Die Verfassung legt der Legislative Verantwortung für die Verwirklichung von Staatszielen und den Schutz von Rechtsgütern auf. Politisches Ermessen besteht in der Mittel- und Zeitwahl. Doch weder das Handeln noch das Unterlassen des Gesetzgebers darf eine Kluft zwischen Verfassung und allgemeinem Rechtsbewußtsein aufreißen oder vertiefen.

## XIV.

Auf Messers Schneide steht die Zukunft des Rechtsbewußtseins in der für das Zusammenleben einer freiheitlichen Gesellschaft elementaren Frage, ob die Grundrechte der Meinungs- und der Versammlungsfreiheit den einzelnen oder Gruppen ermächtigen, Straßenverkehr oder Gebäudezugänge zu sperren, um dadurch bestimmten politischen Zielen Nachdruck zu verleihen und Medienpublizität zu erlangen. Das Bundesverfassungsgericht entschied 1986 formell im Stimmengleichstand 4:4[13]. Juristisch lag jedoch kein Patt vor, weil das Gesetz für diesen Fall bestimmt, daß ein Verfassungsverstoß nicht festgestellt werden kann. Mithin verletzt nach Auffassung des »Bundesverfassungsgerichts« die Bestrafung der Verkehrsblockade als Nötigung nicht die Verfassung. Im Jahre 1995 vollzog es eine Wende, indem es die Bestrafung wegen Nötigung für verfassungswidrig erklärte, weil die Strafvorschrift insoweit nicht hinlänglich bestimmt sei[14]. Die Abweichung bezieht sich nicht auf die materielle Frage der Meinungs- und der Versammlungsfreiheit, auch nicht darauf, ob die Blockade nicht aus außerstrafrechtlichen Gründen (Verkehrs- und Wegerecht) weiterhin rechtswidrig ist. Auch strafrechtlich ist noch nicht das letzte Wort gesprochen[15].

Was immer die Entscheidungen des Bundesverfassungsgerichts an juristischen Feinheiten und an offenen Fragen enthalten – im Ergebnis dürften sie den Blockierern ein gutes Rechtsgewissen dazu verschaffen, nach Belieben Verkehrsteilnehmer zu kidnappen, um Protestbedürfnisse abzureagieren und Publizitätsinteressen durchzusetzen. Das Bundesverfassungsgericht stellt hier einseitig ab auf die Grundrechte der Blockierer. Es ignoriert die Grundrechte der Blockierten. Wenn auch die Grundrechte sich nicht gegen Private richten, so verpflichten sie doch die Staatsgewalt, Schutz vor dem Übergriff des Privaten zu gewährleisten. Die Grundrechte kommen so nicht nur den Tätern des Übergriffs, sondern auch seinen Opfern zugute. Für diese geht es bei der Blockade um die räumliche Bewegungsfreiheit und, soweit sie für die Demonstrationsziele vereinnahmt werden, um ihre negative Meinungsfreiheit, zu der gehört, eine andere Meinung zu haben oder sich für die Sache der Demonstranten nicht zu interessieren, schließlich die Menschenwürde, die davor schützt, von anderen als Mittel zum Zweck benutzt zu werden. Je sensibler und differenzierter sich das Freiheitsbewußtsein einer Grundrechtszivilisation entwickelt, desto subtiler muß der gesetzliche Schutz ausfallen, insbesondere die Handhabung des Nötigungstatbestandes. Grundrechte der Demonstranten bilden kein verfassungsrechtliches Gegengewicht; denn sie geben kein Recht zum Übergriff in die Freiheit des anderen. Die Meinungs- und die Versammlungsfreiheit stehen, wie alle Grundrechte, unter dem Vorbehalt der Friedlichkeit, der Freiheitsschranke, die für den neuzeitlichen Staat selbstverständlich ist und die das Grundgesetz bei dem gewaltanfälligsten aller Grundrechte, der Versammlungsfreiheit, in der Formel »friedlich und ohne Waffen« sogar ausdrücklich nennt. Nur der Vorbehalt der Friedlichkeit, mit ihm das Nötigungsverbot, ermöglicht, daß die Freiheit eines Bürgers neben der Freiheit seines Nächsten bestehen kann und daß grundrechtliche Freiheit nach einem allgemeinen Gesetz Freiheit der Gleichen ist. Ein Recht auf Verkehrsblockade wäre aber nicht verallgemeinerungsfähig, weil es nicht alle Parteien im politischen Konflikt ausüben könnten.

Maßnahmen des zivilen Ungehorsams wie diese können immer nur von einer Minderheit in Anspruch genommen werden, die, Kant auf den Kopf stellend, die Maxime des eigenen Handelns der Allgemeinheit als Gesetz aufzwingen will, die das Wahrheitsmonopol, das Gewissensmonopol und das Aggressionsmonopol für sich reklamiert und darauf baut, daß die Mehrheit der Bürger in der Legalität verharrt, gezielte Störung und Behinderung hinnimmt, von Gegengewalt absieht.

Wenn dem oberflächlichen Eindruck nach die organisierte Störung friedlich verläuft, so ist die »Friedlichkeit« erborgt von denen, die sich die Störung gefallen lassen. Ziviler Ungehorsam ist eine Art moralischen Ausbeutertums derer, die sich über Rechtsbindungen hinwegsetzen, auf Kosten derer, welche die Rechtsbindung einhalten.

Die Verkehrsblockade provoziert die neue Notwehrfrage: ob und unter welchen Bedingungen das Recht der Blockadeopfer auf Gegengewalt auflebt. Die Frage wird, in jedem Sinne des Wortes, auf der Straße beantwortet werden. Wenn diese schreckliche Situation eintritt, wird ein gewichtiger Teil der Verantwortung auf das Bundesverfassungsgericht zurückfallen.

## XV.

Meine Beispiele entstammen durchwegs dem Hoheitsbereich des Staates: der Gesetzgebung und dem Gesetzesvollzug. Doch es wäre verfehlt, allein auf das rechtsförmige Instrumentarium des Staates abzustellen, wenn seine Möglichkeiten zur Einflußnahme auf das Rechtsbewußtsein erörtert werden. Die informellen Möglichkeiten können nicht minder wirksam sein.

Vorab ist an die Vorbildfunktion zu denken, die staatliche Amtsträger, vom Bundespräsidenten bis zum Grundschullehrer, gewollt oder ungewollt, positiv oder negativ wahrnehmen. So eifersüchtig die Gleichheitsgesellschaft auch über die Egalität ihrer Repräsentanten wacht, so mächtig ist die geheime Erwartung, in den Vertretern des Staates ihr besseres Selbst wiederzuerkennen. Die Enttäuschung und die Entlarvungshäme, die selbst läppische Fälle des Verdachts einer mißbräuchlich privaten Nutzung von Dienstwagen und Fahrbereitschaft zum Skandal erheben, bieten e contrario einen Beweis für die Erwartung.

Das Instrumentarium staatlicher Öffentlichkeitsarbeit kann erzieherisch wirken. Das beweist die derzeitige AIDS-Kampagne der Bundesregierung. Den Versuch wert wäre ein entsprechender Einsatz auch für den notleidenden Schutz des ungeborenen Kindes, etwa durch Information über sein frühmenschliches Erscheinungsbild, aber auch über die durch Emanzipationsideologie verdrängten psychischen und physischen Folgeschäden, die der Mutter nach einer Abtreibung mit nicht geringer statistischer Wahrscheinlichkeit zustoßen können.

Das wirksamste Mittel, um Rechtsbewußtsein zu schulen, ist die Schule. Doch die Schule muß ihrerseits vieles lernen, vieles erneut, vieles erstmals: nicht Indoktrinationsagentur für linke oder rechte Politik zu sein, sondern Erziehungshelferin zur Freiheit im Verfassungsstaat. Dazu bedarf es nicht nur der Belehrung über Ansprüche des einzelnen, sondern auch über die Pflichten gegenüber dem Nächsten und der Allgemeinheit. Es kommt darauf an, Einsicht zu vermitteln in die Voraussetzungen und Regeln der Freiheit. Das Leitbild, dem die Schulerziehung lange Zeit und vielerorts gefolgt ist, war nicht das zivile des demokratischen Bürgers, der sich in der Normalität einer offenen Gesellschaft zu bewähren hat, sondern das militante des permanenten Widerstandskämpfers, potentiellen Bürgerkriegers oder des verwöhnten und wehleidigen Anspruchsprätendenten.

Wirksamer als der staatliche Eingriff kann die staatliche Förderung sein. Sie umfaßt auch die Kooperation mit den Kräften der Gesellschaft, die, nicht gebunden durch Säkularitäts-, Neutralitäts- und Distanzpflichten wie der Staat, das Rechtsbewußtsein tiefer und umfassender prägen können. Der Staat besitzt bei der Vergabe von Leistungen mehr Entscheidungsfreiheit als bei Eingriffen; der politischen Klugheit öffnen sich größere Wirkungsmöglicheiten, wenn es darum geht, die Förderungsmittel richtig zu verteilen. Wenn der Verfassungsstaat um der Freiheit willen das Unkraut im Weizen grundsätzlich nicht jäten darf, so braucht er es um des Gemeinwohls willen wenigstens nicht zu düngen.

Die Frage des Rechtsbewußtseins im Rechtsstaat richtet sich nicht allein an Staat und Verbände. Sie geht uns alle an. Nostra res agitur.

Anmerkungen

1 *Odo Marquard:* Abschied vom Prinzipiellen, 1981, S. 12.
2 *Marquard* (Fn. 1), S. 11.
3 *Hans Magnus Enzensberger:* Berliner Gemeinplätze, in: Kursbuch 11/1978, S. 169.
4 Vgl. *Fritz Ossenbühl:* Der Grundsatz der Verhältnismäßigkeit als der »große Gleich- und Weichmacher der Verfassungsmaßstäbe« (Diskussionsbeitrag, VVDStRL 39 [1981], S. 189).
5 *Baruch de Spinoza:* Tractatus theologico-politicus, 1670, Caput XVI.
6 BVerfGE 39, 1 ff.; 88, 203 ff.
7 BVerfGE 39, 1 (44–47).
8 BVerfGE 88, 203 (204 Ls. 10, vgl. auch 261).
9 BVerfGE 88, 203 (284 f.).
10 Als Zitat gebracht von *Carl Schmitt*: Das Problem der Legalität (1950), in: ders., Verfas-

sungsrechtliche Aufsätze, 1958, S. 446; *ders.*, Die legale Weltrevolution, in: Der Staat 17 (1978), S. 321.

[11] Alternativentwurf eines Gesetzes über die Sterbehilfe, vorgelegt von *Jürgen Baumann* u. a., 1986.

[12] *Jürgen Habermas*: Ziviler Ungehorsam – Testfall für den demokratischen Rechtsstaat. Wider den autoritären Legalismus in der Bundesrepublik, in: Peter Glotz (Hrsg.), Ziviler Ungehorsam im Rechtsstaat, 1983, S. 29–53.

[13] BVerfGE 73, 206 ff.

[14] BVerfGE 92, 1 ff.

[15] Dazu mit Nachw. *Herbert Tröndle*, in: Dreher/Tröndle, Strafgesetzbuch, 47. Aufl. 1995, § 240 Rdnr. 25–27. Vgl. jüngst BGH, NJW 1995, S. 2643 ff.

*Steffen Heitmann*

# Verfassung und Moral*

## Der Verfall einer Kultur beginnt immer von innen

Das Thema »Verfassung und Moral« ist ein ebenso anspruchsvolles wie uferloses Thema. Das Verhältnis von Verfassung und Moral – allgemeiner: von Recht und Moral – ist ein Problem, das die Menschheit begleitet, seit es positives, also bewußt gesetztes beziehungsweise als gesetzt empfundenes Recht gibt. Es gehört zu den Problemen, die sich nie erledigen, zu denen jedes Gemeinwesen, jede Generation, aber auch jeder einzelne Mensch je neu eine Haltung erwerben, zumindest aber einnehmen muß.

Daß Verfassung und Moral in einem Verhältnis stehen, ja mitunter in einem Spannungsverhältnis, ist an einigen spektakulären Entscheidungen des Bundesverfassungsgerichts deutlich geworden. Zu nennen sind die weitgehende Straffreistellung der Beleidigung von Soldaten als »Mörder«, das Urteil zum Abtreibungsrecht und die sogenannte Kruzifix-Entscheidung.

Daß Recht und Moral sogar weit auseinanderklaffen können, ist den Ostdeutschen nach der friedlichen Revolution oft bitter bewußt geworden. Nur ein Beispiel: Als die Staatssicherheit in Dresden aufgelöst wurde, fand man in den Akten der politisch besonders Verdächtigen mitunter einen sogenannten »Maßnahmeplan zur Zersetzung der Persönlichkeit«. Da war von den Stasi-Offizieren detailliert geplant, wie man die Biographie des betreffenden Menschen desorganisieren könnte. Da wurde der berufliche Mißerfolg programmiert; da wurde ein Spitzel zur Verführung der Ehefrau angesetzt, um die Ehe zu zerstören; da wurden falsche Gerüchte zur Diffamierung in die Welt ge-

* Erschienen in: Die politische Meinung, Januar 1997

setzt, die Kinder sollten in der Schule verunsichert werden. Kurz, es wurde geplant, wie ein Mensch psychisch vernichtet werden könnte. Erst später wurde die entsprechende Richtlinie des MfS bekannt, die anleitete, wie man eine Persönlichkeit »zersetzen« könnte. Kann man sich eine größere Menschenrechtsverletzung vorstellen?

Der Verfasser hat Strafrechtler sorgfältig prüfen lassen, wie die Akteure dieser Menschenrechtsverletzungen bestraft werden könnten. Das Ergebnis war ernüchternd: Wenn die Kausalität nachweisbar sei – und das sei meist nicht möglich –, ergäbe sich allenfalls eine Strafbarkeit wegen Körperverletzung. Das, was wir als eklatante Verletzung von Menschenrechten empfinden, als moralisch höchst verwerfliches Tun, ist rechtlich nicht relevant. Weiter können Moral und Recht schwerlich auseinanderklaffen.

Es ist also kein trockenes, abstraktes Problem, wenn wir uns die folgenden Fragen stellen: Kann das Recht, grundlegend normiert durch die Verfassung, in einer Zeit sich rasch verändernder Moralvorstellungen in der Bevölkerung Garant für die Beachtung von Moral sein? Gibt es in unserer Gesellschaft, die sich selbst oft stolz »pluralistisch« nennt, noch Moralvorstellungen – heute meist »Werte« genannt, von Moral spricht man heute nicht mehr gern –, die allgemein sind? Konsens und Pluralismus – das ist ein neuzeitliches Verfassungsproblem. Die grundsätzliche Frage in diesem Zusammenhang lautet: Dürfen – oder müssen – die demokratischen Staatsgewalten die in der Verfassung normierten oder in ihr aufscheinenden grundsätzlichen Moralvorstellungen durchsetzen, auch wenn sie nicht oder nicht mehr von der Mehrheit der Bevölkerung getragen werden?

Die Abgrenzung von Recht und Moral ist schwierig. Rudolf von Ihering, der große Rechtsgelehrte des 19. Jahrhunderts, hat das Verhältnis beider zueinander einmal als »Kap Hoorn der Rechtsphilosophie« bezeichnet. Bekanntlich war der Schiffahrtsweg um Kap Hoorn einer der gefährlichsten. In den meisten Naturrechtslehren wird die Identität von Recht und Moral behauptet. Das ist das eine Extrem. Danach ergibt sich die Verbindlichkeit gesetzten Rechts aus der Übereinstimmung mit dem Naturrecht, also mit höher- oder höchstrangigen Rechtsquellen jenseits des gesetzten Rechts. Die Gegenposition dazu bildet die sogenannte »Reine Rechtslehre«, die besonders von Hans Kelsen entwickelt wurde. Sie will Recht und Moral völlig voneinander

trennen. Die Rechtswissenschaft ist danach keine Geistes-, sondern eine Naturwissenschaft, weil das positive Recht nur eine Summe von Normen und damit Tatsachen sei. Alle Elemente, die nicht unmittelbar dem Recht zuzuordnen sind – Psychologie, Soziologie, Ethik, politische Theorie und so weiter –, sollen unberücksichtigt bleiben. Das ist das andere Extrem, der reine Rechtspositivismus.

Sämtliche Abgrenzungsversuche enthalten unabweisbare Wahrheiten, bleiben aber gleichzeitig unbefriedigend. Recht und Moral sind zwar nicht deckungsgleich, aber eine scharfe Trennung beider voneinander ist auch nicht möglich. Unser Denken und Handeln wird bestimmt durch unser Gefühl für das, was richtig und was falsch ist, durch unsere Grundüberzeugungen und damit durch unsere Moralvorstellungen, die uns teils eingepflanzt, teils anerzogen, teils selbst erworben sind. Sicher wäre der Idealfall das Leben unter einer Rechtsordnung, in der moralisches Handeln in jedem Fall auch im rechtlichen Sinne richtiges Handeln ist. Aber das ist eine schwärmerische Idealvorstellung. Das positive Recht muß immer eine gewisse Inflexibilität haben, andererseits aber wandeln sich Moralvorstellungen in unserer sich immer mehr individualisierenden modernen Gesellschaft besonders rasch. Aber auch in früheren Gesellschaften haben sich aus dem Auseinanderfallen von Recht und Moral tragische, das heißt unauflösliche Konflikte ergeben. Ein klassisches Beispiel für einen solchen Konflikt ist Sophokles' Antigone: Gegen Kreons klares Verbot bestattet sie ihren Bruder, ein Sieg der Moral über das Recht. Ein Sieg freilich, der mit dem Tode bezahlt wird, wie so oft in der Geschichte, auch in der jüngsten Geschichte.

Aufgabe der Verfassung ist es, dem Staat eine rechtliche Grundordnung zu geben. Aber – so schrieb Wilhelm von Humboldt 1799 – »Staatsverfassungen lassen sich nicht auf Menschen wie Schößlinge auf Bäume pfropfen«. Das heißt: Die Verfassung muß der Lage des Landes und dem Empfinden der in ihm lebenden Menschen entsprechen. Ziel unserer Verfassung, des Grundgesetzes, ist es, einen Mindestbestand rechtlicher Grundsätze unserer christlich-abendländischen Kulturgemeinschaft zu gewährleisten. Die Unantastbarkeit der Würde des Menschen, die Rechtsstaatlichkeit, das Demokratieprinzip, der Sozialstaat und der Bundesstaat sind Ergebnisse staatspolitischer und kultureller Anstrengungen, hinter die die Verfassungsgemeinschaft nicht mehr zurückfallen soll. Die Verfassung beansprucht, bleibender Rechtsbestand sowohl in als auch trotz der Zeit zu sein. Und so stellt sich die Frage: Gibt es Moralgrundsätze, die für unser Gemeinwesen unwandelbar richtig sind? Gibt es einen verfassungsmäßigen Grundkonsens über das, was für uns richtig und was für uns falsch ist?

Unser Grundgesetz geht davon aus, daß es einen solchen Grundkonsens gibt. Er ist an vier Textstellen auszumachen:

*Erstens:* In der Präambel wird festgestellt, daß dieses Grundgesetz vom Deutschen Volk »im Bewußtsein seiner Verantwortung vor Gott und den Menschen« beschlossen wurde.

*Zweitens:* Artikel 1 Absatz 1 Satz 1 des Grundgesetzes lautet: »Die Würde des Menschen ist unantastbar.«

*Drittens:* In Artikel 2 Absatz 1 des Grundgesetzes wird als die Grenze des Rechts des Menschen auf die freie Entfaltung seiner Persönlichkeit nicht nur die Verletzung der Rechte anderer Menschen und der Verstoß gegen die verfassungsmäßige Ordnung gesetzt, sondern auch der Verstoß gegen das »Sittengesetz« – wie immer das zu definieren ist.

*Viertens:* Und in Artikel 79 Absatz 3 des Grundgesetzes, der sogenannten Ewigkeitsklausel, wird die Änderung dieser beiden Verfassungsgrundsätze und weiterer Grundsätze untersagt.

Diese Sätze unseres Grundgesetzes bilden das Scharnier zwischen Verfassung und Moral in unserem Gemeinwesen. Sie verweisen auf die Wurzeln unserer Verfassung. Diese Wurzeln sind in unserer christlich-abendländischen Kultur zu finden, auf dem Boden des weströmischen Reiches verschmolzen das von griechischer Kultur geprägte Römertum, das Christentum und das Germanentum miteinander – ein jahrhundertelang dauernder, epochaler Vorgang. Durch ihn wurden die Grundlagen des christlich-abendländischen Mittelalters geschaffen, das sehr zu Unrecht mitunter als »finster« bezeichnet wird. Eine entscheidende Bedeutung kam in der Entwicklung dem Verhältnis zwischen politischer und religiöser Macht zu. In gewisser Weise ist das Spannungsverhältnis zwischen Recht und Moral ja die andersartige Ausprägung des mittelalterlichen Verhältnisses zwischen Politik und Religion.

Konstituierend für unser heutiges Verständnis hat Luther, Gedanken von Augustinus aufnehmend, die Lehre von den zwei Reichen oder – genauer – von den zwei Gewalten entwickelt, die zwar miteinander verschränkt und aufeinander bezogen, aber deutlich unterschieden in der Welt wirken. Die Politik, die sich nur auf die Regelungen und Ordnungen der irdischen Dinge bezieht und die den Maßstäben der Vernunft unterworfen ist, bedarf des Gegenübers der Religion und ihrer Wahrheit, damit ihr ihre Grenzen bewußt werden. Und die Religion bedarf des Respekts vor einer unabhängigen und selbständigen Politik, um vor dem Schwärmertum bewahrt zu werden. Diese Entwicklung, diesen historischen Dualismus, hat es in anderen Kulturkreisen so nie gegeben. Die geistige Offenheit, von der unsere Kultur geprägt ist, der Respekt vor dem Menschen und seiner Persönlichkeit sind große Errungenschaften der abendländischen Kulturentwicklung. Sie ist wesentlich auf das Christentum zurückzuführen.

Wir können hier nicht tiefer in die Geschichte unserer Kultur eindringen. Wichtig ist folgendes: Unsere Moralvorstellungen beruhen auf einer jahrhunderte-, ja jahrtausendelangen geistig-kulturellen Entwicklung. Und so ist auch unsere Verfassung kein spontan entstandenes Gesetzeswerk, das nur die zur Zeit seiner Entstehung vorhandenen Realitäten ordnet und regelt. Es gab, wie der Verfassungsrichter Paul Kirchhof sagt, keinen »juristischen Urknall«. Vielmehr wurden gewachsene Moralvorstellungen in Rechtssätzen gebündelt. Diese Moralvorstellungen sind in den letzten Jahrzehnten nun freilich einem lebhaften Wandel, teilweise einem Verlust unterworfen gewesen.

Die Ursachen für diesen Moralwandel und -verlust sind vielschichtig. Drei seien genannt:

- Wohlstand: Die soziale Frage der Gegenwart in Deutschland besteht nicht in der Behebung von Not, sondern in der Verteilung von Wohlstand. Noch nie in unserer Geschichte ist es so vielen Menschen materiell gut gegangen wie heute. Und wir erleben – offenbar als Folge davon – eine erschreckende Ökonomisierung aller Lebensbereiche. Manchmal scheint Wohlstand das einzig noch einende Band dieser Gesellschaft zu sein. Selbst eines unserer höchsten Güter, die Freiheit, wird inzwischen weitgehend als Wohlstand verstanden. Anders ausgedrückt: Es geht uns – materiell – zu gut. Wohlstand aber zerstört menschliche Gemeinschaft und menschliches Leben, wenn er nicht von moralischen Werten eingebettet und begleitet wird.
- Kulturelle Entwurzelung: Wir haben über zu lange Zeit unseren kulturellen Hintergrund, der das Fundament unseres Gemeinwesens

bildet, vernachlässigt, das heißt, wir haben nicht in ausreichender Weise auf die stetige Erneuerung und Pflege dieses Fundaments geachtet. Eine zunehmende Unsicherheit erfaßt deshalb viele Bereiche, auch die Rechtsprechung. Die zu beobachtende Orientierungs- und Hilflosigkeit angesichts der jüngsten, umstrittenen Verfassungsgerichtsentscheidungen ist erschreckend. Sie kommt ja nicht nur in den Reaktionen auf diese Urteile zum Ausdruck, sondern wird auch in den Entscheidungen selbst deutlich. Ein gemeinsames Rechtsbewußtsein scheint verlorenzugehen. Die Reformunfähigkeit unseres Gemeinwesens hat hierin eine wesentliche Ursache. Wenn keine Einigkeit mehr über die Gründe besteht, aus denen heraus sich die Politik für oder gegen etwas entscheidet, keine Einigkeit über vorgegebene, also außergesetzliche Orientierungswerte besteht, dann müssen tragende Lösungen zwangsläufig auf der Strecke bleiben.

- Schwindendes Verantwortungsgefühl: Wir sind uns nicht ausreichend darüber bewußt, daß Voraussetzung für das Funktionieren des Gemeinwesens der verantwortungsvolle Beitrag seiner Mitglieder ist. Der Staat ist nichts abstrakt Vorgegebenes, das uns lediglich Normen und Zwängen unterwirft und gegen dessen Macht wir uns nur zur Wehr setzen müßten. Er ist vielmehr die uns allen gemeinsame Lebensform, die entstanden ist, weil die Mehrheit der in diesem Staat lebenden Menschen sie für richtig hielt. Freilich muß der Staat sich auch fragen, ob er nicht durch ein überzogenes soziales Staatsverständnis zum Verlust persönlichen Verantwortungsbewußtseins ständig selbst beiträgt.

Kommen wir nun zu der eingangs gestellten Frage, ob der Staat seine Herrschaftsinstrumente zum Schutz der verfassungsmäßigen Moralvorstellungen auch dann einsetzen darf, wenn diese nicht mehr vom erkennbaren gesellschaftlichen Konsens getragen zu sein scheinen. Diese Frage ist in der westdeutschen sogenannten Grundwertediskussion der sechziger und siebziger Jahre breit erörtert worden, ohne zu überzeugenden Ergebnissen zu gelangen.

Obwohl unsere Verfassung davon ausgeht, daß es allgemein anerkannte Moralvorstellungen gibt, die nicht in das positive Recht eingegangen sind, die nicht zum staatlich erzwingbaren »moralischen Minimum« gehören, darf sich der Staat nicht in die Rolle eines »Abwicklers« zurückziehen, darf er sich nicht zum Sklaven sich wandelnder gesellschaftlicher Entwicklungen machen. Unsere Demokratie ist angelegt als eine wehrhafte. Das heißt aber nicht nur, daß sie sich selbst als Staatsgefüge verteidigen muß, sondern auch, daß sie die Pfeiler ihrer Existenz verteidigen muß.

Die drei Staatsgewalten, das Parlament, die Regierung und die Rechtsprechung, haben vielfältige Möglichkeiten, moralorientierend zu wirken. Das gilt natürlich insbesondere für den Gesetzgeber, das Parlament. Es hat die Möglichkeit und die Pflicht, moralorientierende Vorgaben zu machen. Ein Beispiel: Immer wieder wird von verschiedenen Gruppierungen und Persönlichkeiten gefordert, die lebenslange Freiheitsstrafe für Mord abzuschaffen. Das ist ein falsches Zeichen. Der Gesetzgeber hat hier ein klares Zeichen gesetzt mit der Aussage: Das menschliche Leben ist unser höchstes Gut. Deswegen ahnden wir seine Vernichtung durch Mord mit der lebenslangen Freiheitsstrafe. Das ist eine moralische Entscheidung.

Auch die dritte Gewalt hat in vielfältiger Weise die Möglichkeit, Moralvorstellungen zu bewahren und durch eine homogene Rechtsprechung zu fördern. Das gilt für alle Gerichte, insbesondere aber natürlich für unser oberstes deutsches Gericht, das Bundesverfassungsgericht. Es hat sich selbst als Hüter der Grundrechte bezeichnet – und was sind die Grundrechte anderes als normierte Moralvorstellungen? Viele der neueren Entscheidungen des Bundesverfassungsgerichts lassen aber Zweifel an dieser Hüterrolle aufkommen.

In moralischer Hinsicht kann die Rechtsordnung nur ein Gerippe sein. Auch wenn sie sich letztlich als moralische Ordnung darstellt, so folgt doch daraus keineswegs, daß alle moralische Ordnung rechtlich verfaßt sein müßte oder auch nur könnte. Was von Rechts wegen von allen gefordert werden kann und muß, kann nur die Vermeidung grundlegender gemeinschaftsschädigender Handlungen sein. Würden sich aber alle nur an dieses Minimum halten, funktionierte die Gesellschaft nicht mehr. Eigenschaften wie Treue, Zuverlässigkeit, Pflichterfüllung, Achtung vor dem Mitmenschen, Bescheidenheit, Verzicht auf den Rechtsstandpunkt sind für das Funktionieren der Gesellschaft mindestens genauso wichtig wie die Einhaltung des Rechts. Wenn alle Menschen nur ihren Rechtsstandpunkt verteidigten, würde der Rechtsstaat ad absurdum geführt. Immer mehr Menschen leben in Deutschland aber nach der Devise: Solange ich nicht von einem ordentlichen deutschen Gericht verurteilt bin, habe ich mir nichts vorzuwerfen. So hat es der Schriftsteller Peter Schneider einmal ausgedrückt. Sie verwechseln Recht und Moral. Das ist übrigens bei ostdeutschen Stasi-Spitzeln genauso wie bei westdeutschen Steuerbetrügern. Um unser Rechtssystem aufrechterhalten zu können, brauchen wir einen moralischen Grundkonsens. Lapidare Grundsätze menschlichen Zusammenlebens müssen als moralische Grundsätze Grundlage der Gesellschaft bleiben. Das sind so einfache Sätze wie: Du sollst nicht töten, du sollst nicht stehlen, du sollst nicht ehebrechen – das heißt verbindlich miteinander leben –, du sollst nicht lügen. Werden diese klaren Sätze noch so klar vertreten? Werden sie nicht zunehmend von den Rändern her, von den Grenzfragen her, problematisiert? Die Geltung dieser Grundsätze ist für den Bestand der Demokratie von fundamentaler Bedeutung. Alexis de Tocqueville hat bereits in der Frühzeit der neuzeitlichen Demokratie geschrieben: »Was mich betrifft, so bezweifle ich, daß der Mensch jemals eine völlige religiöse Unabhängigkeit und eine vollkommene politische Freiheit ertragen kann; und ich bin geneigt zu denken, daß er, ist er nicht gläubig, hörig werden, und ist er frei, gläubig sein muß.«

Schließlich macht Tocqueville aufmerksam auf den Zusammenhang von Freiheit und Glauben. Als zu bewahrende moralische Grundsätze der Gesellschaft wurden schon einige der christlichen Zehn Gebote genannt. Die Wurzeln unserer Gesellschaft, unserer Kultur liegen im christlichen Glauben. Von alters her spricht man bei den Zehn Geboten von den zwei Tafeln, die Gott Mose übergeben hat: Auf der ersten Tafel die drei Gebote, die das Verhältnis des Menschen zu Gott betreffen, auf der zweiten Tafel die sieben Gebote zum Verhältnis der Menschen untereinander. Die Menschen werden die sieben zwischenmenschlichen Gebote nur dann auf Dauer halten, wenn sie sie aus den drei ersten Geboten verstehen und deuten. Die verfassungsrechtlich garantierte »Würde des Menschen« ist nur verständlich vor dem Hintergrund der biblischen Aussage von der Gottebenbildlichkeit des Menschen. Nur die Verantwortung vor einer außermenschlichen transzendenten Größe erklärt die Einhaltung zwischenmenschlicher Regeln auf Dauer. Die erste Tafel der Gesetze bedingt die zweite. Deshalb kommt der Religion, und das heißt in unserem Kulturkreis der Kirche, für die Bewahrung der Moralvorstellungen in unserem Gemeinwesen eine unersetzbare Bedeutung zu. Die Kirche trägt dazu bei, die geistige Infrastruktur des Gemeinwesens zu wahren und zu erneuern. Auf diesen Effekt der Kirche im gesellschaftspolitischen Leben richten sich auch die Verfassungserwartungen. Sie kann den Erwartungen aber nur genügen, wenn sie sich dem Verfassungsstaat nicht vorbehaltlos anpaßt und Distanz hält zu den politischen Konflikten und gesellschaftlichen Interessenkämpfen.

Der Verfall einer Kultur beginnt von innen; geistiger, gesellschaftlicher, politischer und wirtschaftlicher Niedergang sind die Folgen. Staat und Gesellschaft müssen sich stärker auf ihre kulturellen und geistigen Fundamente besinnen. Das Bekenntnis zu diesen Fundamenten hilft auch, sich vor zerstörerischem Neutralismus zu schützen und sich andrängender Fundamentalismen zu erwehren. Die in unserem Grundgesetz verankerten Scharniere zwischen Verfassung und Moral bedürfen der ständigen sorgfältigen Pflege, damit sie funktionieren.

*Rupert Scholz*

# Deutschland in guter Werte-Verfassung?

## I.

Deutschland in guter Werte-Verfassung? Eine Frage, die in dieser Form gestellt sicherlich den einen oder anderen überrascht, die aber jedenfalls in dieser Form nicht häufig gestellt zu werden pflegt. Wir streiten zwar massiv über unsere Verfassung – zuletzt im Rahmen der nach der deutschen Wiedervereinigung geforderten und inzwischen abgeschlossenen Verfassungsreform. Wir streiten aber kaum über Werte, oder besser gesagt: Wir sprechen kaum über Werte. Statt dessen sprechen wir viel über Moral – oder wiederum besser gesagt: Wir ergehen uns gerne und intensiv – mitunter gar in sehr radikalen, manchmal sogar fundamentalistisch klingenden Tönen – in Diskussionen über Moral und Moralismus. Schaut man jedoch näher hin, so erkennt man sehr rasch, daß es sich nur allzuoft um Formen eines Schein-Moralismus handelt, der vor allem im politischen Bereich buchstäblich weltweit in Verkündung gebracht wird und der neben manchem Belächeltwerden auch schon kritische Töne hervorgebracht hat, namentlich etwa den von deutscher Anmaßung oder von einem deutschen Sonderbewußtsein (Joachim Fest), an dem die Welt – scheinbar – zu genesen habe. Dies alles mischt sich auffällig mit manchem Maß an Verantwortungsscheu. Als Beispiel sei nur etwa an jene in Deutschland lange dominierende politische These erinnert, derzufolge Deutschland sich an internationalen Friedensmissionen der UNO nicht zu beteiligen habe, sei es doch Deutschland vorbehalten, allein »humanitäre Aufgaben« zu erfüllen, sei es, daß in wiederum fast geschichtsverfälschender Weise Parallelen zur Vergangenheit des deutschen Imperialismus und Militarismus gezogen werden. Daß das Ganze – bis zur klarstellenden Entscheidung des BVerfG vom 12.7.1994 (BVerfGE 90,

286 ff.) – auch gern noch mit verfassungsrechtlichen Scheinargumenten verbrämt wurde, sei nur am Rande erwähnt.

Wenn dagegen von »Werten« gesprochen wird, dominieren in aller Regel skeptische, mitunter auch ironisch-verhöhnende Töne, wird gern in leicht herablassender Manier argumentiert – bis hin zu jenen Diskreditierungen bestimmter Grundwerte als angeblich bloßen »Sekundärtugenden«, die heute angeblich keine Beachtung, nicht einmal Respekt mehr verdienten. An die entsprechend diskreditierenden, ja diskriminierenden Äußerungen des saarländischen Ministerpräsidenten Lafontaine sei in diesem Zusammenhang nur stellvertretend oder exemplarisch erinnert.

Eine wirkliche Werte-Diskussion findet bei uns dagegen kaum statt. Und weiter: Von einem wirklichen und auch politisch wirksamen Werte-Konsens kann kaum noch die Rede sein. Jedenfalls ist ein evidentes Vakuum aufgetreten, das schon in der schulischen Erziehung beginnt und das inzwischen vielfältig bis in unsere politischen und kulturellen Führungsklassen hineinreicht. Im Bereich der Erziehung leiden wir nach wie vor unter den Nachwehen jener Irrlehre von der »antiautoritären Erziehung« – geboren in der '68er-Bewegung, deren Adepten inzwischen meist schon ziemlich ergraut – vielfach immer noch ihren utopischen »Selbstverwirklichungs«- oder »Emanzipations«träumen nachhängen – dies allerdings in aller Regel bestens abgesichert durch die gut funktionierenden Sicherungs- und Versorgungssysteme unseres Sozial- und Versorgungsstaates, der in vielfältiger Hinsicht schon die Grenzen zum auch bevormundenden Wohlfahrtsstaat überschritten hat. Daß »Autorität« eigentlich wertevermittelnde und auch gemeinschaftsformende »Auctoritas« heißt bzw. auf dieser basiert, wird bewußt verdrängt oder diskreditiert – zum Schaden gerade junger Menschen und ihrer Suche nach orientierender Lebenshilfe.

## II.

So sehr sich Werteverständnis, Werteakzeptanz und Wertediskussion damit verdrängt oder diskreditiert sehen, an anderer Stelle finden sich fast inflationäre »Werte«-Debatten und Bestrebungen – nämlich in der Verfassungsdiskussion. Hier wurde und wird vor allem von der politischen Linken die verfassungsunmittelbare Verankerung oder Konstituierung einer Fülle bestimmter politischer Ziele in der Verfassung gefordert – und dies alles unter dem »Postulat« der »Notwendigkeit« von Werten bzw. einer Verfassungsreform, die sich – entgegen unserem bewährten Grundgesetz – zu vor allem so »sozialen Werten« bekennen müßte wie einem »Recht auf Arbeit«, »Recht auf Wohnung«, »Recht auf Bildung«, »Recht auf Gesundheit«, »Recht auf soziale Sicherheit« bis hin zu einem möglichst individuellen »Recht auf gesicherte und bewahrte Umwelt oder Schöpfung«, ja bis hin zu einem »Recht auf Mitmenschlichkeit«. Alles dies sind jedoch ebenso utopische wie – auf der Ebene einer Verfassung – unerfüllbare Forderungen bzw. Versprechungen, die letztendlich zu nichts anderem als einer Verfassung führen, die buchstäblich zu einem großen Bilderbuch, zu einem großen Katechismus oder einem »Gesamtgemälde des gegenwärtig erreichten Sozial- und Kulturstandards« (Peter Lerche) würde und damit zugleich ihre gesamte – eigentlich wert-bestimmende und wert-prägende – Normativität verlöre. Eine Verfassung muß sich davor hüten, in augenblicksverhaftete Kosmetik oder unerfüllbare Utopie zu verfallen. In eine Verfassung kann man nicht alles »momentan Wünschenswerte« hineinschreiben; eine Verfassung darf nicht in bloße Schwärmerei oder reine Utopismen verfallen, will sie die eigene und grundsätzliche Werthaftigkeit wie Normativität nicht einbüßen. Aber auch diese Debatte und solche Forderungen offenbaren erneut, wie kritisch es mit einem wirklichen Wertebewußtsein bzw. dem Wissen und der Pflege gegebener Werte bei uns steht. Das Grundgesetz ist eine außerordentlich wertverhaftete, wertbildende und wertverpflichtende Verfassung – dies aber in einer Form und Orientierung, für die zunehmend Verständnis und Akzeptanz verlorengehen. Garantie, Schutz und Entfaltung der Freiheit – so heißt die bedeutsamste und wahrhaft grundlegende Wertentscheidung des Grundgesetzes. Seine Wertordnung beruht in entscheidendem Maße auf diesem Bekenntnis zur Freiheit, wobei Freiheit allerdings nicht in einem rein formalen, sondern in einem maßgebend materialen Sinne, d. h. als Grundlage eines wahrhaftiger Personalität verpflichteten Menschenbildes vorausgesetzt und gewährleistet wird. Nach den Erfahrungen mit dem nationalsozialistischen Totalitarismus hat das Grundgesetz vor allem auf dieses Prinzip der Freiheit gesetzt und dieses in ebenso liberaler wie sozialer und demokratischer Verpflichtung entfaltet. Das Prinzip Freiheit steht an der Spitze der verfassungsrechtlichen Werteordnung. Freiheit bildet die zentrale Voraussetzung der in Art. 1 Abs. 1 GG gewährleisteten Menschenwürde; die die Freiheit im einzelnen entfaltenden und gewährleisteten Menschenrechte beruft das Grundgesetz mit Recht zur entscheidenden Voraussetzung wie Basis und Legitimation unseres Gemeinwesens insgesamt.

Blicken wir zurück, so können wir – nicht zuletzt im Hinblick auf die deutsche Einheit in Freiheit und die Überwindung des menschenverachtenden Kommunismus – mit ebensoviel Freude wie Genugtuung feststellen, daß dieses zentrale Bekenntnis des Grundgesetzes zur Freiheit und seine entsprechenden Wertvorstellungen zu einer derart freiheitlichen Ordnung geführt haben, wie sie unserer ganzen deutschen Geschichte noch nie bekannt war und wie sie zu einer wirklich stabilen Grundlage einer umfassend freiheitlich-demokratischen Grundordnung geworden ist. Sie kann sich mit allem Fug und Recht als die überzeugendste Antwort auf jeden Totalitarismus begreifen; sie hat dazu geführt, daß sich unser Land würdig in die Systeme und Traditionen westlich-freiheitlicher Demokratien und ihrer werteverpflichteten Zivilisation einfügen konnte. Dieser Feststellung bedarf es vor allem deshalb mit Nachdruck, weil sie gerade gegenüber jenen politischen Geistern zu betonen ist, die sich zunehmend mehr darum bemühen, eben diese freiheitlich-demokratische Grundordnung unseres Grundgesetzes und den auf diese gegründeten Verfassungsstaat Bundesrepublik Deutschland als angeblich »repressiv«, »anti-freiheitlich« oder gar »antidemokratisch« zu diskreditieren.

Gerade solchen Geistern gegenüber ist mit ebensoviel Entschiedenheit wie Überzeugungskraft eben diese Ordnung zu verteidigen und zu vertreten. Wer nicht in der nötigen Offensive für den Freiheitsbegriff und das Demokratieverständnis des Grundgesetzes, also für seine Grundwerte eintritt, wer sich hier von vordergründigen Diskreditierungs- oder Ideologisierungsversuchen in die Defensive drängen läßt, der wird gerade dem Wertebekenntnis unseres Grundgesetzes und seinem Auftrag nicht gerecht. Denn der droht vor allem eines zu vergessen oder zu verdrängen: nämlich das Bewußtsein für die Bewahrung einer solchen Freiheitsordnung, das notwendige Bewußtsein für das besondere Ethos dieser Freiheitsordnung und das hiermit verbundene nötige Selbstbewußtsein des einzelnen wie einer freiheitlichen Gesellschaft insgesamt, der Freiheit nicht als schlichtes Geschenk in den Schoß gelegt wird, sondern die sich Freiheit stets aufs neue zu erwerben und zu bewahren hat. Keine freiheitliche Verfassungsordnung besteht nämlich allein aus sich selbst heraus; jede freiheitliche Verfassungsordnung bedarf des freiheitlich-mündigen Bürgers, der Freiheit ebenso entschieden vertritt wie verantwortlich ausübt, der im freiheitlichen Dasein ebensoviel Selbstverantwortung, Autonomie und Toleranz wie auch das nötige Maß an Selbstbeschränkung – nämlich zum Schutze der Freiheit der anderen – zu bewahren weiß.

Der Freiheitsbegriff des Grundgesetzes folgt den traditionellen Wurzeln vor allem des Liberalismus bzw. – verfassungsrechtlich formuliert – den Kategorien des bürgerlich-materialen Rechtsstaates. Dieser besteht zum einen in den entsprechenden Garantien unverzichtbarer Menschen- oder Freiheitsrechte einerseits sowie andererseits in den Garantien eines Staates, der den Grundwerten von Gesetz und Recht juristisch wie politisch verpflichtet ist, dessen Macht entsprechend beschränkt ist, dessen Macht kontrolliert ist und der in seiner grundsätzlichen Zielgebung dem Wohl des einzelnen, der Würde des Menschen und der freiheitlichen Demokratie verpflichtet ist. Staatliche Legitimation und bürgerliche Freiheit finden im System dieser materialen Rechtsstaatsidee ihre ebenso ursprünglichste wie unmittelbarste Korrespondenz. Instrumentell äußert sich dieser liberale Freiheitsbegriff in der Vorstellung des sog. status negativus, d. h. der Freiheit vom Staate und gegenüber dem Staate überall dort, wo nicht entsprechend legitimierte, also verfassungsrechtlich erlaubte Zuständigkeiten oder Zugriffsmöglichkeiten staatlicher Aufgabenträger bestehen. Indessen, wichtig ist vor allem, daß man die bloß instrumentelle Bedeutung dieses Prinzips vom status negativus erkennt. Die materiale Grundlage und der materiale Sinngehalt des grundgesetzlichen Freiheitsbegriffs reichen nämlich über die rein formale Kategorie eines bloßen »Freiseins vom Staate« weit hinaus. Freiheit unter dem Grundgesetz bedeutet Liberalität im Sinne personaler Selbstverwirklichung, freiheitlicher Wahrung der Menschenwürde und freiheitliche Verwirklichung wie Entfaltung individualer Identität und Personalität. Freiheit unter dem Grundgesetz bedeutet damit nicht Bindungslosigkeit oder gar Verantwortungslosigkeit. Welch grandioses Mißverständnis oder welche schlechthin unvertretbare Mißdeutung wäre es namentlich, den Freiheitsbegriff des Grundgesetzes auf schlichtes Freisein von staatlichen Verantwortlichkeiten zu reduzieren. Wäre dies der Fall, so mündete Freiheit letztendlich in Anarchie ein und Liberalität verkümmerte zu schlichter Libertät oder Libertinage. Genau solche Mißverständnisse oder Mißdeutungen sind es jedoch, die uns heute zunehmend mehr belasten. Freiheit wird allzu häufig als (scheinbare) Gewähr von individueller Willkür, von subjektivem Egoismus oder als Einladung zu schlicht permissivem Hedonismus verstanden oder gedeutet. Daß Freiheit nie ohne Gleichheit, also die Einsicht und Respektierung auch der gleichen Freiheit des anderen, funktionieren kann, wird mehr und mehr geleugnet oder verdrängt. Freiheit wird immer mehr als schlichte Libertinage mißdeutet oder als Garantie eines atomistisch überhöhten Individualismus, der sich nicht etwa in freiheitsrechtlich verantwortlicher Weise von Kollektivismus und Totalitarismus abgrenzt, sondern der im Ergebnis nichts anderes als den Einstieg in Verantwortungs- und Bindungslosigkeit, in Leugnung aller freiheitlich-wertgebundenen Personalität, ja letztendlich in Anarchie sowie anarchistische Isolation des einzelnen bedeutet.

Freiheit bedeutet jedoch nicht Bindungslosigkeit, Leugnung von Verantwortung, Antigemeinschaftlichkeit oder buchstäbliche Staatslosigkeit. Freiheit ohne Verantwortung ist schlechterdings undenkbar, Freiheit ohne rechtsstaatlich gebundene Staatlichkeit ist ebensowenig denkbar. Denn wer schützt den einzelnen eigentlich in seiner Freiheit und sozialen Abhängigkeit, wenn nicht der soziale Rechtsstaat? Wer schützt gerade auch Minderheiten vor dem Stärkeren? Wer sorgt für wirklich allseitig gleiche Freiheit, wenn nicht der soziale Rechtsstaat?

Mit Zbigniew Brzezinski kann die Frage auch so gestellt werden: »Wenn Freiheit sich von Verantwortung löst: Wie (über)lebensfähig ist die westliche Zivilisation?« In der Tat, eine Gesellschaft, die den notwendigen Zusammenhang und die wechselseitige Abhängigkeit von Freiheit und Verantwortung vergißt, eine solche Gesellschaft büßt ihren entscheidenden Grundwert ein – nämlich den Grundwert von Freiheit in Menschenwürde, Freiheit in Gleichheit, Freiheit in Verantwortung und Freiheit in Toleranz. Indessen: Weiß unsere Gesellschaft hierum wirklich und allseits noch? Mehr und mehr sind Zweifel angezeigt. Wird vor allem unser materialer sozialer Rechtsstaat nicht zunehmend mehr als Anstalt zur schlichten Befriedigung bestimmter materieller Bedürfnisse verstanden? Tendieren viele Bürger nicht zunehmend mehr dazu, an die Stelle verantwortlicher Freiheit schlichten Eigennutz, schlichten Egoismus und schlichtes Anspruchsdenken zu setzen?

Freiheit im Sinne unseres Grundgesetzes lebt aus dem aktuellen Willensentscheid, aus der konkreten Autonomie des einzelnen, aus der Vielfalt der Gesellschaft, aus der Pluralität von Überzeugungen, Meinungen und Interessen sowie aus der Spontaneität einer entsprechend offenen Gesellschaftsordnung. In diesem Sinne ist die grundgesetzliche Gesellschaftsverfassung in der Tat die einer »offenen Gesellschaft«, weil Freiheit nur aus entsprechender Offenheit, Vielfalt, Pluralität und Spontaneität heraus leben und wirken kann. In dieser Offenheit besteht jedoch nicht, wie wiederum manchem Zeitgeist und mancher gegenläufigen, ideologisierenden Behauptung gegenüber festzuhalten ist, kein bloßer Formalismus, keine wertmäßige Indifferenz oder gar wertlose Abstinenz. Im Gegenteil, gerade diese Offenheit markiert erst die Grundpositionen und notwendigen Voraussetzungen wahrhaftiger, nämlich an das Individuum und seine personale Entfaltung gebundener und erst in dieser zu realisierenden Freiheit.

Dies alles hieße es aber buchstäblich auf den Kopf zu stellen, wenn man aus dieser Offenheit von Verfassungsordnung und Freiheitsgewährleistung auf Wertrelativismus oder gar Wertformalismus und Wertindifferenz schließen wollte. Wir wissen sehr wohl, daß dies vor allem von ideologisierenden Geistern immer wieder behauptet wird. Vor allem von den totalitären Denkern eines immer noch im Untergrund oder neuerdings auch wieder auf offener Szene agierenden Marxismus wird gern in dieser Richtung argumentiert. Indessen, hinter allen solchen – sei es ausdrücklich, sei es verdeckt ideologisierenden – Kritiken unseres grundgesetzlichen Freiheitsbegriffs bzw. seiner wahrhaften werthaften Garantie von Liberalität steckt nichts anderes als der Versuch, Freiheit in (ideologische) Bevormundung umzuwenden oder zu verfremden. Offenheit bedeutet eben nicht Wertrelativismus oder Wertindifferenz, sondern bedeutet in ganz ursprünglicher und für jede liberale Ordnung unverzichtbarerweise Werthaftigkeit und Wertbindung. Wer sich zu wirklicher Individualität und Personalität eines freien Bürgers bekennt, der muß sich auch zur Offenheit einer

Gesellschaft sich ebenso freiheitlich selbst entfaltender wie verantwortlicher Bürger bekennen. Aber dies zu erklären, zu begreifen und zu akzeptieren, ja auch in entsprechendem Wertebewußtsein zu bewahren und zu verteidigen, fällt offenkundig vielen immer schwerer. Auch dies lehrt vieles in der zurückliegenden Verfassungsdebatte. Dies läßt sich vor allem an einem Begriff, der für jedes wirklich liberale und soziale Freiheitsverständnis schlechterdings selbstverständlich ist, festmachen: nämlich am Begriff der Selbstverantwortung. Wenn Freiheit ohne Verantwortung nicht denkbar ist, dann ist das freiheitliche Individuum nicht ohne entsprechende Selbstverantwortung denkbar. Wer solche Selbstverantwortung aber leugnet, wer mit scheinbar »gut oder besonders sozial gemeinten« Versprechungen solche Selbstverantwortung immer weiter in den Hintergrund zu drängen sucht, der befindet sich nicht nur – sei es bewußt oder unbewußt – auf den Pfaden eines doch eigentlich und endlich überwundenen Kollektivismus sozialistischer Provenienz, sondern der befindet sich auch sehr eindeutig auf dem Weg zur Leugnung von wirklicher Liberalität, wirklicher Freiheitlichkeit und damit insgesamt einer wirklich offenen Gesellschaft.

## III.

Das Grundethos des grundgesetzlichen Freiheitsbegriffs bilden also Offenheit, solche Offenheit aktualisierende Selbstentfaltung des einzelnen und damit auch Pluralität im Ganzen. Freiheit in diesem Sinne heißt damit weder atomistische Bindungslosigkeit noch kollektivistische Überbindung oder gar Überfremdung. Freiheit ist nicht Ausdruck rein materialistischer Zweckbindung oder – wie richtiger und nur scheinbar umgekehrt festzuhalten wäre – geistiger Sinnentleerung. Freiheit ist nicht bloße Existentialität im Sinne existenzphilosophischer Deutungsversuche. Freiheit ist vielmehr offene, personale und damit wert-materiale Existenz im System einer Gesellschaftsverfassung, die für alle die gleichen Chancen freiheitlicher Selbstentfaltung eröffnet, die für alle ein Höchstmaß an ebenso individual-gerechter wie individual-freier Lebensordnung erschließt und die damit auch Freiheit als prinzipiell solidarisches Unternehmen einer insgesamt offenen und pluralen Gesellschaft begreift, die vor allem darauf verzichtet, dem einzelnen bestimmte politische Interessen oder gar sog. »absolute Wahrheiten« vorzugeben und ihn in deren Dienst zu stellen.

Freiheit in diesem Sinne ist die Grundlage des pluralen Gemeinwesens, das sich auch zur offenen Meinungs- und Interessenvielfalt sowie zur entsprechend demokratischen Streitkultur bekennt. Was ist aber aus dem Verständnis eines solchen Pluralismus geworden? Mehr und mehr wird er im Sinne eines schlichten Wertrelativismus, im Sinne eines mehr und mehr resignativen Skeptizismus oder als Konzept des schlichten Pragmatismus verstanden. Dies alles bedeutet in Wahrheit jedoch, daß Pluralität und Pluralismus von ihrer eigenen wert-haften Grundlage, nämlich dem entsprechend material-werthaften Freiheitsbegriff unserer Verfassung, abgelöst werden. Pluralität und Pluralismus fordern jedoch den entsprechenden Werte-Konsens; sie fordern darüber hinaus – gerade auch im Rahmen einer politisch-demokratischen Streitkultur – das Bekenntnis zur Akzeptanz eines im demokratischen Verfahren zu bestimmenden Gemeinwohls, und sie fordern vor allem die Achtung und Einhaltung der gegebenen Verfahrens- und Entscheidungssysteme – namentlich im Hinblick auf das rechtsstaatliche Gesetz und seine Konstituierung im demokratisch-parlamentarischen Entscheidungsverfahren. Keine freiheitlich-plurale Ordnung lebt ohne den Konsens über die Verfahren und Regularien eines demokratischen und rechtsstaatlichen Gemeinwesens. Nur auf der Grundlage solcher Akzeptanz kann sich das Gemeinwesen den pluralen Dissens und Streit in der Sache leisten bzw. diesen in entsprechend friedlicher Form zum Austrag bringen. Dies zu erkennen und zu akzeptieren, bedingt aber wiederum die Einsicht in den entsprechend grundlegenden wert-materialen Freiheitsbegriff im genannten Sinne. Wer Freiheit dagegen als Einladung zu schlicht individueller Willkür, als Einladung zur Diskreditierung von gemeinschaftsgebundener Personalität, Toleranz und gleichheitsverpflichteter Solidarität versteht, der endet auch in der Mißdeutung von Pluralität und Pluralismus im Sinne von Werterelativierung oder Werteleugnung.

Es hat sich bei uns freilich mehr und mehr ein Denken, vor allem im politischen Raum, eingebürgert oder verfestigt, das den nötigen Werte- und Regularienkonsens auf die Ebene eines mehr und mehr rein formal verstandenen Verfahrensdenkens verlagert hat. Am deutlichsten wird dies etwa an der griffigen und fast zum Schlagwort gewordenen Formel von der »Legitimation durch Verfahren« (N. Luhmann). Indessen, Verfahren allein führt nicht zu materialer Legitimation, sondern allein zur ggf. auch werteaktualisierenden Disziplinierung. Solche Disziplinierung ist aber nur von technisch-instrumentaler, also nicht von material-legitimierender Qualität. Oder anders ausgedrückt: Das reine Verfahren birgt kein materiales Werte-Ethos in sich, es kann der Wahrung solcher Werte und ihrer Ethik nur dienlich und hilfreich sein. Wer dies jedoch übersieht, endet rasch in der Weglosigkeit eines verabsolutierten Funktionalismus bzw. derjenige wird das Grundethos eines freiheitlichen und material-wertgebundenen Gemeinwesens mehr und mehr auf die Ebene schlichter Verfahrens- oder Soziotechnik verlagern.

Ein pluralistisches Gemeinwesen bedarf natürlich entsprechender Verfahren oder – wenn man so will – entsprechend eingeschliffener und akzeptierter »Soziotechniken«. Wichtig ist nur, daß man deren bloße Instrumentalität und nur sekundäre Eigenwertigkeit erkennt. Noch wichtiger ist es jedoch, daß man die solchen Verfahren oder »Soziotechniken« zugrunde liegenden bzw. diese vermittelnden Institutionen wahrt und anerkennt. Denn gerade im freiheitlich-pluralen Gemeinwesen gibt es – zumindest auf Dauer gesehen – keinen wirklich materialen Grundwerte-Konsens, sofern die diesen Grundwerte-Konsens pflegenden, erhaltenden und gerade im offenen Meinungs- und Interessenkampf stabilisierenden Institutionen nicht intakt sind. Genau an dieser Stelle offenbart sich indessen ein neuerliches und zunehmend elementarer werdendes Defizit unserer Werte- und Gesellschaftsordnung: nämlich der zunehmende Verfall von Institutionen und ihrer entsprechend werteprägenden bzw. werteerhaltenden Kraft.

Um welche Institutionen geht es hierbei? Es geht ebenso um die demokratische Grundordnung unseres Gemeinwesens wie etwa um das rechtsstaatliche Gewaltmonopol und das Staats- wie Rechtsbewußtsein insgesamt; es geht ebenso um Parteien wie Kirchen und die Familie; es geht ebenso um unsere Verfassungsordnung wie um die Entwicklung oder Pflege bestimmter, vor allem politischer Eliten, die imstande sind, auch politische Werte zu vermitteln bzw. zur Identifikationsfähigkeit zu erheben.

In allen diesen Feldern wachsen Defizite und Verunsicherungen, wie auch neue demoskopische Daten verdeutlichen: Alarmierend ist beispielsweise jenes Allensbacher Datum, demzufolge die demokratisch-rechtsstaatliche Ordnung unseres Gemeinwesens im Osten Deutschlands statt zunächst von 46 % nunmehr bloß noch von 36 % als verteidigungswerte Ordnung angesehen wird. Nicht viel besser sind die Zahlen im Westen unseres Landes, wo man die großen Vorzüge einer solchen Ordnung über Jahrzehnte genießen durfte, wo dennoch aber inzwischen nur noch 65 % diese als verteidigungswert anerkennen wollen.

Zuzugeben ist bei alledem naturgemäß, daß auch die alte Bundesrepublik namentlich kein ungebrochenes Staatsbewußtsein besaß. Der Staat Bundesrepublik Deutschland verstand sich bis zur Einheit bewußt als ein Provisorium oder Transitorium, auch er litt am Defizit der geteilten Nation, und er kompensierte dies vor allem über den wachsenden Zug von der politisch-staatlichen Institution zum politisch-gesellschaftlichen Instrument. So vermochte die alte Bundesrepublik zwar entscheidend die große Aufbauleistung der westdeutschen Gesellschaft nach dem Kriege zu organisieren, so sehr verfiel sie aber im Bewußtsein der Bürger auch mehr und mehr zur bloßen Agentur für Wohlstand, Verteilung und soziale Sicherheit. Staat und staatliche Autorität sind jedoch mehr, ohne daß es etwa um eine autoritative oder gar kollektivistische Überhöhung von Staat und Staatsidee ginge. Der demokratische Staat ist vielmehr politische Integrations- und Verantwortungsgemeinschaft für alle Bürger und alle gesellschaftlichen Schichten – nach außen wie nach innen. Gerade an der Erkenntnis dessen fehlt es jedoch in wachsendem Maße. An die Stelle eines entsprechend bejahten Staates ist der eher bezweifelte Staat getreten. An die Stelle akzeptierter staatlicher Autorität sind Zweifel und manchmal auch Diskreditierung getreten.

An alledem sind freilich auch manche politische Verantwortungsträger mitschuldig. Wer Politik nämlich vor allem als Befriedigung materieller gesellschaftlicher Bedürfnisse versteht, der darf sich nicht wundern, wenn er viel Vertrauen in die eigene Autorität und Orientierungsfähigkeit verliert. Solche Autorität setzt nämlich nicht nur politische Führungsfähigkeit, Profil und Programmatik, sondern auch ein ebenso stabiles wie reflektiertes Verhältnis zu Freiheit, Entscheidung und Verantwortung voraus. Wer vom Bürger Staatsbewußtsein, Rechtsbewußtsein und Gemeinsinn erwartet, der muß auf der anderen Seite auch selbst bereit und fähig sein, selbst dort, wo es unbequem und unpopulär ist, für die nötige Orientierung und Autorität zu sorgen.

Welch ein gefährliches Vakuum auch hier inzwischen aufzubrechen beginnt, belegt wiederum jene Allensbacher Umfrage, derzufolge der Ruf nach dem »starken Mann« in unserem Lande stärker wird. Dieses Umfrageergebnis ist um so alarmierender, wenn man es auf der anderen Seite mit jenen Umfragen konfrontiert, denen zufolge das Mißtrauen gegenüber jeglicher Form von Autorität größer wird: Nur noch 44 % der Deutschen treten – selbst im Lichte der wachsenden Sorgen um die innere Sicherheit – für eine gestärkte staatliche Autorität ein, nur noch 40 % votieren für das rechtsstaatliche Gewaltmonopol des Staates. Obwohl nur das rechtsstaatliche Gewaltmonopol des Staates für Rechtsfrieden und innere Sicherheit und damit wirkliche Freiheit sorgen kann, so muß es um so mehr alarmieren, wenn staatliche Autorität und staatliches Gewaltmonopol immer mehr als Gegenspieler von gesellschaftlicher Freiheit oder individueller Selbstverwirklichung assoziiert werden. Es gibt keine liberale Gesellschaftsordnung ohne staatliche Autorität und staatliches Gewaltmonopol. Wer das Gegenteil behauptet, verwechselt rechtlich gebundene und damit verantwortliche Liberalität wiederum mit verantwortungs- oder bindungsloser Libertinage. Die Kluft zwischen dem Ruf nach mehr innerer Sicherheit und damit mehr staatlicher Autorität einerseits und parallel hierzu immer stärker relativiertem Rechtsbewußtsein oder gar diskreditiertem Gesetzesgehorsam andererseits wird immer gefährlicher.

Dies offenbaren namentlich etwa jene Umfrageergebnisse, denen zufolge vor allem bei jüngeren Bürgern die Beteiligung an politischen Protestformen – bis hin zu auch gewaltsamen Aktionen – zunehmend mehr als »politisch höherwertig« als das Engagement in den geordneten und parteienstaatlichen Verfahren unserer Demokratie bewertet wird.

So mag es nicht unzufällig erscheinen, daß auch unsere demokratische Ordnung zunehmend von Krisensymptomen gekennzeichnet ist, die ebenso rascher Besinnung harren. Unsere demokratische Ordnung basiert auf dem unverändert richtigen Prinzip der repräsentativen und parteienstaatlichen Demokratie. Denn nur über das Repräsentationsprinzip und seine institutionelle Organisation, namentlich über die politischen Parteien, kann eine pluralistische Gesellschaft zu innerer Einheit und Steuerungs- sowie Befriedungsfähigkeit gelangen. Die Erkenntnis und Praktizierung dessen hat zur ersten stabilen Demokratie in der deutschen Geschichte geführt. Heute wird jedoch zunehmend von »Parteienverdrossenheit« gesprochen, sehen sich vor allem die politischen Parteien in ihrer Integrations- und Orientierungsfähigkeit immer größeren Zweifeln ausgesetzt. Sicherlich sind hieran auch die politischen Parteien selbst nicht unschuldig. Dennoch ist eine pluralistische Gesellschaft ohne die institutionelle Struktur einer parteienstaatlichen Organisation nicht denkbar. Demokratie in der pluralistischen Gesellschaft ist existentiell auf repräsentative Strukturen und Formen der institutionell organisierten Meinungs- und Willensbildung angewiesen. Demokratie braucht naturgemäß ein Höchstmaß an bürgerlichem Engagement. Solches Engagement kann jedoch nicht bedeuten, daß demokratische Verantwortung für das alle ebenso berechtigende wie verpflichtende Gemeinwohl in mehr oder weniger atomistischem Partikularismus zerfließt. Genau dies ist jedoch die Konsequenz des immer stärker werdenden Rufs nach mehr »unmittelbar-demokratischer Partizipation« bzw. nach mehr »plebiszitärer Betroffenheitsdemokratie«. Wenn demokratische Teilhabe letztendlich nur noch bedeuten sollte, möglichst jedem einzelnen Bürger das Recht etwa auf Verhinderung eines Straßenbaus vor seiner Haustür zu garantieren, so verfiele die Institution einer Demokratie für alle Bürger nur allzu rasch zum steuerungs- und integrationsunfähigen Instrumentarium einer rein partikularistischen Privilegienwirtschaft. So sehr auch die rechtsstaatliche Demokratie darauf bedacht sein muß, individuellen »Betroffenheiten« Rechnung zu tragen, so sehr muß sie auch darauf ausgerichtet sein, alle individuellen und partikularen oder pluralen Interessen in einem Entscheidungsprozeß zusammenzuführen, der auch das Wohl aller, also nicht nur das der individuell »Betroffenen« wahrt und damit wiederum für ein insgesamt funktionsfähiges, die Gleichheit und Freiheit aller Bürger sicherndes Gemeinwesen sorgt. Deshalb ist mit Nachdruck vor allen jenen modischen Tendenzen zu warnen, die Verfahren parlamentarisch-repräsentativer Demokratie und Gesetzgebung zugunsten plebiszitärer Verfahren zu verändern und damit zu relativieren. So populär manchem heute das Plebiszit unter der letztendlich trügerischen Devise von (angeblich) »mehr Bürgerbeteiligung« oder »mehr Bürgerpartizipation« erscheinen mag, so sehr sieht sich die Demokratie, wenn man solchen Bestrebungen nachgibt, in ihrer Grundaufgabe, eine ebenso stabile wie möglichst gleichheitsgerechte Ordnung für alle Bürger zu gewährleisten, bedroht. Plebiszite führen im Ergebnis nicht zu mehr, sondern zu weniger Demokratie, weil sie einzelne Gruppen, ja letztendlich sich besonders offensiv gebärdende Minderheiten und ihre Interessen einseitig begünstigen. Nur die repräsentative Demokratie mit Parlamenten und Parteien als maßgebenden Repräsentanten und Vertretungsorganen aller Bürger kann zu einem Höchstmaß an allseitiger und gleichheitsgerechter Bürger- und Interessenintegration führen.

Naturgemäß sind in diesem Feld auch und namentlich die politischen Parteien gefordert. Sie müssen ihre Repräsentations- und Integrationsaufgabe vielfältig besser und auch intensiver erfüllen. Aber die Verantwortung allein bei den politischen Parteien zu suchen, wäre ebenso unsinnig wie allzu vereinfachend. Es geht im Ergebnis um das demokratische und freiheitliche Bewußtsein der Bürger insgesamt.

Es geht um das Staats- und Rechtsbewußtsein der Bürger. Es geht um die Akzeptanz einer Demokratie, die unter einem wirklich kategorisch zu nennenden Gemeinwohlimperativ steht, diesem verpflichtet ist, diesen in geordneten demokratischen (Mehrheits-)Verfahren zu konkretisieren und zu aktualisieren hat und die demgemäß auch Anspruch darauf hat, daß die jeweilige Gemeinwohl-Entscheidung auch angenommen oder doch zumindest respektiert wird. Es geht um das Rechtsbewußtsein der Bürger, das vor allem das für alle geltende Gesetz und seine Normativität anerkennt und damit die Grundlage für allseitigen freiheits- und gleichheitsgerechten Rechtsfrieden in der Gesellschaft wahrt.

Es geht auch um die besondere Verantwortung unserer kulturellen und politischen Eliten. In jeder Gesellschaft sind es vor allem jene Eliten, die vorrangig imstande und berufen sind, für ein entsprechendes Werte-Bewußtsein zu werben, entsprechende Grundwerte zu vermitteln und durch ihre buchstäbliche Meinungsführerschaft – angefangen von der schulischen Erziehung bis hin zur Organisation politisch-demokratischer Entscheidungsverfahren – für die nötige Identifikation oder doch Identifikationsfähigkeit mit bestimmten Grundwerten und Grundentscheidungen zu sorgen. Um die politischen Eliten in unserem Lande steht es in vielfältiger Hinsicht jedoch nicht zum besten. Und noch schlechter steht es um einen Teil unserer intellektuellen und kulturellen Eliten. Bei manchen unserer Intellektuellen hat man das Gefühl, daß sie sich aus der Realität eines liberalen und demokratischen Gemeinwesens schon lange verabschiedet haben. Haben sie früher von sozialistischen Utopien geträumt, so wurden sie durch das Scheitern des »realen Sozialismus« vielfältig nicht etwa aufgeweckt, sondern verfielen sie zunehmend mehr in schlichte »linke Melancholie«, wie sie etwa Rolf Schneider so treffend umschrieben hat. Es muß schon fast absurd erscheinen, daß der Sieg von Freiheit und Demokratie über Kollektivismus und Totalitarismus gerade bei manchen Intellektuellen buchstäblich nicht stattgefunden zu haben scheint – vielfach einmündend in die larmoyante Klage vom Scheitern eines angeblich »besseren Welt- oder Menschenbildes«. Wie unbegreiflich muß es auch erscheinen, wenn – wiederum nach einer Allensbacher Umfrage – 57 % der Ostdeutschen meinen, daß der Sozialismus eine durchaus gute, erstrebenswerte Heilslehre darstelle, die in der DDR nur mangelhaft umgesetzt worden sei. Auch solche Umfrageergebnisse belegen in aller Deutlichkeit, ja Dramatik, wie wenig es bisher gelungen ist, im Bewußtsein der Menschen die besondere Werthaftigkeit einer freiheitlich-demokratischen Ordnung im Sinne unseres Grundgesetzes zu verankern. Aber auch bei vielen im Westen unseres Landes hat man das Gefühl, daß ungeachtet des Sieges von Freiheit und Demokratie durch die friedliche Revolution im Osten Deutschlands nach wie vor die besondere Werthaftigkeit unserer Ordnung nicht etwa stärker in das Bewußtsein getreten ist, wie man es eigentlich hätte erwarten können. Oder noch deutlicher gesagt: Manchmal hat man das Gefühl, daß manchem Vertreter unserer freiheitlich-demokratischen Ordnung und ihrer Werte heute buchstäblich das (sozialistische) »Feindbild« fehlt, um noch engagiert für unsere Ordnung und ihre Werte einzutreten. Keine Werte-Ordnung lebt jedoch allein aus der Negation oder Ablehnung eines gegnerischen Systems bzw. der Abwehr eines entsprechenden Feindes.

IV.

Zusammengefaßt: Deutschland in guter Werte-Verfassung? Die Antwort auf diese Frage muß nach dem Gesagten ambivalent ausfallen. Wir verfügen in unserer Verfassung, wir verfügen in den Grundlagen unseres Gemeinwesens und wir verfügen im Grunde auch in unserem gesamten politischen wie intellektuellen Selbstverständnis über eine ebenso normativ feste wie stabile Werte-Ordnung. Woran wir leiden sind dagegen die entsprechenden Bewußtseinsdefizite, ist mancher Bewußtseinsverfall. Deshalb kann die Antwort auf unsere Frage nur lauten: Bemühen wir uns wieder stärker darum, unsere gute Werte-Ordnung, unsere gute Werte-Verfassung wirksamer zu vertreten, stärker für diese Ordnung einzutreten, sie offensiv zu vertreten und vor allem dafür zu sorgen, daß diese Werte-Ordnung und Werte-Verfassung auch von unseren Institutionen wie Eliten wieder so vertreten wird, wie sie es verdient und wie es für eine gesicherte Zukunft unseres Landes und seiner Menschen unabdingbar ist.

*Martin Kriele*

# Ehrenschutz und Meinungsfreiheit*

*Von einem Ehrenschutzprozeß können Anwälte nur noch abraten: Der Erste Senat des BVerfG läßt den Ehrenschutz ganz weitgehend hinter die Meinungs- und Pressefreiheit zurücktreten und zwingt die Instanzgerichte, ihm darin zu folgen. Der Verfasser kritisiert diese Rechtsprechung: Sie beruhe auf groben Auslegungsfehlern, mißachte den Verfassungsrang des Ehrenschutzes, berufe sich auf die »konstitutive Bedeutung der Meinungs- und Pressefreiheit für die Demokratie« auch in Fällen, in denen dieses Argument sachlich ungerechtfertigt sei, und verkenne die Bedeutung, die auch der Ehrenschutz für die Demokratie habe.*

## I. Beide Rechte sind konstitutiv für die Demokratie

Die Meinungsfreiheit dient nicht nur dem Schutz individueller Selbstverwirklichung, sondern darüber hinaus einer Reihe weiterer Zwecke. Ein zweiter Gesichtspunkt ist, daß die Überwindung irriger Annahmen nur in freier geistiger Auseinandersetzung möglich ist. Das gilt im politischen Leben ebenso wie in den Wissenschaften. Drittens ist diese Parallele zu den Wissenschaften im politischen Leben zu ergänzen um die Parallele zum gerichtlichen Prozeß. So wie die Prozeßparteien, so müssen auch die politischen Parteien, und letztlich jeder Bürger, der eine Unrechtserfahrung gemacht oder sonst einen Gesichtspunkt beizutragen hat, dies jederzeit öffentlich zur Geltung bringen können. Viertens setzt die demokratische Kontrolle der Staatsorgane die Meinungs- und Pressefreiheit voraus. Fünftens wären ohne diese Freiheiten Gewalt, Bürgerkrieg, Terror unvermeidlich. Das Gewaltmonopol des freiheitlichen Staates und damit die Friedlichkeit des Zusammen-

* erschienen in: Neue Juristische Wochenschrift, 1994, S. 1897 ff.

lebens lassen sich nur aufrechterhalten, wenn der Kampf der Meinungen mit geistigen Mitteln ausgetragen werden kann. Sechstens sind diese Freiheiten grundlegend für die Legitimität des demokratischen Verfassungssystems: sie begründen das Vertrauen, daß die staatlichen Entscheidungen einer kritischen Prüfung ausgesetzt waren und die Hoffnung, daß Ungerechtigkeiten in Zukunft auf demokratische Weise überwunden werden können[1].

Aus all diesen Gründen ist es richtig, wenn das *BVerfG* feststellt, die Meinungsfreiheit sei »konstitutiv für die Demokratie«, und wenn es dieser Freiheit deshalb einen hervorragenden Rang zuweist.

Alle diese Gesichtspunkte rechtfertigen aber nicht, den Schutz der persönlichen Ehre einfach hintanzustellen, so als hätte er angesichts des Gewichts der Meinungsfreiheit nur eine geringfügige Bedeutung und sei letztlich unbeachtlich. Im Eifer seines Eintretens für die Meinungsfreiheit hat der zuständige *Erste Senat* des *BVerfG* übersehen, welche Bedeutung der Schutz der persönlichen Ehre sowohl für die Würde des Menschen als auch für die Demokratie hat.

Der Mensch ist auf Gemeinschaft hin angelegt, nicht ein isoliertes Individuum. Ein Rufmord, der ihn seines sozialen Umfelds beraubt, gehört neben Mord, Körperverletzung und Raub seiner gesamten Habe zum Schlimmsten, was einem Menschen angetan werden kann. Seine Freunde und Nachbarn ziehen sich zurück, sie grüßen nicht mehr, wechseln auf die andere Seite der Straße, wenn sie ihm begegnen. Er weiß: Sie denken, was über mich verbreitet worden ist, sei wahr. Er hat praktisch keine Möglichkeit, sich aus dieser Schande und Isolation zu befreien. Das ist ein hinreichendes Motiv, sich aus Beruf und öffentlichem Leben zurückzuziehen, die Heimat zu verlassen oder sich das Leben zu nehmen. Der ungerechtfertigte Angriff auf den guten Ruf eines Menschen ist ein Angriff auf seine Menschenwürde[2].

Der Schutz der persönlichen Ehre ist aber darüber hinaus ebenso wie der der Meinungsfreiheit konstitutiv für die Demokratie. Wer sich am öffentlichen Leben beteiligt, sei es auch nur, indem er zu besonderen Sachverhalten öffentlich Stellung nimmt, ist einem erhöhten Risiko öffentlicher Angriffe ausgesetzt. Dieses Risiko ist ihm zuzumuten, wenn er weiß, daß ihn die Rechtsordnung vor Beleidigung, übler Nachrede und Verleumdung wirksam schützt. Kann er sich dessen nicht mehr sicher sein, so setzt er sich durch Beteiligung am öffentlichen Leben unkalkulierbaren Gefahren aus. Sensiblere Menschen, die an sich bereit wären, sich im öffentlichen Leben zu exportieren, scheuen das Risiko und verzichten lieber auf die Beteiligung am demokratischen Leben.

Denn sich ohne Rechtsschutz Diffamierungskampagnen auszusetzen, erfordert mehr als Zivilcourage und kann billigerweise von niemandem erwartet werden. Ehrempfindliche Menschen sind aber oft gerade diejenigen, bei denen der Sinn für Recht und Wahrheit am stärksten ausgeprägt ist und deren Mitwirkung am demokratischen Leben besonders wünschenswert wäre. Ohne Duckmäuser zu sein, ziehen sie sich aus dem öffentlichen Leben zurück oder nehmen von vornherein nicht daran teil. Ein sowohl intellektueller als auch moralischer Qualitätsverlust der Demokratie ist die unvermeidliche Folge. Er wirkt sich negativ auf die Gesetzgebung aus, aber auch auf die Legitimität des politischen Systems. Es ist also durchaus keine Übertreibung, daß ein wirksamer Ehrenschutz zu den konstitutiven Bedingungen der Demokratie gehört. Dies hat das BerfG nie bedacht.[3]

Die unabhängigen Gerichte aber sind gebunden durch die Entscheidungen des zuständigen *Ersten Senats* des *BVerfG* (§ 31 I BVerfGG). Dieser hätte die Möglichkeit und auch die Pflicht gehabt, einen verfassungsgerechten Ausgleich zwischen Meinungsfreiheit und Ehrenschutz herbeizuführen. Er hat diese Möglichkeit nicht genutzt, sondern sich ganz im Gegenteil an die Spitze der Tendenz gesetzt, den Ehrenschutz mehr und mehr auszuhöhlen, so daß Rufmord so gut wie risikolos ist. Über das Unrecht, das Menschen angetan wird, sieht der *Senat* unempfindlich hinweg, als sei es nicht Aufgabe des Gerichts, demjenigen zum Recht zu verhelfen, dem Unrecht geschieht, und den in die Schranken zu weisen, der Unrecht tut, als hätte er vielmehr den ohnehin Mächtigen zu dienen und das von ihnen begangene Unrecht zu legitimieren.

Der *Erste Senat* rechtfertigt sich immer wieder mit dem hohen Rang der Meinungsfreiheit, die für die Demokratie konstitutiv sei, als ob jemand das ernstlich in Frage gestellt hätte. Er beruft sich auf dieses Argument, auch wo es offensichtlich nicht einschlägig ist und die Demokratie durch Ehrenschutz in keiner Weise beeinträchtigt, sondern im Gegenteil gefestigt würde. Mittlerweile hat eine tendenziöse Rechtsprechung die Meinungsfreiheit bis an die äußersten Grenzen ausgeweitet und zugleich den Schutz der persönlichen Ehre bis auf einen minimalen Rest schrumpfen lassen. Dies geschah in einer Reihe von Stufen, die je für sich klein erscheinen, in der Summe jedoch zu einem skandalösen Unrechtszustand geführt haben.

Es ist nicht verwunderlich, daß die Stufen dieser Rechtsprechung mit den sonst allgemein anerkannten Regeln juristischer Auslegungskunst nicht vereinbar sind. Im folgenden seien sie im einzelnen ins Auge gefaßt.

## II. Der verdrängte Verfassungsrang des Ehrenschutzes

Das Recht der persönlichen Ehre hat Verfassungsrang. Es ist Bestandteil des allgemeinen Persönlichkeitsrechts, das in den Art. 2 I i. V. mit 1 I GG grundrechtlich verbürgt ist. Seine Verankerung in der Menschenwürde, im obersten Grundsatz unserer Verfassung, verleiht ihm einen besonders hohen Rang und verbietet, es durch einfache Gesetze einzuschränken. Da die Meinungsfreiheit ebenfalls einen hohen verfassungsrechtlichen Rang hat, sind Ehrenschutz und Meinungsfreiheit gegeneinander so abzuwägen, daß beiden Grundrechten soweit wie möglich Rechnung getragen und ein möglichst schonender Ausgleich zwischen ihnen gefunden wird.

Obwohl der *Erste Senat* den Verfassungsrang des Ehrenschutzes anerkennt, behandelt er gleichwohl den Ehrenschutz so, als sei er nur in einfachen allgemeinen Gesetzen gewährleistet, als sei die Meinungsfreiheit ihm also übergeordnet. Auf diese Weise begründet er für den Konfliktfall eine Vermutungsregel zugunsten der Meinungsfreiheit[4]. Der Ehrenschutz hingegen sei von Fall zu Fall besonders begründungsbedürftig und könne sich nur in Ausnahmefällen durchsetzen. Im Zusammenhang mit Wahlkämpfen verstärkt sich diese Regel zur sog. »Supervermutungsformel«, wonach »gegen das Äußern einer Meinung nur in äußersten Fällen eingeschritten werden darf«[5].

Zwar heißt es in Art. 5 II GG, die Meinungsfreiheit finde »ihre Schranken in den Vorschriften der allgemeinen Gesetze«. Doch die allgemeinen Gesetze sind ihrerseits an den Grundrechten zu orientieren. Verfehlen sie ihre grundsätzliche Bedeutung, so sind sie nichtig oder zumindest einengend auszulegen (»Wechselwirkungstheorie«). Diese

Rechtsprechung ist nicht zu beanstanden. Daß aber der *Erste Senat* die Ehrenschutzgesetze anderen einfachen Gesetzen ohne weiteres gleichstellt, widerspricht nicht nur dem Verfassungsrang des Ehrenschutzes, sondern auch dem Wortlaut des Art. 5 II. Hier heißt es nämlich weiter: Die Meinungs- und Pressefreiheit fänden »ihre Schranken in den Vorschriften der allgemeinen Gesetze ... *und* in dem Recht der persönlichen Ehre«. Damit bringt das Grundgesetz zum Ausdruck, daß das Recht der persönlichen Ehre neben den sonstigen allgemeinen Gesetzen einen besonderen Rang hat. Das ergibt sich auch aus der Entstehungsgeschichte. In den Entwürfen des Parlamentarischen Rates hieß es: Diese Rechte finden ihre Schranken in Vorschriften der allgemeinen Gesetze, »insbesondere« im Recht der persönlichen Ehre. Das Wort »insbesondere« wurde gestrichen. Das Recht der Ehre sollte nicht nur ein Beispielfall für allgemeine Gesetze sein.

Die Weichenstellung ist also methodisch in doppelter Hinsicht fehlerhaft: Erstens hat das Recht der persönlichen Ehre Verfassungsrang aus Art. 2 I i. V. mit 1 GG, zweitens steht es deshalb auch nach Art. 5 II GG den anderen allgemeinen Gesetzen nicht gleich.

## III. Werturteile/Tatsachenbehauptungen

### *1. Schmähkritik*

Diese fehlerhafte Weichenstellung ermöglichte nun dem *Ersten Senat*, die Gesetze zum Schutz der persönlichen Ehre enger und enger auszulegen. Er unterscheidet – im Prinzip zu Recht – zwischen Werturteilen und Tatsachenurteilen. Werturteile sind zulässig bis zur Grenze der »Schmähkritik«. Das wäre nicht zu beanstanden. Doch hat der *Erste Senat* hinzugefügt: Im Interesse der Meinungsfreiheit dürfe der Begriff der Schmähkritik nicht weit ausgelegt werden, und dies dann so verstanden: Er müsse so eng wie möglich ausgelegt werden[6]. Schmähkritik liege nur dann vor, wenn für den Beleidiger subjektiv statt der Auseinandersetzung in der Sache die Diffamierung der Person im Vordergrund stehe. Dies wird jedoch so gut wie nie angenommen. So soll es z. B. zulässig sein, einen querschnittgelähmten Reserveoffizier öffentlich und unter voller Namensnennung als »geb. Mörder« zu bezeichnen[7].

Ein demokratischer Politiker mußte sich gefallenlassen, als »Personifizierung des Typs des Zwangsdemokraten« bezeichnet zu werden[8].

Auf der Grundlage dieser verfassungsgerichtlichen Rechtsprechung sehen sich die einfachen Gerichte zu analogen Auslegungen verpflichtet. So durften z. B. eine Lebensschutzorganisation ohne jeden sachlichen Anlaß als »rechts bis rechtsradikal« und als »frauenfeindlich«[9] und ein evangelischer Synodaler, bloß weil er sich gegen die freie Abtreibung aussprach, im Fernsehen als »Neofaschist« angegriffen werden[10]. Von einem rechtmäßig handelnden Beamten durfte man in der Zeitung schreiben, er wende »Gestapomethoden« an[11]. Dies seien keine Schmähungen, sondern zulässige Werturteile. In diesem Lande darf man jetzt – mit Ausnahme *Heinrich Bölls*[12] – jeden Bürger in der aggressivsten Weise öffentlich beleidigen.

### *2. Falsche Tatsachenbehauptungen*

Zu ehrenrührigen Tatsachenbehauptungen heißt es in § 186 StGB, sie seien strafbar, wenn sie »nicht erweislich wahr sind«. Das *BVerfG* mißbilligt diese Beweislastregel. Es meint, sie übersteigere die Wahrheitspflicht und könne zu einer Einschränkung und Lähmung derjenigen führen, die sich am geistigen Meinungskampf beteiligen. Sie würden einem »unverhältnismäßigen Risiko« oder »unzumutbaren Erschwerungen« ausgesetzt. Es genüge, daß der Injuriant die Umstände, aus denen er die Behauptung herleite, zu substantiieren und darzulegen in der Lage sei. Doch dürften an die Substantiierungs- und Darlegungspflicht keine Anforderungen gestellt werden, »die sich auf den generellen Gebrauch des Grundrechts der Meinungsfreiheit abschreckend auswirken können«[13].

Nun war es natürlich stets der Sinn des Verbots übler Nachrede, von unbeweisbaren ehrenrührigen Tatsachenbehauptungen abzuschrekken. Der gesamte Ehrenschutz steht und fällt mit den präventiven Wirkungen der Gerichtsurteile. So gibt das *BVerfG* praktisch die öffentliche üble Nachrede ganz weitgehend frei. Ein Anwalt wehrte sich gegen die Unterstellung, er habe sich »Strafmandate und Gebühren erschleichen« wollen. Das *BVerfG* entschied, die Behauptung müsse nicht bewiesen werden, vielmehr müsse der Anwalt das Gegenteil beweisen[14], was praktisch so gut wie unmöglich ist.

Eine derartige Rechtsprechung findet den Beifall der Medien. Was es aber für die jeweils Betroffenen bedeutet, hat das *BVerfG* gar nicht in Betracht gezogen. Der Bürger, der gegen die üble Nachrede Klage erhebt, verliert sie regelmäßig. In den Medien heißt es dann: »Über *X* darf man laut Gerichtsbeschluß vom Soundsovielten das und das behaupten.« Wer dies hört oder liest, muß annehmen, das Gericht habe die Wahrheit der aufgestellten Behauptungen festgestellt. Zumindest für Nichtjuristen mit Common sense ergibt sich diese Schlußfolgerung zwangsläufig. So wird die Ehrenschutzklage für das Opfer einer üblen Nachrede zum äußersten Risiko. Der Anwalt kann ihn davor nur warnen. Unterläßt der Bürger daraufhin die Klage, so wird ihm unterstellt, er habe den Beweis zu fürchten. So oder so ist er der üblen Nachrede ehrlos und wehrlos ausgeliefert.

Daß wenigstens die Unterschiebung falscher wörtlicher Zitate als unzulässig gilt, verdanken wir der Prozeßbereitschaft *Heinrich Bölls*, des Autors von »Die verlorene Ehre der Katharina Blum«[15]. Weniger beliebte und international anerkannte Kläger, z. B. *Eppler*, mußten sich falsche Zitate unterschieben lassen[16].

Ein strafrechtlicher Schutz verbleibt dem Bürger nur dann, wenn er geltend machen kann, die falschen Tatsachenbehauptungen seien nicht nur üble Nachrede, sondern Verleumdung. Dann aber muß er beweisen, daß der Beleidiger seine Äußerung wider besseres Wissen getan hat (§ 187 StGB). So etwas aber kann man praktisch nie beweisen.

Ein zivilrechtlicher Anspruch auf Widerruf wird von der Rechtsprechung nur anerkannt, wenn die Unwahrheit der Tatsachenbehauptung feststeht. Der Bürger hat dann also die Beweislast für die Unwahrheit der Behauptung – eine Anforderung, der man im Regelfall nur sehr schwer nachkommen kann. Darüber hinaus hat der *Erste Senat* den Widerrufsanspruch dahin eingeschränkt, daß der Beleidiger lediglich einräumt, seine Behauptung nicht beweisen zu können. In dieser Erklärung nimmt er zum Inhalt der Behauptung nicht Stellung; das Gericht hat ihm die Möglichkeit gegeben, die fragliche Äußerung aufrechtzuerhalten und sogar ausdrücklich zu wiederholen[17].

Ein Anspruch auf Unterlassung der Wiederholung einer üblen Nachrede sollte dem Bürger eigentlich auch dann zustehen, wenn die Wahrheit oder Unwahrheit der Behauptung nicht feststeht. Denn der Anspruch aus §§ 823, 1004 BGB analog nimmt über § 823 II BGB, § 186

StGB die Beweislastregel bei übler Nachrede in Bezug. Auffallenderweise pflegt die Rechtsprechung in diesem Zusammenhang »§ 823« ohne Nennung von Absatz 1 oder 2 zu zitieren – anscheinend, damit die fehlende Bezugnahme auf § 186 StGB weniger auffällt und die Beweislast leichter dem Kläger zugeschoben werden kann. So durfte z. B. von einem Unternehmen behauptet werden, es leite Gift in die Kanalisation, ohne daß die Wahrheit der Behauptung überprüft werden mußte. Die Klage auf Unterlassung der Wiederholung der Behauptung wurde abgewiesen[18]. So wurde der Eindruck erweckt, der Kläger hätte tatsächlich das Wasser vergiftet; sein Ruf in der Kleinstadt war ruiniert; die Gerichte ließen ihn – angeleitet durch den *Ersten Senat* – einfach im Stich.

### *3. Die »Vermengung« von falschen Tatsachenbehauptungen mit Werturteilen*

Immerhin gibt es gegen falsche Tatsachenbehauptungen noch einen gewissen, wenn auch stark reduzierten Ehrenschutz, der bei Werturteilen so gut wie ganz entfällt. Deshalb kommt es häufig darauf an, ob ein Tatsachen- oder ein Werturteil vorliegt. Die Unterscheidung ist nicht immer leicht zu treffen.

Die vom *Ersten Senat* aufgestellte Grundregel lautet: Sind in einer Äußerung tatsächliche und wertende Elemente miteinander vermengt, so sei sie im Zweifelsfall als Wertung anzusehen. Dies gelte insbesondere für Pauschalurteile und für allgemeine und unsubstantiierte Formeln[19]. Sagt *A* über *B*, er sei ein »Dieb«, so ist es eine beweisfähige Tatsachenbehauptung. Er hätte statt dessen sagen müssen, *B* sei ein »Gauner«: dies ist keine juristisch-technische Aussage, sondern ein pauschales Werturteil und als solches ohne weiteres zulässig. Nach diesem Maßstab darf man über jedermann sagen, er sei z. B. ein Faschist oder ein Kommunist, auch wenn das gar nicht wahr ist.

Ein Beispiel: *Scharping* hat an Eides Statt versichert, er habe keine Kenntnis von der Verbindung eines V-Mannes zum Landesverfassungsschutz gehabt. Die Zeitschrift Focus zog dies in Zweifel: Es sei »kaum vorstellbar«, daß er davon nichts wußte. Für einen Kanzlerkandidaten ist es in hohem Maße ehrenrührig, einer falschen eidesstattlichen Versicherung bezichtigt zu werden; er klagte. *LG* und *OLG Hamburg* wiesen die Klage unter Berufung auf die Rechtsprechung des *Ersten Senats* mit folgender Argumentation zurück: Zwar enthalte die angegriffene Berichterstattung »einen überwiegenden Tatsachenkern« und insinuiere, »der Antragsteller habe sehr wohl... von dem V-Mann gewußt und mit seinen gegenteiligen Bekundungen ›gelogen‹«. Dieser Sinngehalt sei ein tatsächlicher, da das Wissen um den V-Mann einer objektiven Klärung zugänglich sei. Gleichwohl enthalte die Äußerung »auch prägende Elemente des Meinens und Dafürhaltens«. Es schwinge »in der Äußerung auch ein Maß an Entrüstung... mit, das die angegriffene Berichterstattung auch durch Merkmale einer Meinungsäußerung« präge[20]. Also handele es sich um ein Werturteil. Die präjudizielle Schlußfolgerung dieser Urteile lautet: jeder darf über jeden alles behaupten, vorausgesetzt nur, daß auch prägende Elemente des Meinens und Dafürhaltens und ein gewisses Maß an Entrüstung mitschwingen.

Diese skandalösen Urteile wurden von der Presse als Triumph der Pressefreiheit bejubelt. In der Presse wurde berichtet: »Focus darf weiter verbreiten ... *Scharping* habe entgegen eigenen Angaben ... von dem V-Mann ... gewußt«[21]. Der Leser mußte annehmen, das Gericht habe die Wahrheit einer Tatsachenaussage festgestellt.

Ein anderes Beispiel[22]: Die Fa. *Bayer* klagte gegen ein Flugblatt, das behauptete: »In seiner grenzenlosen Sucht nach Gewinnen und Profiten verletzt *Bayer* demokratische Prinzipien, Menschenrechte und politische Fairneß. Mißliebige Kritiker werden bespitzelt und unter Druck gesetzt, rechte und willfährige Politiker werden unterstützt und finanziert«. Das *BVerfG* befand zwar, daß »in allen Teilaussagen faktische Elemente« enthalten seien. Doch hätten die Autoren zugleich dazu Stellung beziehen und diese bewerten wollen. Folglich bestehe eine Gemengelage aus Tatsachenbehauptungen und Wertungen. Also sei die Gesamtaussage als Wertung einzustufen und damit zulässig. – An sich ist die Aussage, die Firma »bespitzele« mißliebige Kritiker, eine beweisfähige Aussage, also eine Tatsachenbehauptung, und wird von der Öffentlichkeit auch so verstanden. Doch das wäre dem *Ersten Senat* des *BVerfG* zu viel des Ehrenschutzes. Er erklärte das Wort »bespitzeln« kurzerhand zu einem Werturteil und machte den Angegriffenen damit wehrlos. Gewiß liegt in dem Wort »bespitzeln« *auch* ein wertendes Element. Hätte sich der Beleidiger zurückhaltender und weniger verletzend ausgedrückt, z. B. statt bespitzeln »heimlich beobachten« gesagt, so wäre der Charakter als Tatsachenbehauptung unzweifelhaft gewesen. Doch der *Erste Senat* prämiert polemische, abwertende, aggressive Formulierungen und legt dem Bürger nahe, sich lieber unsachlich auszudrücken. Das läuft auf eine Einladung zur Verrohung der Sprache hinaus. Wiederum gaukelte die Presse dem Publikum vor, das Gericht habe Tatsachenbehauptungen als erwiesen angesehen[23].

Die einfachen Gerichte müssen sich an den Präjudizien des *BVerfG* orientieren. Wie ist z. B. die öffentliche Verbreitung der Behauptung über einen Arzt zu werten: »*Dr. B* hat das Kreiskrankenhaus heruntergewirtschaftet«? – Für den Common sense ist dies eine Tatsachenbehauptung, die, wenn unwahr, in hohem Maße ehrenrührig ist. Doch sie wurde in Anwendung der Grundsätze des *BVerfG* als zulässige Meinungsäußerung eingestuft, weil sie mit einer Wertung vermengt war[24]. Das Ansehen des Arztes in seinem Heimatgebiet war ruiniert. – Die Firma *S* erlitt wirtschaftliche Einbußen infolge einer unberechtigten Anklage im Fernsehen, sie vertreibe gefährlichen »Sondermüll« und arbeite mit der »Umweltmafia« zusammen. Das *LG* sah sich durch die Rechtsprechung des *Ersten Senats* zu der Entscheidung genötigt, diese Begriffe seien zulässige Wertungen und rechtfertigten damit auch die implizierten falschen Tatsachenaussagen[25].

Eine derart tückische Rechtsprechung läßt sich nur daraus erklären, daß der *Erste Senat* in seinem Eifer für die möglichst unbeschränkte Meinungsfreiheit die Bedürfnisse der in ihrer Ehre gekränkten Bürger einfach aus dem Bewußtsein ausgeblendet hat. Von einer Abwägung der auf dem Spiel stehenden Rechtsgüter kann man beim besten Willen nicht mehr sprechen.

Alles dies wird mit dem Argument gerechtfertigt, daß die Meinungsfreiheit konstitutiv für die Demokratie ist. Das ist sie in der Tat. Aber ist deshalb auch die Privilegierung der unsachlichen Ausdrucksweise konstitutiv für die Demokratie? Um die Stichhaltigkeit dieses Arguments zu prüfen, braucht man sich nur vorzustellen, diese Rechtsprechung hätte schon in der Weimarer Zeit gegolten. Hätte z. B. »Der Stürmer« geschrieben: »*B* beteiligt sich in landesverräterischer Weise an der jüdischen Weltverschwörung«, so wäre dies eine zu erweisende Tatsachenbehauptung. Hätte er hingegen geschrieben: »*B* ist ein Judenschwein, das sich in landesverräterischer Weise an der Weltverschwörung beteiligt«, so wäre sie mit Elementen des Wertens und

Dafürhaltens vermengt und folglich als Meinungsäußerung zulässig. Eine solche Rechtsprechung ist nicht nur zutiefst ungerecht und unverantwortlich, sondern auch destruktiv für die Demokratie.

### *4. Spontaneität und Gegenschlag*

Auch wo das *BVerfG* an sich vernünftige Prinzipien zum Schutz der Meinungsfreiheit aufstellt, wendet es diese auf Fälle an, auf die sie nicht passen, und pervertiert sie – wie immer – zu Lasten der Beleidigten.

Ein erstes Beispiel ist die Rechtsprechung zur Spontaneität der freien Rede. Zu Recht sieht das *BVerfG* darin eine »Grundbedingung eines freiheitlichen Gemeinwesens« und folgert: Um der Spontaneität willen müßten »Schärfen und Übersteigerungen oder ein Gebrauch der Meinungsfreiheit in Kauf genommen werden, der zu sachlicher Meinungsbildung nichts beitragen kann«[26]. Es ist gewiß richtig, daß man in einer emotionsgeladenen Diskussion leicht Dinge sagt, die man bei überlegter Wortwahl so nicht gesagt hätte. Das wird vom Zuhörer auch in Rechnung gestellt und entsprechend gewichtet. Dem *BVerfG* ist also darin zuzustimmen, daß spontane Äußerungen nicht mit denselben Maßstäben gemessen werden sollten wie schriftlich ausformulierte Darlegungen. Deshalb fügt das *BVerfG* an der angeführten Stelle zu Recht hinzu: Die Privilegierung spontaner Äußerungen »gilt namentlich für das gesprochene Wort«. Mit dem Wort »namentlich« aber eröffnet es ein Schlupfloch für schriftlich ausformulierte Äußerungen. Und in der Tat hat es die Privilegierung der Spontaneität auf solche – in diesem Fall auf verlesene Rundfunkkommentare – erstreckt.

Ein zweites Beispiel ist das Prinzip des »Gegenschlags«. Wer in grober Weise öffentlich angegriffen worden ist, dürfe in grober Weise zurückschlagen. Damit erhöhe sich seine Chance, sich angesichts der »Reizüberflutung« überhaupt öffentlich Gehör zu verschaffen[27]. Zunächst bestehen Bedenken gegen die Rechtfertigung der Beleidigung mit dem Argument der »Reizüberflutung«. Denn: »Je schärfer der zulässige Ton, desto stumpfer wird das Publikum«[28]. Die Reizüberflutung steigt und steigt gerade infolge dieser Rechtsprechung. Diese führt zu einer ins Grenzenlose gesteigerten Verrohung der Sprache.

Der *Erste Senat* weitet diesen Grundsatz alsdann auf Fälle aus, in denen der »Zurückschlagende« keineswegs persönlich angegriffen worden ist, sondern sich durch allgemein gehaltene politische Äußerungen eines anderen politisch provoziert fühlt. Hiernach setzt das »Recht auf Gegenschlag« also weder wechselseitige noch unmittelbar vorangegangene Beleidigungen voraus. Es genügt vielmehr, daß der Angegriffene überhaupt am Prozeß der öffentlichen Meinungsbildung teilgenommen, z. B. eine öffentliche Rede gehalten hat. Er habe sich nämlich, sagt der *Erste Senat*, »durch dieses Verhalten eines Teils seiner schützenswerten Privatsphäre begeben«[29]. Dieses Verhalten scheint ein Übergriff in die Monopolstellung der Medien zu sein, die das Privileg genießen, auf die öffentliche Meinungsbildung einzuwirken. Wer sich eines solchen Übergriffs schuldig macht, darf hiernach von den Medien ungehemmt in seiner sonst schützenswerten Privatsphäre angegriffen werden, meint der *Erste Senat*. In dem betreffenden Fall hatte ein Bürger in einer öffentlichen Rede eine unkonventionelle Kritik an Kunstgalerien vorgetragen. Daraufhin durfte er im Rundfunk wie folgt angegriffen werden: Provinzdemagoge, haßerfüllte Tiraden, persönliche Ressentiments, bornierter Oberlehrer, scheinheilig, Erzeugung einer Pogromstimmung, Haß auf alles Ausstellbare. »Die ganze Zeit lauschte ich aufmerksam, ob der Kunstschreiber sich nicht einmal verspreche und sagte, daß das alles verjudet sei, oder die Freimaurer steckten dahinter«[30]. Das alles hat sich der Beleidigte nach Ansicht des *Ersten Senats* selbst zuzuschreiben; schließlich hätte er seine Meinung nicht öffentlich kundtun müssen.

Angesichts der präjudiziellen Bedeutung dieser Entscheidung kann man also dem Normalbürger nur raten, sich entweder aus dem Prozeß der öffentlichen Meinungsbildung herauszuhalten oder sich auf Äußerungen zu beschränken, die konventionell und den Medien gefällig sind. Denn, so meint der *Erste Senat*, das sei konstitutiv für die Demokratie.

### *5. Diskriminierung der Politiker*

An diese Grundsätze knüpft die Diskriminierung von Personen der Zeitgeschichte an, insbesondere von Politikern. Wenn sich schon der einzelne Bürger bei gelegentlichen öffentlichen Meinungsäußerungen

»eines Teils seiner schützenden Privatsphäre begibt«, so tut das der Berufspolitiker generell. Seine bloße Existenz gilt für den politischen Gegner als Provokation schlechthin, die ihn zu »Gegenschlägen« berechtige. Der Gesetzgeber hat zwar eine Strafverschärfung für üble Nachrede und Verleumdung vorgesehen, wenn sich diese gegen im politischen Leben stehende Personen richten und mit ihrer Stellung im öffentlichen Leben zusammenhängen (§ 187 a StGB). Aber was hilft das, wenn üble Nachrede und Verleumdung durch ihre Vermengung mit Wertungen generell zulässig geworden sind?

Unter dieser Rechtsprechung hatte z. B. *F. J. Strauß* zu leiden. Über ihn durfte man nach den Entscheidungen des *Ersten Senats* z. B. öffentlich sagen, er decke Faschisten[31], er habe sich nur unter Zwang und aus opportunistischen Gründen zur Demokratie bekehrt und handhabe diese Staatsform allenfalls formal – und dergleichen Ehrabschneidereien mehr[32]. Dem Beleidiger, der *Strauß* damit unterstellte, er sei im Grunde eigentlich ein Nazi, wurde nicht einmal die sonst übliche Darlegungs- und Substantiierungspflicht abverlangt.

Der *Erste Senat* erhebt sich in Fragen der Meinungsäußerung zu einer Tatsacheninstanz und überprüft in einer sonst nicht üblichen Kontrolldichte die tatsächlichen Feststellungen der Vorinstanzen. Er unterlegt den ehrenrührigen Äußerungen liebevoll einen »möglichen Sinn«, den weder die Beleidiger noch die Gerichte auf der Grundlage ihrer Beweiserhebung für gegeben hielten und der dem objektiven Betrachter abwegig erscheinen muß, und weist die Sache mit dem Argument zurück: Solange dieser »mögliche Sinn« nicht ausgeschlossen werden könne, habe der Ehrenschutz zu entfallen.

Es läuft auf den Grundsatz hinaus: Wer sich in die Politik begebe, verwirke ganz weitgehend seinen Anspruch auf Ehrenschutz; er habe sich durch seine Entscheidung, in der demokratischen Politik mitzuwirken, freiwillig des Rechts auf Schutz seiner persönlichen Ehre begeben. Für diese Freiwilligkeit gibt es nicht den geringsten Anhaltspunkt. Die präjudizielle Wirkung, die von diesen Entscheidungen ausgeht, liegt auf der Hand: Wer nicht so kraftvoll und populär ist, wie es *Strauß* war, habe sich entweder aus der demokratischen Politik herauszuhalten und seinen Lebensunterhalt in einem privaten Beruf zu verdienen, oder er möge sich gefügig an vorgegebene Meinungslinien halten und klug vermeiden, sich zu exportieren. Der *Erste Senat* meint, diese Art Entscheidungen seien konstitutiv für die Demokratie.

### 6. *Rechtfertigung durch vorausgegangene Presseberichte*

Als wäre es mit diesen Kunstgriffen zur Abschaffung des Ehrenschutzes noch nicht genug, hat sich der *Erste Senat* weitere einfallen lassen. So judizierte er in der erwähnten *Bayer*-Entscheidung: Wenn jemand herabsetzende Tatsachenbehauptungen über Dritte aufstelle, die nicht seinem eigenen Erfahrungsbereich entstammen, erfülle er seine Darlegungspflicht, wenn er sich auf unwidersprochene Presseberichte beziehe. Diese dürfe er im guten Glauben aufgreifen und daraus verallgemeinernde Schlußfolgerungen ziehen, solange die Berichterstattung nicht erkennbar überholt oder widerrufen sei[33]. Diese Entscheidung ist aus drei Gründen skandalös.

> Erstens besteht kein Grund, herabsetzenden Berichten der Presse ungeprüft Vertrauen entgegenzubringen, und zwar schon deshalb nicht, weil der *Erste Senat* des *BVerfG* ja die Sorgfalts- und Wahrheitspflichten der Presse auf ein Minimum herabgestuft hat.
> Zweitens verhält sich der Bürger wegen eben dieser Rechtsprechung nur dann klug, wenn er die Presseberichte unwidersprochen läßt. Von Ehrenschutzprozessen rät ihm jeder erfahrene Anwalt ab, weil sie kaum Aussicht auf Erfolg haben und sich seine Situation im Falle der Erfolglosigkeit erheblich verschlechtert.
> Drittens ist der Bürger normalerweise gar nicht in der Lage, die gesamte tägliche Presse zu beobachten. Häufig weiß er nichts von den herabsetzenden Berichten und kann ihnen schon deshalb nicht widersprechen[34].

So bringt das *BVerfG* den Bürger in eine ausweglose Situation. Erst macht es seine Ehrenschutzklagen so gut wie aussichtslos, sodann macht es das Aufgreifen und Wiederholen der ehrenrührigen Behauptungen risikolos und läßt den in seiner Ehre gekränkten Bürger mit dem Argument im Stich, er habe ja den ursprünglichen Presseberichten nicht widersprochen.

## IV. Die Privilegierung der Presse

### *1. Pressefreiheit und Meinungsfreiheit*

Das Verhältnis der Presse- und Rundfunkfreiheit, Art. 5 I 2 GG, zur Meinungsfreiheit, Art. 5 I 1 GG, hat der *Erste Senat* jüngst noch einmal geklärt. Ob eine Meinung in Presse oder Rundfunk verbreitet wird oder auf andere Weise, mache für Umfang und Schranken des Äußerungsrechts keinen Unterschied. Maßstab der Prüfung sei in jedem Fall die Meinungsfreiheit des Art. 5 I 1 GG, nicht die Presse- und Rundfunkfreiheit des Satzes 2. Die Presse- und Rundfunkfreiheit des Satzes 2 sei danach keine lex specialis, die die Meinungsfreiheit umfasse und deshalb die Anwendbarkeit des Satzes 1 ausschlösse. Sie enthalte vielmehr über die Meinungsfreiheit hinausgehende besondere Rechte der Medien, die von der Informationsbeschaffung über die technische Umsetzung bis zum Vertrieb reichten. Presse und Rundfunk genössen besondere Privilegien, z. B. das Recht, den Informanten zu verschweigen, die Herausgabe von Beweismaterial in Strafprozessen gegen Dritte zu verweigern und gegen Durchsuchungen geschützt zu sein, die diese Rechte in Frage stellen könnten.

Nach dem Wortlaut des Grundgesetzes sind die Freiheit der Meinung und die Freiheit von Presse und Rundfunk zwar inhaltlich verwandt, im selben Artikel genannt und denselben Schranken unterworfen, aber doch unterschiedliche, in zwei Sätzen gewährleistete Rechte. Methodengerecht wäre es deshalb gewesen, die Presse- und Rundfunkfreiheit auch im Bereich der Meinungsäußerung als lex specialis anzusehen und dabei folgendes zu berücksichtigen: Presse und Rundfunk haben eine öffentliche Verantwortung, um derentwillen sie besondere Privilegien genießen. Dem entsprechen freilich bei ehrenrührigen Behauptungen auch Sorgfaltspflichten, die dem einfachen Bürger, der in privaten Gesprächen spontan über andere Menschen herzieht, nicht abverlangt werden. Erstens haben Beleidigung, üble Nachrede und Verleumdung für das Opfer ein ungleich stärkeres Gewicht, wenn sie z. B. in der Regionalzeitung seiner Heimat oder vor 8 Mio. Zuschauern im Fernsehen verbreitet werden. Zweitens werden sie nicht spontan und unbedacht dahergeplappert, sondern schriftlich formuliert oder – im Funk – vorformuliert, und zwar im vollen Bewußtsein ihrer großflächig rufvernichtenden – und u. U. existenzvernichtenden – Wirkung. Drittens haben Presse und Funk umfassende – und grundrechtlich geschützte – Möglichkeiten zur Recherche. Warum also soll man ihnen nicht im Interesse des Ehrenschutzes abverlangen, davon Gebrauch zu machen und ehrverletzende Behauptungen bis zu ihrer Klärung zurückzustellen?

### *2. Die Abschaffung der Sorgfaltspflicht*

Statt von dieser Sorgfaltspflicht auszugehen, tendiert der *Erste Senat* in die entgegengesetzte Richtung. Er läßt keinen Zweifel daran, daß seine Minimierung des Ehrenschutzes in erster Linie dem Zweck dient, den Journalisten in Presse, Funk und Fernsehen zu besonderen Privilegien zu verhelfen.

Wie erwähnt, hat er die gesetzliche Beweislastregel des § 186 StGB mißbilligt. Wer üble Nachrede begeht, brauche die Wahrheit der aufgestellten Behauptung entgegen dem Gesetz nicht zu beweisen. Es genüge, daß er die tatsächlichen Umstände, aus denen er seine Behauptung herleite, zu substantiieren und darzulegen in der Lage sei. Doch dürften dabei an die Sorgfaltspflicht keine zu hohen Anforderungen gestellt werden. Zur Begründung sagt der *Erste Senat*: »Eine Übersteigerung der Wahrheitspflicht« könnte »zu einer Einschränkung und Lähmung namentlich der Medien führen«, ihnen dürfe kein »unverhältnismäßiges Risiko« auferlegt werden[35].

»Namentlich der Medien«: Es ist offenkundig, daß der *Erste Senat* ihren besonderen Arbeitsbedingungen, insbesondere dem Erfordernis unverzüglicher Berichterstattung, entgegenkommen will. So verständlich das auf den ersten Blick scheinen mag: Damit setzt er den Bürger, der auf Ehrenschutz angewiesen ist, erhöhten Gefahren aus. Seinem Rechtsanspruch würde es nur gerecht, wenn den Medien die Pflicht auferlegt bliebe, ehrenrührige Tatsachenbehauptungen so lange zurückzuhalten, bis feststeht, daß sie erweislich wahr sind. Soll es nur auf die Substantiierungs- und Darlegungspflicht ankommen, so wäre zumindest ein Ernstnehmen der Sorgfaltspflicht geboten.

Die Wendungen, deren sich der *Senat* bedient, kann man nur als irreführend bezeichnen. Er will die Medien vor einer »Übersteigerung der Wahrheitspflicht« bewahren, verlangt aber in Wirklichkeit überhaupt keine Wahrheitspflicht, sondern begnügt sich mit der Darlegungs- und Substantiierungspflicht. Diese dürfte »nicht überspannt« werden – so wird sie auf ein Minimum reduziert. Den Medien solle kein »unverhältnismäßiges Risiko« auferlegt werden – in Wirklichkeit sollen sie außer in äußersten Grenzfällen überhaupt kein Risiko mehr tragen. Andernfalls führe dies zu einer »Einschränkung und Lähmung« der Medien – als ob beides einerlei sei. Eine Einschränkung wäre natürlich mit der Wahrheitspflicht und in gewissem Umfang auch noch mit der Darlegungs- und Substantiierungspflicht und der mit ihr verbundenen Sorgfaltspflicht gegeben. Diese Einschränkung ist geboten, denn mit ihr steht und fällt der Ehrenschutz. Sie führt keineswegs zu einer »Lähmung« der Medien, sondern lediglich zu einer Verzögerung der üblen Nachrede bis zu ihrer Überprüfung. Die Unredlichkeit der Sprache dient dem rhetorischen Zweck, beim oberflächlichen Leser eine Zustimmung zu erschleichen, die bei genauer Ausdrucksweise ausbliebe. So wird der Leser, der natürlich gegen »Übersteigerung« und »Überspannung« von Pflichten, gegen »Unverhältnismäßigkeiten« und »Lähmung der Medien« ist, irregeführt; er erkennt erst bei genauerer Analyse dieser Rechtsprechung, worum es wirklich ging: um Privilegierung der Medien und Reduzierung des Ehrenschutzes.

### *3. Wahrnehmung berechtigter Interessen*

Der gleiche Vorgang zeigt sich in der Uminterpretation des § 193 StGB. Diese Vorschrift rechtfertigt Ehrverletzungen, die zur Wahrnehmung berechtigter Interessen erfolgen. Früher mußte der Verletzer eigene Interessen wahren wollen. Nunmehr genügt es, daß er allgemeine Interessen oder Gruppeninteressen wahrnehmen und sich in Angelegenheiten von öffentlicher, politischer Relevanz äußern will[36]. Dieser Ansatz ist vom demokratischen Prinzip des Grundgesetzes her nicht zu mißbilligen. Doch nun folgt ein weiterer Schritt: Die Presse habe eine öffentliche Aufgabe, nämlich zu informieren und zu kritisieren. Schlußfolgerung: Sie kann sich praktisch fast immer auf die Wahrnehmung berechtigter Interessen berufen, folglich gelten von ihr verbreitete Beleidigungen ohne weiteres als gerechtfertigt.

## 4. Menschenjagd und Pranger

Was an dieser Privilegierung der Medien zu Lasten des Bürgers besonders bestürzend ist, ist die Mißachtung einer offenkundigen sozialen Tatsache: Eine üble Nachrede oder sonstige Ehrabschneiderei ist für den Verletzten ungleich gravierender, wenn sie nicht im privaten Kreis, sondern durch die Medien erfolgt. Wo immer die Menschen Konversation betreiben, pflegen sie über andere Menschen herzuziehen, ohne sich darüber verantwortlich Rechenschaft abzulegen; doch braucht man ihre Äußerungen i. d. R. kaum ernst zu nehmen, und sie erreichen auch nur einen kleinen Kreis. Besondere Sorgfaltspflichten würden in der Tat die freie Kommunikation beeinträchtigen.

Doch die Medien sollten zu besonderer Sorgfalt verpflichtet sein. Ihr Rufmord kann das gesamte soziale Beziehungsnetz des Opfers zerstören. Erfolgt er z. B. durch eine bundesweite Fernsehsendung – wo soll der Angegriffene hinfliehen? In der ganzen Bundesrepublik richten sich die Augen auf ihn als einen Ehrlosen. Doch auch die Heimatzeitung kann ihn von seinen Freunden, Bekannten, Nachbarn und darüber hinaus von seinen Kunden, Klienten, Patienten abschneiden und ihn beruflich ruinieren. Entsprechendes gilt für eine Betriebszeitung, eine Schülerzeitung, eine Studentenzeitung, zumal wenn sie Monopolcharakter haben: Unternehmer, Lehrer, Professoren verlieren die Achtung der Menschen, auf deren Vertrauen sie zur Erfüllung ihrer Aufgaben angewiesen sind. Die Ehrabschneiderei durch Medien kann den Bürger also im Kern seiner menschlichen und beruflichen Existenz treffen und ihn für den Rest seines Lebens in Unglück und Verbitterung zurücklassen.

Das gilt um so mehr, als die Menschen den Medien ein natürliches Primärvertrauen entgegenbringen. Sie nehmen an, die Medien hätten eine erhöhte Sorgfaltspflicht, und ahnen nicht, daß der *Erste Senat* gerade diese abgeschafft hat. Sie nehmen ferner an, Journalisten unterlägen einer Kontrolle – in Funk und Fernsehen z. B. einer Kontrolle durch Rundfunkrat, Intendant, Programmdirektor, in Printmedien durch Verleger, Chefredakteure oder verantwortlichen Redakteur. Sie ahnen nicht, daß diese Organe ihre Aufgabe i. d. R. nicht im Schutz der Bürger vor übler Nachrede sehen, sondern im Schutz der Journalisten vor den frechen Ansprüchen der Bürger auf Schutz ihrer Ehre, in denen sie Angriffe auf die Pressefreiheit erblicken.

Der *Erste Senat* scheint anzunehmen, Journalisten besäßen durchweg ein hohes Berufsethos; sie seien um Sorgfalt und Wahrheitsfindung bemüht, ließen auch den Angegriffenen ausreichend zu Worte kommen und wögen ihre Worte verantwortlich ab. Seien ihre Äußerungen irreführend, so sei das stets auf Versehen zurückzuführen, die sich im journalistischen Betrieb nicht immer vermeiden ließen. Gewiß: Diesen Typ des Journalisten gibt es, und er mag aufs Ganze gesehen noch in der Mehrheit sein. Aber es gibt auch leichtfertige Journalisten, ja es gibt leider sogar Schufte, die ihre Berichte geschickt so manipulieren, daß sie einen möglichst ehrvernichtenden Effekt haben. Sollten dem *Ersten Senat* die Beispiele hierfür tatsächlich entgangen sein?

Ein häufiges Beispiel: Die Presse berichtet in großer Aufmachung, die Staatsanwaltschaft habe gegen *B* ein Ermittlungsverfahren eingeleitet, und zwar zutreffend; denn dazu ist sie aufgrund einer Anzeige verpflichtet. Die Anzeige ist vielleicht eben um dieser Pressewirkung willen erstattet worden. Die Staatsanwaltschaft erkennt nun die Substanzlosigkeit der erhobenen Vorwürfe und stellt die Sache ein, u. U. mit der ausdrücklichen Feststellung, die erhobenen Vorwürfe hätten sich als unwahr erwiesen. Es ist an sich selbstverständlich, daß nun für die Presse die Pflicht bestehen sollte, die Rehabilitierung des Bürgers in gleicher Aufmachung zu veröffentlichen. Sie denkt gar nicht daran, sondern läßt den Bürger im öffentlichen Verdacht hängen. Der für den Ehrenschutz zuständige *Erste Senat* des *BVerfG* hat das noch nicht einmal beiläufig beanstandet. – Ein anderes Beispiel sind die Fernsehsendungen, die Sekten, Orden und andere religiöse oder konservative Kleingruppen eine nach der anderen niedermachen. Vor Gericht folgt auf das Plädoyer des Anklägers ein ebenso gründliches Plädoyer des Verteidigers, durch das sich dann die Dinge oft ganz anders darstellen. Im Fernsehen gibt es nur die Anklage; ihr Negativbild prägt sich ohne Korrektur dem Zuschauer ein. Ferner: Da die Ankläger wissen, daß es keine gleichgewichtige Verteidigung geben wird, brauchen sie von vornherein nicht die Sorgfalt des Staatsanwaltes walten zu lassen. Sie unterliegen auch nicht den Amtspflichten des Staatsanwaltes zur Objektivität, sondern dürfen nach der Rechtsprechung des *Ersten Senats* leichtfertig falsche Behauptungen verbreiten, zumal wenn sie diese hinreichend mit Wertungen vermengen. Haben die Gerichte einem Sender die Wiederholung verboten, so erstreckt sich die Rechtskraft nur auf den damaligen Beklagten; also werden die Behauptungen von anderen Sendern wiederholt: Der Rechtsschutz kommt immer zu spät.

Die Menschen vertrauen darauf, daß die Gerichte den Beleidigten zu Hilfe kommen würden, wenn die öffentlichen Angriffe ungerecht wären: Das ist schließlich die Aufgabe der Gerichte. Sie ahnen nicht, daß der *Erste Senat* den Gerichten die Möglichkeit zu gerechter Entscheidung aus der Hand gewunden hat. Sie schließen aus der Abweisung einer Ehrenschutzklage auf die inhaltliche Sachlichkeit und Berechtigung der öffentlichen Angriffe: Diese könnten keine üble Nachrede oder sonstige Beleidigung sein, wenn die Gerichte sie für gerechtfertigt erklären. Besäße der *Erste Senat* ein wenig mehr Gerechtigkeitssinn und menschliche Einfühlung, so würde er die Medien bei ehrenrührigen Behauptungen zu besonderer Sorgfalt anhalten, anstatt sie davon zu dispensieren. Die Aufklärung hat den Pranger als menschenunwürdig überwunden. Er ist in neuerer und schlimmerer Form wieder da – und zwar nicht nur als Strafe für überführte Verbrecher, sondern auch für schuldlos Mißliebige.

### 5. *Satire*

Ehrenrührigen Angriffen durch Satiren ist der Bürger nach der Rechtsprechung des *Ersten Senats* noch wehrloser ausgeliefert als anderen. Auch wenn eine Satire im Einzelfall nicht als »Kunst« einzustufen sei und also nicht den Schutz der Kunstfreiheit genieße, sondern bloß den der Meinungsfreiheit, so sei doch ihrem Charakter als Satire durch eine besondere Privilegierung Rechnung zu tragen. Deshalb durfte ein querschnittgelähmter Reserveoffizier zwar nicht als »Krüppel«, aber als »geb. Mörder« beleidigt werden[37].

Ist die Satire aber ein »Kunstwerk«, so genieße sie den Schutz der Kunstfreiheit, die vorbehaltlos gewährleistet ist. Im Namen der Kunstfreiheit darf man nicht nur Staatssymbole schänden, z. B. eine Collage veröffentlichen, in der auf die Bundesflagge uriniert wird[38] oder die Nationalhymne mit der Anweisung persiflieren, das Lied könne »auf dem Abort, im Suff, vor dem Ficken angestimmt« werden[39]. In ihrem Namen durfte man auch die Ehre von Personen verletzen, z. B. *Strauß* mit *Heydrich, Hitler, Goebbels, Ley, Himmler* und *Göring* in Zusammenhang bringen[40]. Daß auch der Ehrenschutz Verfassungsrang hat und die Kunstfreiheit mit ihm abzuwägen ist, hat das *BVerfG* zwar im Prinzip anerkannt, den Ehrenschutz jedoch, abgesehen von äußersten Grenzfällen, einfach zurückgesetzt, als handele es sich um einen kaum beachtlichen Gesichtspunkt.

Früher fanden sich Satiren vorzugsweise in speziellen Blättern oder im Kabarett. Sie galten als »Kleinkunst« für Liebhaber. Heute finden sie sich in regelmäßigen bundesweiten Fernsehsendungen – u. a. jeden Mittwoch im Anschluß an die Tagesthemen. Ihren ideologischen Hintergrund bilden in der Regel Sozialismus, Anarchismus, Antiklerikalismus oder jener Pazifismus, der meint, einem unschuldig Überfallenen zu Hilfe zu kommen sei ebenso verabscheuungswürdig wie der Angriff. Von diesen dümmlichen Positionen aus werden die demokratischen Politiker mit Hohn und übelsten Motivunterstellungen überzogen und wird die freiheitliche Demokratie verächtlich gemacht. Jede sachliche Erwiderung gälte als »reaktionär« und humorlos und ist überdies durch die Rechtsprechung des *Ersten Senats* völlig unmöglich gemacht. Dieses Mißverhältnis von Macht und Ohnmacht gilt ebenfalls als konstitutiv für die Demokratie[41].

### *6. Gegendarstellung*

Ein schwaches Instrument ist auch die Gegendarstellung. Mit ihr transportiert man die ehrenrührige Behauptung erneut und trägt zu ihrer Verbreitung bei. Da die Leser oder Hörer den Medien ein natürliches Primärvertrauen entgegenbringen, erscheint man unglaubwürdig und überdies als ein »Prozeßhansel«. Darüber hinaus ist den Medien der sogenannte »Redaktionsschwanz« erlaubt. Sie erklären, daß die Gegendarstellung nicht der Wahrheit entspreche und die Medien bei ihrer Darstellung blieben. So kann in unserem Staat jedermann durch aus der Luft gegriffene Behauptungen in seinem öffentlichen Ansehen niedergemacht werden.

Geradezu skandalös ist der Beschluß der *1. Kammer des Ersten Senats* vom 19. 2. 1993, wonach ein Gegendarstellungsanspruch ganz entfällt, wenn er, wie in den neuen Ländern, gesetzlich (noch) nicht geregelt ist[42]. Der Gegendarstellungsanspruch wird hier als »Eingriff in die Pressefreiheit« behandelt, der der gesetzlichen Grundlage bedürfe, ohne daß berücksichtigt wird, daß der Ehrenschutz ebenfalls grundrechtlich geschützt ist und daß Grundrecht und Grundrecht zu harmonisieren und gegeneinander abzuwägen sind. Mit gleicher Logik hätte die *Kammer* judizieren können: Eine die Ehre antastende Ausübung der Pressefreiheit sei unzulässig, solange der Eingriff in das Grundrecht der Ehre nicht gesetzlich geregelt sei.

## V. Die Ausblendung der Wirklichkeit

Mit Recht spricht *Kiesel*, Richter am BayObLG, von der »Liquidation des Ehrenschutzes durch das *BVerfG*« und resümiert: »Werden wir ein Eldorado für Ehrabschneider und ein Volk der Ehrlosen?«[43] Auch der frühere Präsident des BVerwG, *Sendler*, sieht in zahlreichen Entscheidungen die Grenzen von der Liberalität zur Libertinage »eindeutig überschritten«[44]. *Konrad Redeker*, einer der führenden Anwälte in Deutschland, warnt, man könne von einem Ehrenschutzprozeß »nur noch abraten« und spricht damit aus, was alle Sachkenner bestätigen[45].

Die Abschaffung des Ehrenschutzes ergibt sich nicht durch eine Interpretation des Grundgesetzes nach den methodischen Regeln juristischer Auslegungskunst, sondern durch eine zielgerichtete Umdeutung von Wortlaut und Sinngehalt des Grundgesetzes, insbesondere durch eine Kette von Vermutungsregeln. Diese lassen sich allesamt in einer einzigen Regel zusammenfassen: Die Vermutung spreche überall und stets zugunsten des Beleidigers und gegen den Schutz des Opfers.

Sachlich rechtfertigende Argumente dafür gibt es nicht. Die gebetsmühlenartige Wiederholung des an sich richtigen Satzes, die Meinungsfreiheit sei konstitutiv für die Demokratie, vermag die daraus gezogenen Schlußfolgerungen weder sachlich noch logisch zu tragen. Die Demokratie würde nicht im mindestens beeinträchtigt, wenn der *Erste Senat* außer der Meinungsfreiheit auch dem Ehrenschutz Rechnung trüge und beide Grundrechte zu einem gerechten und schonenden Ausgleich brächte, ganz im Gegenteil. Man kann auch vernünftigerweise nicht annehmen, der *Erste Senat* meine tatsächlich, die Erfordernisse der Demokratie erzwängen die Mißachtung der Bürgerehre. Schließlich verlangt das Amt des Bundesverfassungsrichters einen gewissen Mindestgrad an Lebenserfahrung.

Die Medien rufen »Pressefreiheit!«, auch wo diese gar nicht in Frage gestellt ist, sondern lediglich mit dem Ehrenschutz abgewogen werden soll. Sie rufen »Demokratie!«, auch wo diese gar nicht auf dem Spiel steht, und meinen ihre Privilegien, auch wo diese auf Kosten der Bürgerdemokratie gehen. Kritik nennen sie »Medienschelte«: Diese gilt erstens als unziemlich gegenüber der obersten Kritikgewalt und zweitens als törichter Tadel am Überbringer schlechter Nachrichten. Sie verweisen auf die großen Verdienste der Medien, als würden sie durch Sachkritik in Einzelfällen in Frage gestellt und als rechtfertigten sie die Fälle übler Nachrede. Wie ist es möglich, daß das höchste deutsche Gericht solch trickreiche Rhetorik nicht durchschaut und abweist?

Da diese Rechtsprechung sachlich nicht zu verstehen ist, kann man nur noch versuchen, sie psychologisch zu verstehen. Die schrittweise Abschaffung des Ehrenschutzes hat einen circulus vitiosus ausgelöst: Je hemmungsloser die Angriffe auf die persönliche Ehre geführt werden dürfen, desto mächtiger werden diejenigen, die über die Instrumente des Rufmords verfügen. Je mächtiger sie werden, desto mehr Angst flößen sie ein und desto mehr Lohn verspricht es zugleich, ihnen zu Diensten zu sein und ihren Wünschen entgegenzukommen. Was sie in erster Linie wünschen, ist: Macht und noch mehr Macht. Sie haben z. B. die Macht, einen Kandidaten für das Amt des Bundespräsidenten scheitern oder passieren zu lassen.

Es gibt so etwas wie eine normative Kraft der Macht: Eine natürliche Neigung zu der Annahme: Wer Macht habe, sei auch im Recht. Diese Neigung ist nicht gleichbedeutend mit Opportunismus, sondern viel tiefer in der menschlichen Psyche verwurzelt: Machtbesitz scheint durch eine Art Gottesurteil bestätigt zu sein[46].

Aus der Solidarität der Prominenten, zu denen neben den Bundesverfassungsrichtern vor allem die Herren über die veröffentlichte Meinung gehören, entsteht so etwas wie eine Klassenjustiz von oben, nur daß die Klassen nicht durch die Verfügung über die Produktionsmittel, sondern über die Publikationsmittel geschieden sind. Die »oben« stehen zusammen in der Verteidigung der privilegierten Macht über die »unten«, die gewöhnlichen Bürger zweiter Klasse, die zu kuschen haben und der Vernichtung ihres guten Rufes ehrlos und wehrlos ausgeliefert werden. Gewiß, auch *Strauß* oder die Fa. *Bayer* gehören zu den Prominenten; aber im Feld der öffentlichen Meinungsbildung sind die Medien mächtiger als sie, und man schlägt sich auf die Seite der jeweils Mächtigeren. Vor allem aber: Die Urteile des *Ersten Senats* wirken präjudiziell und liefern auch die weniger Prominenten – z. B. Ärzte, Anwälte, Lehrer, Wissenschaftler, Ingenieure, Kommunalpolitiker, mittelständische Unternehmer – den Ehrabschneidern aus.

Alle Gerechtigkeit beginnt mit der Wahrnehmung der Wirklichkeit. Zur Wirklichkeit gehört in diesem Zusammenhang das menschliche Schicksal der ehrlos Gemachten: ihr buchstäbliches Gekränktsein, ihre Vereinsamung, ihre Bitterkeit, ihre Ängste, ihre Verzweiflung, ihre Tränen, ihre durchwachten Nächte und Selbstmordgedanken[47]. Zur Wirklichkeit gehört die Angst der Politiker, sich durch unangepaßte Meinungsäußerungen bei der Mediengewalt mißliebig zu machen und ihr schutzlos ausgeliefert zu sein. Zur Wirklichkeit gehört die Angst zahlreicher ehrempfindlicher Bürger, sich überhaupt in die Politik zu begeben, sich durch eigenwillige öffentliche Meinungsäußerungen zu exponieren oder gar überhaupt durch herausragende Leistungen oder Berufspositionen aufzufallen. Zur Wirklichkeit gehört der dadurch herbeigeführte Qualitätsverlust unserer Demokratie. Zu ihr gehören Gleichschaltung und Banalisierung des geistigen Lebens in der Bundesrepublik – alles Folgen der weitgehenden Abschaffung des Ehrenschutzes durch den *Ersten Senat* des *BVerfG*.

Doch die Richter des *Ersten Senats* haben sich gegen die Wahrnehmung dieser Wirklichkeiten mit einer inneren Betonmauer abgeschottet, sie lassen sie nicht in ihr Bewußtsein dringen, sie ist ihnen gleichgültig. »Denn die einen sind im Dunkeln, und die anderen sind im Licht, und man siehet die im Lichte, die im Dunkeln sieht man nicht.«

## Anmerkungen

1 Eingehender *Kriele*: Einführung in die Staatslehre, 5. Aufl., § 54.

2 »Der gute Ruf, die Achtung und das Vertrauen, die der Mensch bei den anderen Menschen genießt …, sind das Hineinragen der Seele des Menschen in das Seelenleben anderer Menschen, die Art, wie sie sich in anderen Menschen spiegeln. Und die Verleumdung, das ›falsche Zeugnis wider deinen Nächsten‹, ist Töten diesen erweiterten Seelenleibes in anderen Menschen, indem die Spiegelung der Seele im Seelenleben der anderen Menschen verzerrt und vernichtet wird.« – *Valentin Tomberg*: Lazarus komm heraus, 1985, S. 183 f.

3 Im ZRP-Gespräch (ZRP 1994, Heft 7, S. 276 ff.) macht Bundesverfassungsrichter *Dieter Grimm* vom *Ersten Senat* deutlich, daß ihm die Bedeutung des Ehrenschutzes für die Demokratie nicht zum Bewußtsein gekommen ist. Er spricht von den »individuellen Interessen« der Meinungsfreiheit und des Ehrenschutzes und fügt hinzu: In Fragen, die die Öffentlichkeit wesentlich berühren, trete »als dritte Dimension ein überindividueller

Gesichtspunkt hinzu, nämlich der demokratische«, der die Abwägung zu Lasten des Ehrenschutzes verschiebe: Dieser dürfe »nicht von der Teilnahme an der öffentlichen Auseinandersetzung abschrecken«. Das ist selbstverständlich. Die entscheidende Frage ist, ob und wieweit er davon abschrecken soll, im Rahmen dieser Auseinandersetzung ehrenrührige unwahre Behauptungen zu verbreiten. *Grimm* spricht beschönigend von »kritischen und irrigen Positionen«, von »gewissen Härten und Schärfen«, so als sei das Erleiden eines Rufmords eine Bagatelle, ein ohne weiteres zumutbares Opfer, das die Betroffenen der Demokratie zu bringen hätten. Das ist eher die Sprache eines Presse-Advokaten als die eines Richters.

*Grimm* bezieht sich auf ein Urteil des *US-Supreme Court*, wonach es Ehrenschutz nur noch gegen bewußte Verleumdung gebe. Dieses findet er »weit liberaler« als die deutsche Rechtsprechung. Die Bürger des Schutzes vor übler Nachrede zu berauben, bedeutet jedoch zugleich, jedermann einzuschüchtern und in seiner Freiheit erheblich einzuschränken. Dieses skandalöse Urteil ist also zutiefst illiberal und demokratieschädigend. Es kann darüber hinaus für uns schon deshalb kein Vorbild sein, weil die US-Verfassung keine Schutzklausel für Menschenwürde und Ehre enthält. *Grimm* will diese Rechtsprechung zwar nicht rundweg übernehmen, aber er läßt keinen Zweifel an seiner Vorstellung: Schutz vor übler Nachrede sei »konservativ« in einem pejorativen, illiberalen Sinn des Wortes und deshalb so weit wie möglich zurückzudrängen. Das zeigt eine merkwürdige Blindheit für die Bedeutung, die der Ehrenschutz sowohl für die Freiheit als auch für die Demokratie hat.

4 BVerfGE 7, 198 (208) = NJW 1058, 257.
5 BVerfGE 61, 1 (11f.) = NJW 1983, 1415.
6 BVerfGE 82, 272 (284) = NJW 1991, 95 = NVwZ 1990, 1061 L = NJW-RR 1991, 143 L.
7 NJW 1992, 2073.
8 BVerfGE 82, 272 = NJW 1991, 95 = NVwZ 1990, 1061 L = NJW-RR 1991, 143 L.
9 OLG *Karlsruhe*: AdP 1992, 258.
10 Zit. bei Kiesel: NVwZ 1992, 1129 (1137 Fußn. 85).
11 Strafverteidiger (StrVert) 1992, 268.
12 NJW 1993, 1462.
13 BVerfG, NJW 1992, 1444. Ebenso *BVerfG*, NJW 1992, 2074: Es seien präventive Wirkungen zu vermeiden, die »in künftigen Fällen die Bereitschaft mindern können, von dem Grundrecht Gebrauch zu machen«, mit Verweis auf *BVerfGE* 54, 129 (139); *BVerfGE* 83, 130 = NJW 1991, 1471 = NVwZ 1991, 663 L = NStZ 1991, 188.
14 NJW 1911, 2074.
15 BVerfGE 54, 208 = NJW 1980, 2072.
16 BVerfGE 54, 148 = NJW 1980, 2070.
17 Dies tat z. B. *Augstein*: Der Spiegel v. 4. 5. 1970, S. 240.
18 BGH, NJW 1987, 2225.
19 BVerfGE 61, 1 (9f.) = NJW 1983, 1415.
20 LG Hamburg – 324 O 484/93, *OLG Hamburg* – 3 U 194/93.
21 Die Welt v. 3. 8. 1993.
22 BVerfGE 85, 1 = NJW 1992, 1439 = NVwZ 1992, 766 L.
23 Der Spiegel v. 20. 1. 1992, S. 107.
24 NJW 1993, 1845.
25 LG Köln – 28 0209/93, s. Medienkritik v. 2. 8. 1993, S. 6.
26 BVerfGE 54, 129 (139) = NJW 1980, 2069 – Römerberg.
27 BVerfGE 12, 113 = NJW 1961, 819 – Schmid/Spiegel; *BVerfGE* 24, 278 = NJW 1969, 227 – Tonjäger.
28 *Arzt* JuS 1982, 717 (722).
29 BVerfGE 54, 129 (138) = NJW 1980 2069 – Römerberg.
30 BVerfGE *54, 129 = NJW 1980, 2069.*
31 BVerfGE 82, 43 = NJW 1990, 1980 = NStZ 1990, 383.
32 BVerfGE 82, 272 = NJW 1991, 95 = NVwZ 1990, 1061 L = NJW-RR 1991, 143 L.

[33] BVerfGE 85, 1 (22f.) = NJW 1992, 1439 = NVwZ 1992, 766 L.

[34] Zur Veranschaulichung kann der *Verf.* einen ihn selbst betreffenden Fall berichten. Der Stern zitierte mich mit dem Satz: »Wenn Scheinasylanten Deutschland auf Dauer überschwemmen, wird die Folge ein Absinken auf ein tiefes wirtschaftliches Niveau sein.« So etwas habe ich nie gesagt und wandte mich deshalb an den Chefredakteur des Stern. Dieser teilte mir mit, das Zitat hätte sich in der Bild-Zeitung gefunden. Die Rechtsabteilung des Springer-Verlags habe ihm nunmehr mitgeteilt, ich hätte dem Zitat nicht widersprochen. Ich habe aber davon gar nichts gewußt! Gleichwohl war ich durch die Rechtsprechung des *Ersten Senats* wehrlos gemacht. Ich konnte nur noch an den guten Willen des Chefredakteurs appellieren, klarzustellen, daß es sich um ein falsches Zitat handelt. Darauf ist er nicht eingegangen. Ferner fragte ich den Chefredakteur, warum sich sein Mitarbeiter nicht zuvor an mich gewandt hätte. Auch darauf hat er nicht geantwortet. Drittens wies ich den Chefredakteur auf den Kontext des Falschzitats hin: Der Stern prangerte Leute an, die mit ihrer Agitation gegen Ausländer für die ausländerfeindlichen Ausschreitungen verantwortlich seien. Schon auf der Titelseite hieß es: »Die Brandstifter. Wie deutsche Politiker den Fremdenhaß schüren.« Ich appellierte an seine Ehre, das Falschzitat richtig zu stellen. Er selbst hatte den Bischöfen zu Unrecht Komplizenschaft mit den Rechtsradikalen unterstellt. In Fulda wurde der Bischof während des Gottesdienstes vom Altar gezerrt, getreten und bespuckt. Ich schrieb: »Würden sie eine Kampagne für fair halten, in der es heißt: Herr *Schmidt-Holz* gehöre mit seinen antiklerikalen Ausfällen zu den geistigen Urhebern?« Mit Appellen an Fairneß und Ehre aber stößt man bei Presseorganen, denen man nach Meinung des *BVerfG* guten Glaubens vertrauen darf, auf taube Ohren.

[35] BVerfGE 54, 208 (220) = NJW 1980, 2072.

[36] BVerfGE 7, 198 = NJW 1958, 257 – *Lüth/Harlen.*

[37] BVerfGE 86, 1 = NJW 1992, 2073.

[38] BVerfGE 81, 278 = NJW 1990, 1982.

[39] BVerfGE 81, 298 = NJW 1990, 1985.

[40] BVerfGE 67, 213 = NJW 1985, 261 = NStZ 1985, 211.

[41] Als besonders köstlich galten z. B. die »Nachschlag«-Sendungen des 1. Fernsehprogramms gegen den sächsischen Justizminister *Steffen Heitmann*, der als Kandidat für das Amt des Bundespräsidenten vorgeschlagen war: »*Steffen*, du wirst Präsident, keine Sorge, auf deinen Berliner Amtssitz, da kommt die Reichskriegsflagge drauf, Auschwitz wird internationales Tagungszentrum, und deine Frau wird am Herd festgekettet, wenn sie für dich Königsberger Klopse macht.« Oder – an *Heitmanns* Mutter gewandt, die ihn hätte abtreiben sollen: »Schade, Frau *Heitmann*, diesen Kandidaten hätten Sie rechtzeitig verhindern können.« Der um eine Stellungnahme gebetene Intendant verstand die Welt nicht mehr: Was soll denn daran zu beanstanden sein?

[42] DtZ 1994, 67.

[43] NVwZ 1992, 1129 (1137).

[44] NJW 1993, 2157.

[45] NJW 1993, 1835f. Verfassungsrichter *Grimm* hält dem entgegen (ZRP 1994, H. 7, S. 276ff.): Zwar berge die fallbezogene Abwägung Unsicherheiten, doch die dogmatische Struktur sei »durchsichtig und verläßlich, und auch der Anwalt kann die Voraussetzungen erkennen, unter denen die Erfolgsaussichten für seinen Mandanten groß oder klein sind«. Gewiß, und er erkennt in aller Regel: Sie sind so minimal geworden, daß er von einem Ehrenschutzprozeß nur noch abraten kann.

[46] Eingehender *Kriele*, in: Recht, Vernunft, Wirklichkeit, S. 51f. In der Sprache von Verteidigern dieser »Recht«-sprechung sind Rufmordopfer »von einer Meinungsäußerung unangenehm Betroffene« (ZRP 1994, 279). Vgl. auch die Ausdrucksweise Grimms o. Fußn. 3.

[47] In der Sprache von Verteidigern dieser »Recht«-sprechung sind Rufmordopfer »von einer Meinungsäußerung unangenehm Betroffene« (ZRP 1994, 279). Vgl. auch die Ausdrucksweise *Grimms* (o. Fußn. 3).

*Josef Isensee*

# Bundesverfassungsgericht – quo vadis?*

## I.

»Domine, quo vadis?« Die Frage stellt der Apostel Petrus, als der Herr in seiner Abschiedsrede ankündigt, er werde hingehen, wohin seine Jünger ihm nicht folgen könnten. Im authentischen Kontext von Joh 13, 36 ist die Frage Ausdruck der Furcht des Jüngers, vom Meister verlassen zu werden, und der Ratlosigkeit angesichts seiner unerforschlichen Wege. Wie die mittelalterliche Legenda Aurea berichtet, fragt Petrus später erneut bei einer visionären Begegnung vor den Toren Roms: »Herr, wo gehst Du hin?«, just da er selber den falschen Weg einschlägt und im Begriff ist, sich von seiner Sendung abzukehren. Heute, da die ursprüngliche Bedeutung weithin vergessen und das Zitat abgenutzt ist, nimmt die Frage einen anderen Sinn an: daß die Person, an die sie sich richtet, die Orientierung verlieren und ihrer Bestimmung untreu werden könne.

Bundesverfassungsgericht – quo vadis? In der Frage des Deutschen Juristentages schwingt von allem etwas mit: Ergebenheit vor einer magistralen Einrichtung und Respekt vor ihr, Schmerz, nicht mehr folgen zu können, Besorgnis, das Gericht komme ab von seinem bisher richtigen Weg, Anflug von Verzweiflung, aber auch unerschütterliche Hoffnung und Einsicht in die Unausweichlichkeit des Vertrauens.

Die Assoziation von Petrus auf das Bundesverfassungsgericht drängt sich geradezu auf: vom höchsten Hirtenamt auf jene verfassungsstaatliche Instanz, die über sich nur noch den rechtssprichwörtlichen Him-

* Vortrag gehalten auf dem Deutschen Juristentag 1996.

mel weiß; die über die Schlüssel der Verfassungsinterpretation verfügt, verfassungskräftig löst und bindet, die sich über den Status eines Gerichts erhebt zum obersten Lehramt, dessen Sprüche weithin weniger den Duktus eines Gerichtsurteils erkennen lassen als den einer Enzyklika.

## II.

Verfassungshistorisch gesehen, ist die Entwicklung einer Autorität, wie sie das Bundesverfassungsgericht verkörpert, geradezu unwahrscheinlich. Ihr stellen sich eine Vielzahl herkömmlicher und moderner Grundsatzbedenken in den Weg: daß Verfassungsauslegung durch ein Verfassungsgericht nicht Rechtsprechung sei, sondern Gesetzgebung, letztlich sogar sukzessive Verfassungsgebung; daß sie die Politik juridifiziere und die Justiz politisiere, wobei die Politik nichts zu gewinnen, die Justiz aber alles zu verlieren habe; daß sie Fortsetzung sei der Politik mit anderen Mitteln; daß die Demokratie mutiere zum Jurisdiktionsstaat; daß die Verfassungsrichter Gefangene seien ihres politischen und sozialen Vorverständnisses. Über alle Weimarer und Vorweimarer Einwände setzt sich das Grundgesetz mit klarer Entscheidung für das Bundesverfassungsgericht hinweg. Die Zweifel neuerer Rechts- und Staatstheorie werden überrollt durch die Praxis. Das theoretisch Unmögliche wird Realität in einer Erfolgsgeschichte, die ohnegleichen ist. An der Institution des Bundesverfassungsgerichts bricht sich auch der antiinstitutionelle Affekt der Kulturrevolution. In autoritätsskeptischer Gesellschaft entwickelt sich echte Autorität.

Im Grundgesetz unterwirft sich das deutsche Gemeinwesen der Herrschaft des Rechts. Doch das Recht herrscht nur in Interpretation. Quis interpretabitur? Die hobbesianische Urfrage nach dem Interpreten der Norm überlagert und präjudiziert die Frage nach deren Inhalt. Der Charakter der Verfassung wird wesentlich bestimmt durch die Instanz, die im Konfliktfalle interpretiert. Das Grundgesetz übernimmt nicht die Lösung der englischen Tradition, dem Parlament, und nicht die der französischen, dem Staatsoberhaupt das Recht des letzten Wortes zu geben. Es mißtraut der Legislative wie der Exekutive gleichermaßen und läßt nicht zu, daß die handelnden Gewalten in eigener Sache über die verfassungsrechtlichen Maßstäbe disponieren, denen sie unterworfen sind. Das konstitutionelle Vertrauen wendet sich der dritten Gewalt zu, die institutionelle Distanz wahrt zu dem Handeln, das sie kontrollieren soll; die außerhalb des politischen Machtwettbewerbs steht, dessen demokratische Spielregeln und rechtsstaatliche Grenzen sie definieren, und die nicht in den Konflikt verstrickt ist, den sie entscheiden soll.

In der Interpretation durch das Bundesverfassungsgericht entwickelt sich das Grundgesetz als echte Rechtsnorm zu praktischer Wirksamkeit. Ein jeder Bürger kann das Grundgesetz beim Wort nehmen. Es behauptet seinen Vorrang vor allen Akten der Staatsgewalt. Die Herrschaft des Rechts wird Realität. Die Republik nimmt Züge eines Juristenstaates an. Im allgemeinen Verständnis wird die Verfassung in eins gesetzt mit der Auslegung, die sie durch das Bundesverfassungsgericht erfährt. In dieser entwickelt sich das winzige Senfkorn des Verfassungstextes zum üppigen Baum, der stetig weiter auslädt, sich dichter verzweigt und den ganzen staatlichen Raum überschattet.

Das Bundesverfassungsgericht ist in seiner Funktion nicht Beiwerk des grundgesetzlichen Verfassungsstaates, sondern lebenswichtiges und unersetzbares Organ. Eine Funktionsstörung zöge das ganze Gemeinwesen in Mitleidenschaft. Sie böte niemals eine Rechtfertigung dazu, die Existenz des Bundesverfassungsgerichts von Grund auf in Frage zu stellen und Fundamentaleinwände von vorgestern zu reanimieren.

Das Bundesverfassungsgericht trägt Verantwortung für das ganze Staats- und Rechtsleben. Außen- und Europapolitik, klassische Reservate der Exekutive, unterwerfen sich seiner Kontrolle. Sogar der verfassungsändernde Gesetzgeber hat das Karlsruher Verdikt des verfassungswidrigen Verfassungsrechts zu fürchten. Das Bundesverfassungsgericht aber fürchtet keinen staatsorganisatorischen Widerpart. Auch nicht die Staatsrechtslehre, die als Magd der Verfassungsgerichtsbarkeit agiert, eine solche, die (frei nach Kant) ihr die Schleppe hinterherträgt, statt, wie es eigentlich ihres wissenschaftlichen Amtes wäre, ihr mit der Fackel voranzuleuchten.

Die Kompetenzausstattung des Bundesverfassungsgerichts ist historisch einzigartig. Kompetenz ist das juristische Wort für Macht, genauer: sie ist eine rechtlich definierte Parzelle der Macht. Angesichts der Kompetenzfülle mag man also von Richtermacht reden. Richterwahlen können die Gestalt der Republik auf Dauer nachhaltiger prägen als Parlamentswahlen. Dennoch ist die Richtermacht wie zu Montesquieus Zeit noch heute »en quelque façon nulle«. Denn dem Bundesverfassungsgericht fehlt die Befehls-, Initiativ- und Vollstreckungsgewalt, wie sie anderen Staatsorganen eignet. Es ist angewiesen auf den Rechtsgehorsam der Amtsträger und Bürger, den es von sich aus nicht erzwingen kann. Das eben ist das Paradoxon grundgesetzlicher Gewaltenteilung: daß die höchste Entscheidungskompetenz beim schwächsten aller Organe liegt, dem fragilsten von allen. Seine Mittel sind Wort, Argument, Urteil. Seine Macht, so sie denn Macht ist, liegt im Vertrauen der Allgemeinheit. Ist es auch nicht rechtlich abhängig vom Wahlvolk, so muß es sich doch im tagtäglichen Plebiszit des Vertrauens behaupten, ohne anders für sich werben zu können als durch die juristische Überzeugungskraft seiner Judikate. Das Bundesverfassungsgericht hat sich in Jahrzehnten Akzeptanz in reichem Maße erworben. Doch es kann sich ihrer niemals sicher sein.

## III.

In kurzer Zeit ist das Vertrauen, das in Jahrzehnten aufgebaut worden war, jäh abgestürzt, Zustimmung umgeschlagen in Ablehnung, Respekt in Geringschätzung, Bewunderung in Schelte. Die Kritik, die sich an den »Mörder«- und Kruzifix-Beschlüssen[1] entzündet, greift über auf weitere Judikate, schließlich auf Besetzung und Bestand des Gerichts selbst. Sie kommt nicht allein und nicht primär aus der politischen Klasse. Zunehmend zeigen sich die Fachgerichte verstört. In bisher nie gekannter Tiefe und Breite regt sich Protest in der Bürgerschaft. Die spektakulären Judikate sind nicht Ursache im thukydideischen Sinne, sondern nur Anlaß: Funken in das Pulverfaß lange aufgestauten Unmuts und Widerwillens. Die herkömmliche Bereitschaft, die Verfassung mit ihrer höchstamtlichen Interpretation unbesehen zu identifizieren, nimmt ab; zwischen beiden reißen Widersprüche auf. Über Nacht, so mag es scheinen, findet sich das Bundesverfassungsgericht in ähnlicher Lage wie das Papsttum bei Ausbruch der Reformation.

Widersacher und Befürworter der neueren Judikatur stimmen überein: das Bundesverfassungsgericht stecke in der Legitimationskrise.

Doch decken sich Wahrnehmung und Wirklichkeit? Ist die Krise nur eingebildet oder nur herbeigeredet? Handelt es sich nicht um Reibungen, wie sie das Gericht seit seinen Anfängen immer wieder hat aushalten müssen und aus denen es jedesmal gestärkt hervorgegangen ist? Handelt es sich nicht um den legitimen und heilsamen Antagonismus, aus dem der Verfassungsstaat lebt und sich ständig erneuert? Ist die Krise, so sie denn eine ist, nicht eher eine Krise der Kritiker als eine solche des Gerichts? Ist das Gericht Opfer, nicht etwa Störer? Muß man den Spieß unseres Themas nicht umdrehen: »Quo vadis, Bavaria?«

Aufs Ganze erweist sich das Bundesverfassungsgericht funktionstüchtig wie eh und je. Das Gros der Sprüche wird akzeptiert. Die Flut der Verfassungsbeschwerden, die das Gericht in Kapazitätsnot bringt, geht nicht zurück. In den Bürgerklagen aber strömen dem Gericht weiterhin Vertrauensbeweise zu. Die Legitimationsquellen sind nicht versiegt. Die Kapazitätskrise relativiert den Befund der Legitimationskrise; aber sie dementiert ihn nicht. Sie darf auch nicht von ihr ablenken.

Beschränkt sich das Neue nur darauf, daß Kritik und Apologetik heute die Lager gewechselt haben, die Rollen von Bock und Gärtner vertauscht sind, daß, wer gestern ohne geschmackliche Hemmungen gegen Abtreibungs- und Kernkrafturteile polemisierte und heute auch gegen die Urteile zum Asylkompromiß zu Felde zieht, von den Kritikern der »Mörder«- und Kruzifix-Beschlüsse Mäßigung und Stil anmahnt, indes, wer gestern von anderen Rechtsgehorsam einforderte, heute von diesen daran erinnert wird?

Die Polarisierungs-Judikate bringen ein Gutes: Nun begreifen alle Seiten, daß der Rechtsgehorsam für alle unausweichlich ist, daß er nicht obrigkeitsstaatliches Fossil ist (»autoritärer Legalismus«), sondern Bedingung des Rechtsfriedens. Grundrechtliche Freiheit, demokratische Teilhabe und rechtsstaatliche Schutzgarantien mindern den Bedarf an Rechtsgehorsam, verzögern seinen Eintritt – aber sie heben seine Notwendigkeit nicht auf. Spätestens bei der Instanz des letzten Wortes wird sie spürbar. Der Verfassungsstaat bewährt seine Freiheitlichkeit dadurch, daß er nur Befolgung verlangt, nicht Zustimmung, daß er auf äußeres Verhalten abstellt, nicht auf Gesinnung. Dem einzelnen Bürger steht es frei, ob er die Norm, der er folgt, innerlich annimmt oder ablehnt.

In verfassungsstaatlicher Normalität ist kein Raum für legitimen

Ungehorsam. Ein Widerstandsrecht lebt nur auf im Grenzfall des schweren und offenkundigen Unrechtsaktes, in dem das Maß des Rechtsbruchs den Wert des Rechtsfriedens erheblich übersteigt. Der Grenzfall kann auch für Akte des Bundesverfassungsgerichts nicht ausgeschlossen werden, wenn man das Gericht beim Wort nimmt.[2] Das höchste Gericht kann irren, aber seine Kritiker auch. Quis iudicabit? In der verfassungsstaatlichen Friedensordnung entscheidet der staatliche Richter. Das aber gibt keinen Freibrief. Das Gericht hat Judiz und Argumentationskraft anzustrengen, um Akzeptanz zu erlangen, und nicht auf Gehorsamspflicht zu bauen. Eine englische Maxime der Politik weist den Weg: Die Amtsinhaber sollten handeln, als gäbe es das Widerstandsrecht, die Bürger, als gäbe es das nicht.

## IV.

Das Bundesverfassungsgericht ist nicht exemt von Kritik, weder von fachlich-juristischer noch von politischer. Es bedarf ihrer, und es verträgt sie. Zu den Lehren, mit denen es die junge deutsche Demokratie versehen hat, gehört, daß Kritik Lebenselixier eines freiheitlichen Gemeinwesens, gemeindienlich und staatstragend ist. Das gilt in besonderem Maße für Kritik am Bundesverfassungsgericht selbst. Da es nicht der institutionellen Kontrolle eines Staatsorgans unterliegt, muß die offene Kontrolle aus der Gesellschaft für die notwendige Balance sorgen.

Mit seiner Rechtsprechung zur Meinungs- und Kunstfreiheit hat das Gericht hergebrachte rechtliche Regeln, welche die politische Auseinandersetzung temperieren könnten, beiseite geschoben, damit niemand sich gehemmt fühle, sich an ihr zu beteiligen.[3] Nun richtet sich die levée en masse wider das Bundesverfassungsgericht selbst. Ungehemmte Entladungen von Bürgerzorn und -protest dürfen das Gericht nicht befremden.

Stilverfall macht noch keine Legitimationskrise. Freilich macht es einen Unterschied, ob sich Private äußern oder Amtsträger. Die unvergessene Fäkalinjurie, die während des Verfahrens über den Grundlagenvertrag den Karlsruher Richtern aus dem Regierungslager entgegenflog, ist noch nicht übertroffen worden. Das Gericht ist abgehärtet seit des ersten Bundesjustizministers Invektive, das Bundesverfassungsgericht sei in erschütternder Weise vom Wege des Rechts abgewichen. Thomas Dehler sollte übrigens darüber letztlich sein Amt verlieren. Daß sein Schicksal sich seither für keinen Amtsträger der Bundesrepublik wiederholt hat, beweist nicht, daß die Umgangsformen sich gebessert hätten. – Neu ist aber der distanziert-ironische Ton, in dem ein Oberlandesgericht Vorgaben aus Karlsruhe befolgt.[4] Befremdlich, doch kein Alarmzeichen.

Alarmierend ist dagegen die Kritik, die das Bundesverfassungsgericht aus seinen eigenen Reihen erfährt. Unterlegene Richter nutzen das Sondervotum dazu, die »Senatsmehrheit« oder den »Senat«, in Wahrheit: das Bundesverfassungsgericht zu rezensieren. Sinn des Sondervotums kann es nur sein, die abweichende Meinung kundzutun, nicht aber einen Verriß der Entscheidung, vollends nicht deren einseitige Umdeutung. Daß die Alternative für sich darstellbar und nicht auf Polemik angewiesen ist, beweisen so manche Sondervoten (etwa das zu »Reiten im Walde«).[5] Neuerdings geraten die Voten zu immer kräftigerer Urteilsschelte. Sie werfen dem »Senat«, also dem Bundesverfassungsgericht, vor, es verletze das Minimum der Logik (»um so unschlüssiger«)[6]; argumentiere »inhaltsleer und ohne Überzeugungskraft«[7]; stelle die Rechtsprechung »auf den Kopf«[8], unterlaufe Verfassungsgrundsätze, verkehre sie in ihr »exaktes Gegenteil«[9] und »hebele« die Verfassungsorgantreue aus[10]; leiste der »Veränderung des vom Grundgesetz festgelegten gewaltenteiligen Verhältnisses zwischen Gesetzgeber und Verfassungsgericht weiter Vorschub«[11]; etabliere sich gegenüber dem Gesetzgeber »als autoritativer Praeceptor«[12]; die vom Gericht ausdrücklich ausgewiesenen »tragenden Gründe« lägen in Wahrheit außerhalb des Streitgegenstandes.[13] Letztlich wird insinuiert, das Gericht handele ultra vires, also unbeachtlich. Wie können dergestalt delegitimierte Urteile noch auf allgemeine Akzeptanz hoffen? Der wohlfeile Beifall, den der Dissenter erntet, die Drewermann-Prämie, geht auf Kosten der Institution. Der schneidige Verriß, der in der Literatur legitim und erfrischend wäre, bedeutet im offiziell publizierten Votum des Richters Aufkündigung von Amtsloyalität, forensische Selbstzerstörung. Quod licet bovi, was niederen Lebewesen wie den Rezensenten in der juristischen Fachzeitschrift wohl ansteht, non licet Iovi, ist den Göttern des Karlsruher Olymps versagt.

V.

Wer den tieferen Gründen der Vertrauenskrise nachspüren möchte, muß differenzieren. Mit grobem Raster lassen sich drei Spannungsfelder der Verfassungsgerichtsbarkeit ausmachen:

- zum politischen Prozeß,
- zum Rechtsbewußtsein der Bürger,
- zur Fachgerichtsbarkeit.

Hier zeigen sich unterschiedliche Bilder: intakte Normalität, dramatische Explosion, stille Deformation von Strukturen.

VI.

Normalität waltet heute praktisch ungestört, wo am ehesten Störung zu gewärtigen wäre: zwischen dem Bundesverfassungsgericht und den Faktoren des politischen Prozesses, Parlament und Regierung, aber auch den Machteliten und Einflußprätendenten im gesellschaftlichen Raum. Hier besteht natürliche Spannung, die um der Freiheit und um des Rechtes willen nicht aufzulösen, sondern durchzuhalten ist. Es ist verständlich, daß die politischen Kräfte sich immer wieder aufbäumen gegen verfassungsgerichtliche Zügel. Der Vorrang der Verfassung bleibt gewahrt, wenn das Gericht die Zügel nicht fallen läßt. Diese Bedingung ist jedoch permanent prekär: Es muß Distanz halten zu den politischen Mächten und darf nicht in Abhängigkeit zu ihnen geraten. Das Menetekel, das über ihm steht, heißt: politische Justiz.

Die deutsche Politik ist zutiefst verfassungsbedürftig, weil die Verfassung die stetige und verläßliche Konsensquelle des Gemeinwesens ist. Das Grundgesetz muß in Deutschland ersetzen, was in Staaten mit ungebrochenem Selbstbewußtsein historische, kulturelle, nationale Momente zum inneren Zusammenhalt beitragen. Die politischen Kräfte erhoffen immer wieder Belehrung, Anregung und Entlastung durch Karlsruher Judikate. Unter den Parteien findet ein Überbietungswettbewerb statt in der selektiven Erfüllung jeweils genehmer Karlsruher Sentenzen. Verfassungsrechtlich legitim betreiben sie ihrerseits Verfassungsauslegung, um ihre Sach- und Machtinteressen verfassungsrechtlich zu überhöhen. Es kann List verfassungsrechtlicher Vernunft sein, wenn der politische Konflikt auch als Verfassungskonflikt ausgetragen und einer verfassungsrechtlichen Klärung zugeführt wird, daß dem politischen der forensische Diskurs nachgeschaltet und, wie immer die Sache ausgeht, eine zusätzliche Befriedungschance erschlossen wird. Befriedung hat das Gericht gerade in den letzten Jahren immer wieder erfolgreich erzielt. Man denke an so heikle Materien wie Arbeitskampfneutralität, Warteschleife, Bundeswehreinsätze, Asylkompromiß.

Gefahr droht nicht von politisch motivierten Klageanträgen; zuweilen aber droht sie vom Unterlassen einer verfassungsgerichtlichen Klärung in verfassungsheiklen Fragen, wenn alle politischen Akteure sich präterkonstitutionell arrangieren, so Bund und Länder über die Kompetenzgrenzen hinweg und an der Finanzverfassung vorbei, oder wenn der parlamentarische Antagonismus von Regierung und Opposition praktisch ausfällt wie bei der Ratifikation des Maastrichter Vertragswerkes und die Unruhe der Bevölkerung keinen parlamentarischen Anwalt findet. Im letzteren Fall hat die Verfassungsbeschwerde wenigstens den offenen Diskurs eröffnet und durch Injektion verfassungsstaatlicher Rationalität für innerstaatliche Befriedung gesorgt und (allen europarechtlichen Einwänden zum Trotz) der supranationalen Evolution Grenzmarken gesetzt.[14] Nicht immer vermag jedoch die Verfassungsbeschwerde (in noch so weitherziger Zulassung) die Kontrollücke zu schließen, wenn die politische Klasse sich in verfassungsrechtlich prekären Fragen einig verhält.

Im Selbstmitleid der politischen Klasse erscheint das parlamentarische Regierungssystem als Gulliver im Zwergenland der Jurisdiktionen, gefesselt durch immer engere Zwirnsfäden. Doch sie klagt, ohne zu leiden. Dieser Gulliver weiß seine richterrechtlichen Bande zu dehnen, zu straffen, bei Bedarf, ihnen zu entschlüpfen oder, wo es keine gibt, sie zu simulieren.

Als die deutsche Außenpolitik sich bei der Out-of-area-Frage im selbstgefertigten Netz ihrer Verfassungsargumente hoffnungslos verfangen hat, befreit sie das Bundesverfassungsgericht und gibt ihr Bewegungsfreiheit wie außenpolitische Verantwortung zurück. Einmal als Nothelfer gerufen, füllt es eine nunmehr spürbare Verfassungslücke und statuiert einen ungeschriebenen Parlamentsvorbehalt, wie ihn der verfassungsändernde Gesetzgeber nicht funktionsgerechter hätte bestimmen können.[15] Wahrhaft salomonische Weisheit, die man allerdings nicht juridisch hinterfragen sollte.

Freilich nehmen die Karlsruher Vorgaben zu. Heute tut sich selbst der verfassungsändernde Gesetzgeber mit Zweidrittelmehrheit schwer, Verfassungsrichterrecht abzulösen durch neues Verfassungsgesetzesrecht, wie die komplizierte Formulierung des Asylkompromisses zeigt. Doch wo deutsche Politik sich immobil erweist, ist es nicht Richterrecht, das sie lähmt. Die politischen Kräfte sind zu robust, zu ursprunghaft, zu regsam, als daß sie sich auf Präjudizienvollzug reduzieren ließen. Auf der anderen Seite stutzt das Bundesverfassungsgericht von sich aus den gesetzlichen Bindungsanspruch zurück dadurch, daß es nicht auf einem starren Normwiederholungsverbot besteht.[16]

Es baut dem Gesetzgeber eine goldene Brücke, die Abtreibungsfrage über den ethischen Grunddissens hinweg verfassungsmäßig zu regeln. Die engen Vorgaben zur Beratungslösung hätten die Politik nicht belasten müssen, betreffen sie doch nur die äußerste Grenze einer möglichen Rücknahme der grundrechtlichen Schutzpflicht für das ungeborene Leben und gründen sie doch auf der Erfahrung, daß gerade in deren Erfüllung der Gesetzgeber bisher wenig Eifer zu grundrechtspolitischer Optimierung gezeigt hat.[17] Die Vorsicht hat nicht verhindert, daß der Bundesgesetzgeber auch diese Vorgaben in einem wesentlichen Punkt unterläuft, indes der bayerische Gesetzgeber, der sie realisieren will, mit der Intention des Bundesgesetzgebers in Konflikt gerät. Wer in diesem Satyrspiel ist verfassungstreu?

Das Bundesverfassungsgericht übt heilsamen Druck auf den Gesetzgeber aus, wo er, aus Indolenz oder aus Timidität, heikle Gesetzgebungsaufträge der Verfassung nicht erfüllt. So den ungeschriebenen Auftrag, das Normenchaos der Steuergesetze, das durch kurzatmige fiskal- und klientelpolitische Maßnahmen stetig vergrößert wird, abzulösen durch ein gerechtes, in sich folgerichtiges, transparentes Steuerrecht. Hier ist es das Bundesverfassungsgericht, das, nicht auf Wählergunst angewiesen, die verfassungsrechtlichen Systemgedanken der Belastungsgerechtigkeit herausarbeitet und die bisher offene Flanke grundrechtlicher Freiheitsgewähr gegenüber der Steuergewalt schließt.[18] Daß die Erschließung der verfassungsrechtlichen Vorgaben aus den Freiheits- und Gleichheitsgrundrechten des großen systematischen Ausgriffs bedarf, ist leicht zu begreifen.

Alles in allem sind in mehr als vier Jahrzehnten die Akteure des politischen Prozesses und das Bundesverfassungsgericht aufeinander eingespielt. Die Gewaltenteilung zwischen tätigen und kontrollierenden Organen ist intakt.

## VII.

Ein völlig anderes Bild als die politische Klasse ergibt die Bürgerschaft im Wirkungsbereich der Judikatur zu Drogen[19], Sitzblockaden[20], Ehrenschutz[21], Kruzifix[22]. Die inhaltliche Auseinandersetzung mit diesen Entscheidungen ist hier nicht das Thema, auch wenn ich aus meinem Herzen keine Mördergrube mache. Zu fragen ist aber, wieso die Entscheidungen so verheerend auf die Akzeptanz wirken.

Der Protest kommt von unten, nicht von der politischen Klasse, die ihn je nach Standort aufnimmt oder bekämpft, auch nicht von den habituellen und professionellen Trägern unserer hochentwickelten Protestkultur, sondern von der »schweigenden Mehrheit«, jenen Bevölkerungskreisen, denen Staats- und Verfassungsloyalität im allgemeinen so selbstverständlich ist, daß sie darüber kein Wort verlieren.

Anders als beim Streit um die Abtreibung gingen hier den Judikaten keine Gesetzgebungsverfahren und keine öffentlichen Debatten voraus. Alles spricht dafür, daß das Parlament auch keines der Themen hätte aufgreifen und im Ergebnis gleich entscheiden wollen. Die Beschlüsse wirken als Handstreich. Das Bundesverfassungsgericht agiert nicht als Verteidiger elementarer Rechtsgrundsätze, sondern als selbstherrlicher Beweger. Eben deshalb zieht es die ganze Wucht des Widerspruchs auf sich.

Doch haben die vielen, die protestieren, die komplizierten Judikate, gegen die sie sich richten, überhaupt verstanden? Resultiert die Protestwelle nicht bloß aus Mißverständnissen? Läßt sich die Legitimationskrise letztlich zurückführen auf eine Wahrnehmungskrise?

In der Tat sind die polarisierenden Entscheidungen vergröbert, verzerrt und selektiv aufgenommen worden. Angesichts der komplizierten Texte braucht sich darüber niemand zu wundern. Generell stellt sich die Frage, ob die immer mehr verfeinerte Grundrechts-Judikatur mit ihren Vorbehalten und Abwägungen für die Bürger, die sie existentiell angeht, überhaupt noch verstehbar ist, ob sie nicht an innerem Publizitätsdefizit leidet. Hier ist es nicht getan mit Ratschlägen zu professioneller Pressearbeit, zu Intensivierung richterlicher Interviewtätigkeit, vielleicht auch zu mehr redaktioneller Sorgfalt bei der Abfassung der Entscheidungen.

Dennoch: über alle Apperzeptionsschwierigkeiten hinweg hat die Öffentlichkeit jeweils den richtigen Kern begriffen. Das gilt gerade für die »Soldaten-sind-Mörder«-Beschlüsse, bei denen der Ehrenschutz für Soldaten dem Grunde nach zwar aufrechterhalten, jedoch durch vielfältige Kautelen weitgehend blockiert wird. Beim Kruzifix-Beschluß mit seinem Sentenzengemisch ist der rechtsethische Stachel deutlich erkennbar. Was von den Judikaten »überkommt«, erklärt hinreichend, warum ein schlichtes Bürgergemüt entgeistert ist, das bisher das Grundgesetz in Übereinstimmung mit seinem Rechtsbewußtsein wähnte, das die Grundrechte als Schutz vor unsittlichem Recht verstand und vor staatlichem Übergriff in das, was ihm heilig ist, und das nun erfährt, daß im Namen der Grundrechte der Soldat der schlimmsten Diffamierung preisgegeben und daß das Kreuz, Symbol des Christentums, der kulturellen Identität Europas und seiner sittlichen Ideale, aus der Schule entfernt wird. Haben die Deutschen nicht Jahrzehnte hindurch immer wieder zu hören bekommen, daß unsittliches Recht von vornherein unverbindlich sei? Gilt das nicht auch für das vom Bundesverfassungsgericht gesprochene Recht?

Am Gericht kann hier verzweifeln, wer es als moralische Instanz sieht, wie Rudolf Smend es 1962 darstellte in seinem Festvortrag zur Feier des zehnjährigen Bestehens, wohl unter stillem Beifall der anwesenden Richter: »Es kämpft um die Herrschaft des Rechten und Guten, indem es diese höchsten Werte ausdrücklich zur Grundlage seiner Entscheidungen macht.«[23] Smends These mag heute naiv wirken oder überzogen, eben ein Festredenkompliment. Illusionslose Alltagsjurisprudenz winkt hier ab: das »Rechte und Gute« verstehe sich heute nicht mehr von selbst; in der pluralen Gesellschaft streite man darüber legitim; die Entscheidungen des Bundesverfassungsgerichts legitimierten sich nicht aus dem »Rechten und Guten«, sondern aus Kompetenz und Verfahren: auctoritas, non veritas facit iudicium.

Der Verfassungspositivist mag sich mit dieser Antikritik zufriedengeben. Zurück bleibt aber materialer Grunddissens, mit ihm eine tragische Wunde des Rechtsbewußtseins und die Frage nach dem Warum.

VIII.

Unspektakulär, aber nachhaltig wirkt das Bundesverfassungsgericht ein auf die Fachgerichtsbarkeit, über sie auf die Evolution des einfachen Rechts.

1. Es bedarf keiner Ausführung, daß das einfache Recht und seine fachgerichtliche Handhabung an die Verfassung gebunden sind. Verfassungsgerichtliche Ingerenzen sind unvermeidlich. Sie beeinflussen die Rechtsentwicklung, alles in allem, heilsam, setzen die Grundrechte um in den verschiedenen Rechtsgebieten, vom Arbeitsrecht bis zum Zwangsvollstreckungsrecht, bringen Erstarrtes in Bewegung, brechen Abkapselung auf, binden Auseinanderstrebendes zusammen und stellen die innere Einheit der Rechtsordnung, die in ihre Einzelteile zu zerfallen droht, wieder her aus der Mitte der Verfassung.

Doch kann das Bundesverfassungsgericht deshalb jede Rechtsmaterie an sich ziehen? Praktisch bejaht es die Frage, trotz semantischer Vorbehalte, und tut sich darin leicht, weil es letztverbindlich qualifiziert, ob und wieweit eine Rechtsfrage verfassungsrechtlicher Natur ist.

Angesichts der potentiellen Allgegenwart der Verfassung fungiert das Bundesverfassungsgericht nicht als Fachgericht unter Fachgerichten – Fachgericht für Verfassungsrecht –, sondern als Universalgericht.

2. Als solches ist es gefeit vor Introvertiertheit des Spezialistentums, nicht aber vor Introvertiertheit des Generalistentums, vor dem Ehrgeiz, das Rad neu zu erfinden, vor der Gefahr, die Eigengesetzlichkeit des einfachen Rechts zu verkennen und die gewachsene Rechtsprechungskultur ohne Not zu beeinträchtigen. Es schiebt die in Jahrzehnten entwickelte strafrechtliche Judikatur zum Nötigungstatbestand beiseite, deutet den Gesetzestext in der Sitzblockadenfrage nach eigener Fasson um und läßt ihn am Gebot der gesetzlichen Vorab-Bestimmtheit scheitern[24], obwohl eine traditionsgefestigte fachgerichtliche Konkretisierung auch dem weit gefaßten Gesetz mehr an rechtsstaatlicher Berechenbarkeit zuführt, als die dichteste Neuregelung es vermochte, vollends mehr als Vorgaben des Bundesverfassungsgerichts.

3. Heikler noch sind die Interventionen in das bürgerliche Vertragsrecht.[25] Dieses steht heute unter Kuratel des Bundesverfassungsgerichts. Es beansprucht die Zuständigkeit zur inhaltlichen Kontrolle der Verträge. Vertragliche Pflichten, so sagt es, hätten nur Bestand, soweit nicht soziales (strukturelles) Ungleichgewicht zwischen den Vertragsparteien herrsche.[26] Nunmehr hat jedwede bürgerlichrechtliche Vertragsklausel die verfassungsrechtliche Überprüfung am lapidaren Vorbehalt der sozialen Ungleichgewichtigkeit zu gewärtigen.

Wo die Voraussetzung des sozialen und wirtschaftlichen Gleichgewichts fehlt, beansprucht das Bundesverfassungsgericht selber die Kompetenz zur Vertragskorrektur, damit »nicht nur« das Recht des Stärkeren walte.[27] Pro forma operiert das Bundesverfassungsgericht mit den Generalklauseln des Bürgerlichen Gesetzbuchs.[28] Praktisch aber bewegt sich die einschlägige Judikatur am Vorbehalt des Gesetzes vorbei und mißt das Vertragsrecht unmittelbar an Deduktionen aus der Verfassung. Das soziale Staatsziel, wie es das Grundgesetz hochabstrakt formuliert, bietet dazu nicht die Ermächtigung, weil es nicht unmittelbar den Bürger verpflichtet oder berechtigt, sondern der Vermittlung und Umsetzung bedarf durch Gesetz. Wo die sozialen Voraussetzungen der Vertragsfreiheit fehlen, hat der Gesetzgeber für Kompensation zu sorgen, wie er sie beim arbeits- und mietrechtlichen Kündigungsschutz oder im Recht der Allgemeinen Geschäftsbedingungen auch leistet.[29]

Daß das privatrechtliche Gesetz und seine fachgerichtliche Interpretation an die Grundrechte gebunden sind, ergibt sich unmittelbar aus dem Text des Grundgesetzes (Art. 1 Abs. 3 GG). Aber die Bindung erfaßt nicht die Vertragsparteien. Sie üben grundrechtliche Freiheit aus. Die Grundrechte bilden keine Schranke der Privatautonomie, sondern deren Grundlage. Sie garantieren nicht die inhaltliche Richtigkeit der Verträge.

Aus gerichtlicher Sicht wird der vertragliche Konflikt umgedeutet in einen grundrechtlichen Konflikt, den das Gericht durch Konkordanz beilegen möchte. Die Vertragsparteien erscheinen in den Rollen von Täter und Opfer, gleichsam in deliktischer Konstellation, wie sie der grundrechtlichen Schutzpflicht vorausliegt. Die bürgerlich-rechtlichen Positionen figurieren nunmehr als grundrechtliche, in der Regel als solche des Eigentums, mit der Folge, daß Vermieter und Mieter, beide

Eigentümer im grundrechtlichen Sinne[30], in ein verfassungsrechtliches Patt geraten, aus dem, kraft Vorrangs der Verfassung, wiederum nur Abwägung nach dem Grundsatz der Verhältnismäßigkeit befreien soll. Direktive des Bundesverfassungsgerichts: »Die kollidierenden Grundrechtspositionen sind in ihrer Wechselwirkung zu sehen und so zu begrenzen, daß sie für alle Beteiligten möglichst weitgehend wirksam werden.«[31] Die posthegelianische Dialektik ist ziemlich vertrackt für ein Zivilgericht. Dem Vertragsrecht wird die Rechtsunsicherheit geradezu implantiert.

Die bisherigen Einzelergebnisse der Zivilrechtsjudikatur des Bundesverfassungsgerichts sind vielleicht alle gerecht und billig.[32] Doch die Entscheidungsebene ist verfehlt. Das Bundesverfassungsgericht greift von oben und von außen in die fachgerichtliche Entwicklung ein, entscheidet ohne hinreichend sichere Maßstäbe zivilrechtliche Kontroversen und überhöht bestimmte Positionen zu Quasi-Verfassungsrang.

Auf Dauer führt die bundesverfassungsgerichtlich vermittelte Ausstrahlung der Grundrechte auf das einfache Recht zu Strahlenschäden. Die Fachgerichte spüren das Bedürfnis nach Strahlenschutz.

4. Die Strahlenschäden, unter denen heute der Ehrenschutz des Zivil- und Strafrechts leidet, ergeben sich vornehmlich aus einseitiger Bestrahlung, nämlich allein aus dem Abwehrrecht des Täters, seiner Meinungsfreiheit, unter Abdunkelung der echten grundrechtlichen Schutzpflicht zugunsten des in seiner Ehre gekränkten Opfers, obwohl dessen Position ausdrücklich im »Recht der persönlichen Ehre« als unmittelbare Schranke der Meinungsfreiheit vom Grundgesetz genannt und damit den Relativierungsmechanismen des »allgemeinen Gesetzes« entzogen wird.

Das Zurückdrängen des Ehrenschutzes ist nicht liberal. »Liberal« im verfassungsrechtlichen Sinne ist die Beschränkung der Staatsgewalt, damit der Freiraum des Bürgers sich erweitere. Hier aber geht es nicht um diese Zweierbeziehung zwischen Staatsgewalt und bürgerlicher Freiheit, sondern um eine Dreierbeziehung: das Verhalten des Staates zum Konflikt zwischen dem Ehrverletzer und dem in seiner Ehre Gekränkten. Die Grundrechtslage ist ambivalent. Die liberale »Vermutung für die Freiheit« greift hier nicht. Das Bundesverfassungsgericht vergrößert nicht das grundrechtliche Freiheitspotential der Bürger im ganzen. Vielmehr verteilt es nur Grundrechtssubstanz um. Die Position des Angreifers verbessert sich, wie die des Opfers zurückgeht. Per saldo hebt sich das Freiheitsniveau nicht.

Verfahrensrechtliche Schwierigkeiten kommen hinzu: Daß das Bundesverfassungsgericht, sich über den Unterschied von Rechts- und Tatfrage hinwegsetzend, die Feststellungen und Wertungen der Fachgerichte beiseite schiebt und von sich aus die ehrenrührige Äußerung auf bisher ungeahnte, für den Täter günstige Deutungsmöglichkeiten überprüft[33], ohne Anschauung von Personen, Umständen und Akten, zuweilen aber inspiriert durch das Grimmsche »Deutsche Wörterbuch«[34]. Wer verdenkt es dem Strafrichter am Amtsgericht, wenn er sich nicht auf den Phantasiewettbewerb mit dem Bundesverfassungsgericht einläßt, wenn er sich durch die vertrackten Abwägungs- und Wechselwirkungsprozeduren der Meinungsfreiheit überfordert fühlt, das Risiko scheut, am Ende vom höchsten deutschen Gericht attestiert zu bekommen, er habe seinen Fall nicht richtig im Lichte der Grundrechte gesehen, wenn er den Scherereien und Demütigungen ersparenden, leichten Weg wählt – kurz: wenn er sofort freispricht? Das Bundesverfassungsgericht, das stereotyp von sich weist, daß es Superrevisionsinstanz sei, ist zur regulären Instanz geworden, nicht nur in Ehrenschutzsachen. Die Expansion der Prüfungskompetenz zieht die Expansion von Verfassungsbeschwerden nach sich, unter deren Überlast das Gericht heute stöhnt.

5. Das beherrschende Prinzip der Grundrechtsjudikatur ist die Güterabwägung, die immer weiter ausgreift. Über das Regulativ des Grundrechtseingriffs hinaus entwickelt sie sich zur allgemeinen Konkordanzmaxime, ohne daß klare Maße und Gewichte vorgegeben wären. Die unbegrenzte Abwägung führt zur Aufweichung und Auflösung des Gesetzesrechts. Damit treibt die Rechtsprechung in einen Selbstwiderspruch. Erst insistiert sie auf dem Vorbehalt des Gesetzes. Sodann pulverisiert sie das Gesetz durch grundrechtliche Abwägungsgebote in immer feinere Differenzierungen, letztlich in regellose, nicht mehr verallgemeinerungsfähige und nicht mehr rechtssatzfähige Einzelfallentscheidungen, in denen juristische Rationalität aufhört.

Damit kein Mißverständnis aufkommt: In einem bestimmten Rahmen ist Abwägung unerläßliches Gebot der Grundrechtsrealisierung.

Hier wie sonst gilt jedoch der Satz des Paracelsus: »dosis facit venenum« – auch das Übermaßverbot darf nicht übermäßig dosiert werden.

6. Das Bundesverfassungsgericht neigt dazu, seine Jurisdiktion stetig auszudehnen, weil es in jedem Unrecht eine virtuelle Verfassungsverletzung wittert, in einem Begründungsmangel eines verwaltungsgerichtlichen Beschlusses zumindest einen Gleichheitsverstoß findet und sogar in der Untergliederung des Zuchtbuches, das ein privater Pferdezüchterverein führt, eine (vom grundrechtlich unsensiblen Oberlandesgericht unbemerkte) Beeinträchtigung der Vereins- und Berufsfreiheit aufdeckt, nämlich zu Lasten des Betreibers einer Pferdedeckstation.[35] Der grundrechtliche Kosmos spiegelt sich im Tropfen am Eimerrand. Es entwickelt sich eine höchstrichterliche Billigkeitsjustiz, die in jeden Multiple-choice-Test des Medizinstudiums, jedes Demonstrationsgenehmigungs- und Abschiebungsandrohungsverfahren intervenieren kann, im Ergebnis oft trefflich und human, für die betroffenen Gerichte und Behörden vielfach irritierend, jedenfalls für die Verfassungsauslegung ohne »allgemeine Bedeutung«.

Es berührt sympathisch, wenn das höchste Gericht sich als Nothelfer auch des abgelegenen, unscheinbaren Einzelfalles annimmt. Doch gerät die Judikatur damit in den Sog des Zufalls. Gute Absicht, aber rührender Anachronismus. In der prätendierten Allgegenwart des Bundesverfassungsgerichts erneuert sich etwas vom obrigkeitlich-fürsorglichen, detailversessenen Regierungsstil Friedrich des Großen.

## IX.

Das Bundesverfassungsgericht will als Atlas die ganze Rechtswelt auf seinen Schultern tragen und überhebt sich. Dabei stellt der Verfassungsstaat eine Vielzahl von Trägern bereit, mit denen es die Last teilen sollte. Er weist dem Gericht das Recht des letzten Wortes in der Verfassungsinterpretation zu. Aber er gibt ihm kein Monopol darauf. Verfassungsauslegung ist Sache aller Staatsorgane. Sie alle sind an die Verfassung gebunden und haben sie nach Maßgabe ihrer Aufgaben tätig zu interpretieren. Kraft Gewaltenteilung kommt der Legislative das erste, der Exekutive das zweite, der Fachgerichtsbarkeit das weitere

Wort zu. Die Auslegung des Letztinterpreten findet nicht tabula rasa. Sie muß die Vorabinterpretation in dem Maße beachten, wie diese die Verfassung konkretisiert, also um eigene Zugaben anreichert. Zu diesen Zugaben sind Legislative und Exekutive kraft ihrer stärkeren personalen demokratischen Legitimation besser berufen. Das Bundesverfassungsgericht stellt ab auf das »Entweder/Oder« von Verfassungsrecht und einfachem Recht und achtet zu wenig darauf, daß seine Maßstäbe »Mehr oder Weniger« an Verfassungssubstanz enthalten. – Eine Anmerkung, die ebenso trivial wie wichtig ist: Auch das Bundesverfassungsgericht ist an das einfache Recht gebunden.

Das Grundgesetz garantiert jedermann den Anspruch auf gerichtlichen Schutz durch *eine* Instanz, nicht aber das Grundrecht auf zusätzliche verfassungsgerichtliche Überprüfung. Die Verfassungsbeschwerde ist im Grundgesetz Gegenstand einer Kompetenz-, nicht einer Grundrechtsgewähr. Das Bundesverfassungsgericht will nunmehr aber Folgerungen ziehen aus der Inkongruenz der Prüfungszuständigkeiten und zu einer »Arbeitsteilung« mit Behörden und Fachgerichten übergehen[36]: »Nach den ihm durch Verfassung und Gesetz zuerkannten Funktionen und seiner gesamten Organisation ist das Bundesverfassungsgericht... weder dazu berufen noch in der Lage, einen in gleichem Maße zeit- und sachnahen vorläufigen Individualrechtsschutz zu gewährleisten wie die Fachgerichtsbarkeit. Der ihm übertragene Grundrechtsschutz setzt die Existenz einer die Grundrechte achtenden und schützenden Fachgerichtsbarkeit voraus, die im allgemeinen dafür sorgt, daß Grundrechtsverletzungen und deren Folgen ohne Anrufung des Bundesverfassungsgerichts abgeholfen wird. Diesen Rechtsschutz im Rechtswege vermag das Bundesverfassungsgericht nicht zu ersetzen, sondern allenfalls nach dem Prinzip der Subsidiarität zu ergänzen.«[37]

Das Gericht leistet hier einen Beitrag, von sich aus die Verfassungsbeschwerde auf ein zweck- und kapazitätsgerechtes Maß zurückzuführen. Weitgehend in seiner Hand liegt es, seine Prüfungsmaßstäbe nach Reichweite und Tiefe zu definieren, Prioritäten zu setzen, um die Spreu vom Weizen zu sondern, und Kriterien einer wirksamen Arbeitsteilung zu entwickeln, damit die Verfassungsbeschwerde lebensfähig bleibt. Grobe Richtmaße für eine arbeitsteilige Grundrechtshandhabung könnten sich daraus ergeben, daß das Bundesverfassungsgericht

- von den Tatsachenfeststellungen der Fachgerichte und deren einfachrechtlichen Bewertungen (einschließlich der Interpretation ehrenrühriger Äußerungen) ausgeht;
- sich nur verallgemeinerungsfähigen Grundrechtsfragen widmet;
- sich auf die Überprüfung solcher Richtersprüche beschränkt, die eine Rechtsfolge annehmen, die der einfache Gesetzgeber nicht als Norm erlassen dürfte[38];
- nicht die mittelbaren Grundrechtsverstöße prüft, die sich aus dem Verstoß gegen einfaches Recht ergeben;
- nur Grundrechtsverletzungen von Gewicht nachgeht.[39]

## X.

Juristen, die von Berufs wegen nicht zur Utopie neigen, richten auf das Bundesverfassungsgericht eine bescheidene Hoffnung: daß es Gericht sei, richtiges Gericht und ganz Gericht.
Gerichtscharakter bedeutet:
- juristische Methodik, jedenfalls als Idee und als Anspruch; Standards richterlichen Handwerks;
- keine Selbstermächtigung zu Verfassungswandel und unbegrenzter Rechtsfortbildung (Faustregel könnten die Ratschläge des Bundesverfassungsgerichts an den Europäischen Gerichtshof bilden[40]);
- erkennbare Distanz zu den Streitbeteiligten;
- Unterlassen allen Verhaltens, das das Vertrauen in die Integrität bisheriger oder künftiger Entscheidungen gefährden könnte;
- strikte Handhabung der Befangenheitsregeln, von denen sich das Bundesverfassungsgericht weitgehend freizeichnet[41]; gleiche richterliche Integritätsgewähr wie bei den Fachgerichten;
- Publizität nur im Rahmen von Verfahren und über amtliche Entscheidungstexte; keine autonome Selbstdarstellung, wie sie anderen Staatsorganen zukommt; Ausschluß von präterprozessualer Selbstinterpretation, postprozessualer Selbstkorrektur;
- keine Initiative, strikte Bindung an den Streitgegenstand.

Auch der letzte Punkt ist prekär, obwohl schon vor 160 Jahren Tocqueville festgestellt hat, Wesenszug der richterlichen Gewalt sei, daß sie nur eingreifen dürfe, wenn man sie rufe; daß sie ihrer passiven

Natur gewissermaßen Gewalt antue, wenn sie aus eigenem Antrieb handele und sich als Prüfungsstelle der Gesetze ausgäbe. Das Gericht darf also auch nicht den kleinen Finger eines Beschwerdeantrags für die ganze Hand eines kompletten Rechtsgebietes nehmen, etwa die Frage der beruflichen Bezüge des saarländischen Landtagsabgeordneten für Leitentscheidungen zum gesamtstaatlichen Parlaments- und Diätenrecht[42]; einen Streit über die vorläufige Vollziehbarkeit eines Versammlungsverbotes für eine weitausholende Denkschrift über die Bedeutung der Demonstrationsfreiheit für die Demokratie im allgemeinen.[43]

Alle verfahrensrechtlichen Vorgaben stoßen auf das Dilemma, daß sie sich an das einzige Gericht seiner Art richten und daß dieses in eigener Sache handelt, ohne wie ein Spruchkörper der ordentlichen Gerichtsbarkeit die Kontrolle anderer Gerichte oder Folgen auf andere besorgen zu müssen. So ist denn das Verfassungsprozeßrecht mehr oder weniger soft law. Im System der Gewaltenteilung unterliegt jedes Organ dem Urteil eines anderen, nur das letzte nicht.

## XI.

1. Alleiniger Maßstab des Gerichts ist das Recht. Dieser kann nicht zurückgenommen werden bei politischen Fragen. Das »Politische« ist kein abgrenzbarer Bereich, sondern ein Aggregatzustand, in den jedwede Handlungsmaterie geraten kann, auch das Verfassungsrecht selbst. Das Bundesverfassungsgericht darf der Entscheidung von Rechtsfragen nicht ausweichen, die sich zu politischer Brisanz aufgeladen haben, und muß, unbeirrt durch den politischen Streit, den Rechtsstreit allein nach den unpolitischen Vorgaben des Rechts entscheiden. Die institutionelle Voraussetzung dafür bietet die richterliche Unabhängigkeit.

2. Das Recht, das das Bundesverfassungsgericht anwendet, ist Recht eigener Art: Recht ohne eine andere Sanktion als den guten Willen der Amtsträger und Bürger, die aber eben durch Annahme dieses Rechts zu staatlicher Einheit finden. So wird dem Bundesverfassungsgericht die Aufgabe zugewiesen, die staatliche Einheit zu stützen, den Konsens zu

pflegen, die Gesellschaft zu integrieren. In der Tat kann alles Folge geglückter Rechtsprechung sein. Doch es ist nicht ihr Maßstab. Das Gericht hat keine selbständige Kompetenz zu Integration und Konsenspflege, sondern allein die Kompetenz zur Entscheidung von Verfassungsklagen. Es hat auch nicht auf Kompromisse zwischen den widerstreitenden Positionen auszugehen. Nicht selten bricht freilich die Neigung durch, es allen Seiten recht zu machen und zu vermeiden, was ein echtes Gericht nicht vermeiden kann: daß es am Ende Sieger und Verlierer gibt. (Diese sind freilich im Verfassungsprozeß, der vielfach nicht im Tenor, sondern in den Gründen gewonnen oder verloren wird, nicht einfach auszumachen, und der Grad von Sieg oder Niederlage ist schwer zu quantifizieren.) Das Gericht hat das Verfassungsrecht, wie es sich im Grundgesetz verkörpert, nach bestem Wissen und Gewissen auszulegen, ob es dem Zeitgeist gelegen kommt oder ungelegen, ohne Beifall zu suchen und ohne Widerspruch zu fürchten.

Unbeirrt durch Druck und Verführung der »Realpolitik« hält das Bundesverfassungsgericht noch 1987 am verfassungsrechtlichen Band der gesamtdeutschen Staatsangehörigkeit fest[44] und wird drei Jahre später von den Realien eingeholt, überdies noch triumphal belohnt, daß in der Wiedervereinigung auf dem Wege des Beitritts sich das Grundgesetz, wie es sich in der Judikatur des Bundesverfassungsgerichts entfaltet hat, auf Gesamtdeutschland ausweitet.

Jeder Rechtsspruch riskiert Enttäuschung und zeitweilige Desintegration. Doch braucht er in seinem Tonfall den sachlich Unterlegenen nicht auch noch zu demütigen. Die Begründung sollte in Inhalt und Stil Überzeugung einwerben, damit wenigstens langfristig der Rechtsfrieden nicht nur auf Rechtsgehorsam gründe, sondern auf Akzeptanz.

3. Das Bundesverfassungsgericht hat kein besonderes Mandat, Opposition zu ermöglichen, Minderheiten zu schützen oder soziale Schwäche auszugleichen. Es hat allein die Verfassung zu deuten, in der Opposition und Regierung, Minderheit und Mehrheit, sozial Schwache und Starke zu ihrem Recht kommen. Dieses erschließt sich nicht der progressiven und nicht der konservativen Auslegung, sondern der juristisch korrekten und richterlich integren Auslegung.

4. Ein Gericht steht nicht in jener Verantwortung für die Folgen seiner Akte wie die tätigen Staatsorgane. Doch sind die Folgen deshalb

von vornherein belanglos? Der Staatsgerichtshof für das Deutsche Reich nahm an, er habe »die Ergebnisse, zu denen er auf Grund des von ihm angewendeten objektiven Rechts anlangt, ... auszusprechen, ohne die politischen Folgen seines Spruchs in Betracht ziehen zu müssen«[45]. Unkritische Ausrichtung auf die möglichen Folgen könnte in der Tat zu opportunistischer Verschiebung der verfassungsrechtlichen Wertungen führen und Unberechenbarkeit stiften, ähnlich wie die unbegrenzte Güterabwägung. Doch auch die normintrovertierte Ausklammerung der Folgen wäre gefährlich für die Wirksamkeit des Verfassungsrechts.

Das Bundesverfassungsgericht bekennt sich prinzipiell zur Folgenrelevanz und verlangt Folgenprognose bei Grundrechtsschranken der Berufsfreiheit, Schutzpflichten für die Umwelt, Verfassungsdirektiven für die Regierung bei mangelnder außenpolitischer Handlungsfähigkeit. Das Grundgesetz akzeptiert kein »Fiat constitutio, pereat res publica«. Es will ein menschenwürdiges Gemeinwesen aufbauen und aufrechterhalten; es erteilt nicht das Mandat, es zugrunde zu richten. Richtmaße der Verfassungsauslegung sind im Grundgesetz selber angelegt: Effektivität seiner Rechtsgarantien, Funktionstüchtigkeit seiner Einrichtungen, Bewahrung seiner geistigen Voraussetzungen (dies zum Kruzifix-Beschluß).

## XII.

Rechtspolitische Vorstöße zur Reform des Bundesverfassungsgerichts haben derzeit Konjunktur. Sie wollen den Kapazitätsengpaß überwinden, vornehmlich durch Vorab-Selektion der Verfassungsbeschwerden. Wenn sie aber dazu führten, daß der unmittelbare Zugang des Bürgers zum höchsten Gericht überhaupt gesperrt würde, dürften sie kaum dazu beitragen, die Vertrauenskrise zu beheben. Die Verfassungsbeschwerde hat über ihre praktische Bedeutung hinaus symbolische Bedeutung. Die Verfassungsbeschwerde ist das Pfand des Bürgervertrauens.

Die Vertrauenskrise wird nicht durch verfahrensrechtliche Vorkehrungen aus der Welt geschafft, auch nicht durch Einführung eines höheren Quorums für die Normverwerfung. Eine Norm, von der einfachen Mehrheit der Richter für verfassungswidrig erachtet, wäre praktisch nicht mehr zu halten. Gesetzliche Änderungen des Richterwahlverfahrens im Rahmen der geltenden Verfassung könnten das demokratische Legitimationsniveau nicht heben. Öffentliche Anhörung der Kandidaten zöge Inquisition und Denunziation nach sich, Wahlkapitulation und parteipolitische Stigmatisierung, böse Vorzeichen für die innere Unabhängigkeit des künftigen Richters. Die öffentliche Kandidatenparade prämierte die dickfelligen, die gerissenen, die farblosen und schreckte die Besten ab. Aufs Ganze drohte der Sturz vom Regen in die Traufe. Es wäre kurzsichtig, die rechtlichen Rahmenbedingungen, unter denen das Gericht mit ungewöhnlichem Erfolg tätig gewesen ist, ad hoc zu ändern, nur weil neuerdings – wirkliche oder vermeintliche – Fehlleistungen irritieren. Gesetzgeberische Eingriffe in das über Jahrzehnte bewährte System könnten prozedurale Voraussetzungen dessen zerstören, was zu erneuern sie beanspruchen.

Das Vertrauen haftet nicht an formalen Strukturen, sondern an der Güte der Entscheidungen. Letztlich richtet es sich auf die Person des Richters. Nicht die Strukturen sind Ursache der partiellen Legitimationskrise, sondern die Entscheidungen. Nur die Richter können die Ursache beheben.

## XIII.

Die parlamentarischen Wahlgremien tragen wesentliche Verantwortung für die Vertrauenswürdigkeit des Gerichts. Unvermeidlich ist der Einfluß der politischen Parteien auf die Kandidatenauslese. Er ist nicht schlechthin unzulässig, weil das rechtsstaatliche Gebot des rein fachbezogenen Ämterzugangs durch die Sonderregeln der Richterwahl überlagert wird. Verfassungsrechtlich gesehen ist die parteipolitische Genese der Kandidaten deshalb kein Makel. Ein verfassungsrechtlicher Makel für den Richter wie für das Gericht wäre es jedoch, wenn der Gewählte sich mit dem Einrücken in das Amt nicht freimachte von allen Herkunftsrücksichten, nicht auf Distanz ginge zu der Partei, die ihn vorgeschlagen hat, und seine amtliche Unabhängigkeit nicht begriffe als ausschließlichen Dienst am Wohl der Allgemeinheit, wie es das Grundgesetz definiert. Der Wechsel der Loyalität mit dem Wechsel des

Amtes, selbst bei Gefahr, die Patronage-Instanz zu enttäuschen – dieser Thomas-Becket-Effekt ereignet sich auch bei Verfassungsrichtern, wenngleich nicht bei jedem gleichermaßen deutlich erkennbar. Die richterliche Amtsloyalität bildet den Legitimitätsausweis des Verfassungsrichters. Für die Akzeptanz der Urteile wäre es verhängnisvoll, wenn die Bürger hinter den geschlossenen Türen des Gerichts nichts weiter zu vermuten hätten, als das sattsam bekannte Parteiengerangel und die juristische Rationalisierung seiner Resultate.

Schon aus diesem Grunde ist es ratsam, daß die Richter, in erstaunlich hohem Anteil Mitglieder von Parteien, während der Amtszeit die Mitgliedschaft ruhen lassen und sich zurückhalten mit Parteiaktivitäten und Parteikontakten, mit der Präsenz in Parteizirkeln. Hier sollte berufsethische Inkompatibilität gelten.

Freilich legt der Verfassungsstaat seinen Amtsträgern nur bereichsbegrenzte Pflichten auf und beläßt ihnen die Freiheit des Bürgers und des Privaten. Doch je höher das Amt, desto weiter greifen die Pflichten über den Amtsraum hinaus. Der hurtige Rollenwechsel zwischen distanziertem Verfassungsrichter und engagiertem Bürger führt dazu, daß das parteiliche Engagement eine amtliche Gloriole erhält und die Amtstätigkeit in das schiefe Licht der Parteilichkeit gerät. Für den Inhaber eines öffentlichen Amtes genügt es nicht, das Richtige zu tun; er hat auch dafür zu sorgen, daß die Öffentlichkeit nicht Grund erhält, daran zu zweifeln. Ungeschrieben gilt das Gebot des kanonischen Rechts: »ut scandalum evitetur«: Der Amtsträger muß auch den bösen Schein meiden.

## XIV.

Umsicht ist schon deshalb geboten, weil Rechtsauslegung nicht nur verstandesmäßige Deduktion ist, sondern stets auch ein Willensakt, über den der Richter seine Person und seine Biographie in die Auslegung einbringt. Doch damit werden nicht Subjektivität und Willkür freigesetzt, nicht Eigenmacht und Parteilichkeit, sondern pflichtgebundener schöpferischer Dienst für die Verfassung. Das richterliche Wollen wird eingebunden und geleitet durch das Ethos des Amtes. Wie die Offenheit der Auslegung eines schwierigen Textes durch interpretatorisches Ethos zu bewältigen ist, kann der Jurist von Augustinus erfahren, der Regeln des Schriftverständnisses aufweist:

- purgatio cordis: Reinigung von allem, was an Subjektivem und Irrelevantem den Interpreten von der Sache ablenkt;
- humilitas fidei: Absage an Machtstreben, Eitelkeit, Selbstverwirklichung; Unterordnung unter die Sache; Bereitschaft zum Dienen;
- regula fidei: innere Annahme der freiheitlich demokratischen Grundordnung;
- caritas: Liebe zur Sache; nüchtern übersetzt: Wille zur Verfassung.

## XV.

Das Kontrollsystem, dem die gewaltenteilige Staatsgewalt unterliegt, macht halt vor der höchsten Kontrollinstanz. Konstitutionelles Mißtrauen reicht nicht weiter als zur vorletzten Stufe. Die letzte besitzt das ganze Vertrauen des Grundgesetzes, und sie kommt nicht aus ohne das Vertrauen des Bürgers. Auf das Bundesverfassungsgericht richten sich Verfassungserwartungen, die nicht mehr rechtlich sanktioniert sind und gegen deren Ausfall es keine institutionelle Absicherung gibt. Sie knüpfen an spezifisch juristische Momente: juristische Auslegungskunst und Befähigung zum Richteramt. Sie setzen auf die fachliche Kompetenz und die amtliche Integrität des Richters, seine Arbeitskraft und Urteilskraft. Das konstitutionelle Vertrauen gilt letztlich der Jurisprudenz und dem Juristenstand insgesamt. In diesen liegt das Gemeinsame, das die Richter über alle Unterschiede ihrer Herkunft hinweg verbindet. Die Jurisprudenz gibt die Sprache für den Diskurs, den Rationalitätsrahmen für die Entscheidung.

Das Bundesverfassungsgericht bildet den Schlußstein im Bau der auf das Recht gegründeten Republik. Der Jurist findet in ihm Grund und Wahrzeichen seines Selbstbewußtseins. Er hält zum Bundesverfassungsgericht, gleich, ob er im einzelnen ihm zustimmt oder mit ihm hadert. Er bleibt stolz auf das Bundesverfassungsgericht, auch dann, wenn er sich an ihm reibt.

## Anmerkungen

[1] BVerfG Kammerbeschluß v. 19.9.1994, in: NJW 1994. S. 2943f., und B. v. 10.10.1995, E 93, 266ff. (»Soldaten sind Mörder«); B. v. 16.5.1995, E 93, 1 ff. (Kruzifix).
[2] Vgl. Leitgedanken in BVerfGE 3, 225 (232f.); 5, 85 (377f.).
[3] BVerfGE 54, 129 (139); 85, 1 (22ff.).
[4] OLG Bamberg, B. v. 11.1.1994, in: DRiZ 1994, S. 423 (424ff.).
[5] BVerfGE 80, 164ff. – Sondervotum.
[6] Sondervotum, in: »Die Urteile des Bundesverfassungsgerichts vom 14. Mai 1996 zum neuen Asylrecht«, JZ-Sonderheft 1996, S. 55 (57f.).
[7] BVerfGE 93, 149 (155) – Sondervotum.
[8] Sondervotum, in: JZ-Sonderheft (N 6), S. 57.
[9] Sondervotum, in: JZ-Sonderheft (N 6), S. 58.
[10] Sondervotum, in: JZ-Sonderheft (N 6), S. 58.
[11] BVerfGE 93, 149 (151) – Sondervotum.
[12] BVerfGE 93, 149 (152) – Sondervotum.
[13] BVerfGE 93, 149 (150, 151) – Sondervotum.
[14] BVerfGE 89, 155ff.
[15] BVerfGE 90, 286 (381 ff.).
[16] BVerfGE 77, 84 (103ff.) in Abweichung von BVerfGE 1, 14 (37); 69, 112 (115ff.).
[17] BVerfGE 88, 203 (251 ff.).
[18] BVerfGE 93, 121 (133ff.); 93, 165 (172ff.). Zuvor schon BVerfGE 61, 319 (342ff.); 66, 214 (233); 67, 290 (297); 68, 143 (152f.); 82, 60 (83ff.); 84, 239 (268ff.); 87, 153 (169ff.).
[19] BVerfGE 90, 145 (171 ff.).
[20] BVerfGE 92, 1 (11 ff.).
[21] BVerfG Kammerbeschluß v. 19.9.1994, in: NJW 1994, S. 2943f.; E 93, 266 (289ff.) – »Soldaten sind Mörder«. Zuvor BVerfGE 86, 1 (11f.) – »geb. Mörder«. Weit. Nachw. zur Ehrenschutzjudikatur u. N 33.
[22] BVerfGE 93, 1 (15ff.).
[23] *Rudolf Smend*: Das Bundesverfassungsgericht (1962), in: ders., Staatsrechtliche Abhandlungen, [3]1994, S. 581 (593).
[24] BVerfGE 92, 1 (11 ff.) in Abweichung von BVerfGE 73, 206 (230ff.).
[25] Leitentscheidungen: BVerfGE 81, 242 (253ff.) – »Handelsvertreter«; 89, 214 (229ff.) – »Bürgschaft«.
[26] BVerfGE 81, 242 (255); 89, 214 (232).
[27] BVerfGE 89, 214 (232).
[28] BVerfGE 81, 242 (256); 89, 214 (233f.).
[29] Soweit das Gesetz die Vertragsfreiheit beschränkt, um soziale Unterlegenheit auszugleichen, liegt ein Eingriff in die grundrechtliche Position des Vertragspartners vor, zu dessen Lasten die Beschränkung wirkt. Eine solche reguläre abwehrrechtliche Konstellation, die von der im Text beschriebenen Konkordanz zu unterscheiden ist, findet sich für das Kündigungsrecht des Vermieters etwa in: BVerfGE 79, 283 (289ff.); 79, 292 (302ff.); 81, 29 (31 ff.); 91, 294 (307ff.).
[30] Repräsentativ: BVerfGE 89, 1 (5ff.). – Kollision anderer Art zwischen Eigentum des Vermieters und Informationsfreiheit des Mieters: BVerfGE 90, 27 (31 ff.) – »Parabolantenne«.
[31] BVerfGE 89, 214 (232).
[32] Das gilt vorbehaltlos für den Bürgschafts-Beschluß (E 89, 214).
[33] BVerfGE 85, 1 (18ff.); 93, 266 (295ff.). Aus dem Anwendungsbereich der Kunstfreiheit: BVerfGE 67, 213 (229ff.); 86, 1 (11f.).
[34] Beispiele: BVerfGE 85, 1 (19) – »Bespitzeln«; 86, 1 (13) – »Krüppel«.
[35] BVerfG Kammerbeschluß v. 12.10.1995, in: NJW 1996, S. 1203.
[36] BVerfG Urt. v. 14.5.1996, in: JZ-Sonderheft (N 6), S. 22 (27).
[37] BVerfG Urt. v. 14.5.1996, in: JZ-Sonderheft (N 6), S. 38 (52).

[38] »Schumannsche Formel«: vgl. *Ekkehard Schumann*, Verfassungs- und Menschenrechtsbeschwerde gegen richterliche Entscheidungen, 1963, S. 206ff. (207).

[39] Im Ergebnis: strengere Handhabung der »Heckschen Formel«: BVerfGE 18, 85 (93); 42, 143 (149) – st. Rspr.

[40] BVerfGE 89, 155 (209ff.).

[41] BVerfGE 32, 288 (291); 35, 171 (173ff.); 35, 246 (253ff.); 43, 126 (127f.); 46, 14 (16f.); 73, 330 (335ff.); 78, 331 (336ff.). Strenger dagegen BVerfGE 82, 30 (37ff.).

[42] BVerfGE 38, 326ff. im Verbund mit E 40, 296ff.

[43] BVerfGE 69, 315ff.

[44] BVerfGE 77, 137 (147ff.).

[45] StGH in: *Hans-Heinrich Lammers/Walter Simons*, Die Rechtsprechung des Staatsgerichtshofs für das Deutsche Reich und das Reichsgericht auf Grund Art. 13 Abs. 2 der Reichsverfassung, Bd. 1, 1929, S. 341 (352).

*Wolfgang Fikentscher*

# Zwei Wertebenen, nicht zwei Reiche: Gedanken zu einer christlich-säkularen Wertontologie

## I. Das Problem

Nach Aussage der Evangelien (z. B. Lukas 22, 24–27; Matth. 20, 25–28; Markus 10, 42–45) besteht die für Christen maßgebliche politische Lebensform im Dienst am Nächsten, im Geltenlassen der Meinungen anderer dienstbereiter Menschen und in der Ablehnung nichtverantwortbarer Macht über Menschen[1]. Hieraus folgt eine Dichotomie von Werten: Es gibt in diesem christlichen politischen Ordnungssystem gewisse unverzichtbare *Wertungsgrundlagen* (so die Begründung des Dienstes am Nächsten und der Ablehnung der Machtanmaßung angesichts der Gleichheit der Menschen vor Gott und des Dienstes des Menschensohnes an den Menschen), und es finden sich auf der anderen Seite inhaltlich weitgehend offen gehaltene, wandlungsfähige *Wertsetzungen* im Vollzug dieses Dienstes. In anderen Worten: Dem Dialog im Ergebnis entzogene *Grundwerte* treten dem Dialog der Gleichberechtigten und Gleichverpflichteten überlassene *Tageswerte* gegenüber. Die ersteren bedingen die letzteren.

Diese Dichotomie der Werte – nämlich dem Wandel entzogener und ihm unterworfener Werte – ähnelt auf den ersten Blick der manichaeisch-augustinisch-lutherischen Zwei-Reiche-Lehre, wonach der heilen Welt in Gottes Reich »zur Rechten« die unheile und heilungsbedürftige Welt in Gottes Reich »zur Linken« – der Welt der Menschen – gegenübersteht[2]. Es besteht freilich ein wesentlicher Unterschied: Die christologische Lehre richtiger Politik unter Christen und durch Christen entbehrt jeder Gnosis, die Zwei-Reiche-Lehre dagegen wurzelt erkennbar in nach-achsenzeitlichen gnostischen Lehren des Vorderen Orients, nach denen sich die Verderbtheit dieser Welt zu höheren Regionen aufzuschwingen und von Unvollkommenheit und Unreinheit zu befreien hat[3]. Auch wenn nach lutherischer Auffassung diese Bemühung zu Höherem nicht aus menschlicher Kraft, sondern nur durch das Hinzutreten von Gottes Gnade gelingen kann, haftet der Zwei-Reiche-Lehre der gnostische Ruch der Abwertung des Diesseits an. Christus' Antwort auf die Frage der Jünger nach der richtigen Politik unter Menschen ist dagegen ganz diesseitig: Jeder sei dem anderen zu Diensten, bevormunde ihn nicht und enthalte sich jeder Wohltäter-Attitüde; das gilt – nach dem Text der oben zitierten Stellen bei Matthäus, Markus und Lukas – hier und jetzt, von Gottes wegen und ohne jede »linksreichige« Abwertung.

Diese auf Lukas 22, 24 ff. gestützte Zwei-Werte-Lehre ist in säkularisierter Form – als *Grundrechtsdemokratie*, also als Verbindung unentziehbarer Grundwerte mit sich wandelnden, im Dialog gleichberechtigter Bürger zu erarbeitenden Tageswerten – historisch zu größerer Bedeutung gelangt als Martin Luthers Zwei-Reiche-Lehre. Dem ist im folgenden in den Einzelheiten nachzugehen, wobei auch der Begriff der Säkularisierung wenigstens im Ansatz zu klären ist[4]. Dabei beschränken sich die Ausführungen auf wert*ontologische* Darlegungen. Wert*epistemologische* (= werterkenntnistheoretische) Überlegungen müssen ausgeklammert bleiben, so wichtig sie für das gegenwärtige Thema sein mögen[5].

## II. Wertgewinnung

Mit einer noch so ausgeklügelten Methode entscheidet der Jurist keinen Fall. Methode – auch die des Diskurses – bedarf vielmehr der Verankerung in einer werthaltigen Rechtsphilosophie. Die Rechtsphilosophie gibt darüber Auskunft, woher die Werte stammen, die den juristischen Entscheidungen zugrunde liegen, und die Werte sagen, warum Normen verbindlich sind.

Entsprechendes gilt für den Politiker: Methode – auch die des Diskurses – liefert allein keine Entscheidungsgrundlagen. Es bedarf der inhaltlichen Sicht[6].

Aus dem Bereich der Wertphilosophie muß hier ein im Grunde politisches Thema erörtert werden, das man mit einem Schlagwort als »Wertgewinnung« bezeichnen könnte. Woher nimmt die moderne Gesellschaft die Werte, nach denen in ihrem Recht entschieden werden soll? Werden Werte von außen gesetzt oder in der Diskussion »gewonnen«?

In der Demokratie wird eine vorschnelle Antwort lauten: Die Mehrheit beschließt, nach welchen Werten sich das Recht zu richten hat. Die Athener Demokratie war eine der ersten, die dieses Prinzip verwirklichte. Aber schon die frühen Theoretiker der attischen Demokratie, Thukydides, Herodot, Xenophon und andere dachten über die Bedingungen nach, unter denen überhaupt so etwas wie eine Mehrheitsregel funktionieren kann. Zu erwähnen ist insbesondere der Begriff der Isegoria, den Herodot gebraucht, um das Recht der Bürger zu beschreiben, in der Versammlung ohne Rücksicht auf Stand und Ausbildung frei reden zu dürfen.

Die attische Demokratie kannte freilich keine Grundrechte. Trotzdem könnte man diese Isegoria als eine Art Grundrecht bezeichnen, wenngleich Herodot sie nicht so verstand. Auch das Asylrecht, das sich die griechischen Poleis untereinander gewährten, ferner der platonische Begriff der Aidós (Scheu, Respekt, vgl. die Wendung dike kai aidós) können als Vorformen von Grundrechten verstanden werden. Aber die attische Demokratie kannte den Begriff der unentziehbaren Menschenrechte als solchen nicht. Das gleiche gilt für das römische Imperium, das nur dem civis gewisse Vorrechte gab.

Heute ist die Demokratie aus zwei Hauptbestandteilen zusammengesetzt: Der Mehrheitsregel und dem Grundrechtskatalog. Beide Teile stehen zueinander in einem gegenläufigen, antinomischen Verhältnis. Es gilt, was die Mehrheit sagt, und die Minderheit verliert; aber die Minderheit der einzelnen und die jeweils kleinere Einheit haben unentziehbare Rechte, über die auch die Mehrheit nicht verfügen kann. Man sagt: Grundrechte sind nicht majorisierbar. Während also Plato im Pythagoras sagen konnte: Dike kai aidós, müßte die moderne Demokratie, die mit Grundrechten ausgestattet ist, formulieren: Dike, allá aidós – wenn man einmal den platonischen Begriff der Aidós als denjenigen anschaut, der dem modernen Grundrechtsverständnis am nächsten kommt als Achtung, Scham, Scheu vor dem Mitmenschen.

## III. Zur Geschichte der Grundrechte

Es ist nun nicht uninteressant zu fragen, woher dies *gegenläufige* Denken vom Mehrheitsprinzip einerseits und Grundrechtsdenken oder Grundwertedenken andererseits stammt. Wo sind die Menschen zum ersten Mal darauf gekommen, dem Mehrheitsprinzip der attischen, klassischen Demokratie das Denken in unentziehbaren Rechten und Werten *entgegenzusetzen*?

Daß die Antike dies nicht zu leisten vermochte, wurde schon gesagt. Als Entstehungsquelle kommen nur die alten Republiken in Betracht, da nur in ihnen (wenn auch nicht in allen) überhaupt abgestimmt wurde. Aber weder Venedig noch die Schweiz, auch nicht Schottland für die kurze Zeit um John Knox entwickelten das Grundrechtsdenken.

Eine wesentliche Rolle für die Entstehung des Denkens in unentziehbaren Positionen bildete sicherlich der germanische, insbesondere der fränkische Feudalismus. Aber die feudalrechtlichen Begriffe von Gesellschaftsvertrag und Herrschaftsvertrag waren in ihrer Zielrichtung mehr Konstruktionsversuche gemeinschaftlicher Willensbildung, und nicht Grundrechtsschutz. Immerhin spielen die feudalrechtlich konzipierten Bullen und Chartae des hohen Mittelalters eine Rolle, wie sich aber erst später zeigen sollte. Die berühmteste aller Chartae, die englische Magna Charta von 1215, sicherte den Freien, praktisch insbesondere den Baronen, Privilegien gegenüber dem englischen König zu. Vom modernen Grundrechtsdenken war dies noch entfernt. Trotzdem spielt die Magna Charta bei der Entstehung der Grundrechte eine wichtige Rolle, weil der englische Jurist Edward Coke in seinem Kommentar über die Magna Charta 1628 die Privilegien der Barone einem jeden Engländer zuerkannte. Diese Auslegung der Magna Charta war unhistorisch. Sie führte aber unmittelbar zur Habeas-Corpus-Akte von 1679 und zur Bill of Rights von 1689.

Also nahm man bisher an, daß die Umdeutung der Magna Charta in einen englischen Grundrechtskatalog durch Edward Coke 1628 den Beginn des Grundrechtsdenken markiert. So etwa äußerte sich einer der führenden Forscher auf diesem Gebiet, Carl Joachim Friedrich in Harvard. Friedrichs Datierung liegt früher als die der meisten anderen Autoren. Sie lautet aber immer noch nicht früh genug. Was Edward Coke niederschrieb, war in den Jahren zwischen 1572 und 1593 in den

Niederlanden und in England gedanklich entwickelt worden. Mit dieser Coke vorausgehenden Entwicklung des modernen Grundrechtsdenkens befassen sich die folgenden Ausführungen.

Dabei werden zwei Daten herausgegriffen, um den Beginn und das Ende dieser Entstehung des Grundrechtsbegriffs hervorzuheben. Eine Großzahl von Einzelheiten wird hier außer Betracht gelassen.

Die beiden Vorgänge sind die folgenden: 1572 erhoben sich die Niederländer gegen die Spanier und bildeten die erste moderne »demokratische« Republik. Sie bestand als solche bis zur Französischen Revolution. Die Regierungsgewalt lag seit 1572 in den Niederlanden bei den Landständen, den sogenannten Staten. Einer der ersten Beschlüsse der Staten (in Dordrecht, am 15. 7. 1572) sah vor, daß jedermann das Recht zur freien Religionsausübung erhielt. Dies war die politische Geburt des modernen Grundrechtsbegriffs.

Im Jahr 1592 erschien in England aus der Feder des englischen Kirchenjuristen Richard Hooker eine Rechtstheorie, in der er den Unterschied von »täglichen Dingen« und »unentziehbaren Rechten« macht. Um die täglichen Dinge zu regeln, bedarf es nach Hooker der Mehrheitsentscheidung. Die wichtigen Dinge aber, die unentziehbaren Rechtspositionen, sind einer solchen Mehrheitsregelung nicht zugänglich. Hooker entwarf seine Rechts- und Staatstheorie im Blick auf die Niederlande und auf England. Er lieferte also die Theorie zu dem, was seit 1572 in den Niederlanden galt.

Edward Coke ist also nicht der »Erfinder« der Grundrechte dadurch, daß er die Magna Charta als ein für jeden Engländer geltendes Gesetz erklärte. Erfunden haben Grundrechte die Niederländer am Beispiel der Religionsfreiheit, der Rede-, Meinungs- und Pressefreiheit; die Theorie lieferte Richard Hooker; und Edward Coke schob als unzutreffende, aber wirksame Begründung die Magna Charta nach.

Das Verhältnis von Richard Hooker und Edward Coke ist im einzelnen noch nicht erforscht. Eine Überprüfung an Ort und Stelle, im Londoner »Inner Temple«, mit freundlicher Unterstützung durch Lord Alan Campbell, QC, ergab, daß der Prediger Hooker als »Master of the Temple« Honorary Bencher der Rechtsanwaltschaft des Inner Temple war und daher von 1585 bis 1591, 6 Jahre lang, mit Coke zu Mittag gegessen hat.

Beginnt man bei Richard Hooker, befindet man sich auf dem Felde der christlichen Religionen zur Zeit der Reformation. Sind diese religiösen Anfänge politischer Wertgewinnung für uns Heutige noch verbindlich? Als Religionsinhalte kaum. Aber vielleicht auf dem Weg über eine Verweltlichung, eine Säkularisierung jener Religionsinhalte?

## IV. Säkularisierung

In welchem Sinne soll daher der Begriff »Säkularisierung« verstanden werden? Okko Behrends hat das Wort von der »säkularisierenden Nachkonstruktion« geprägt[7]. In der Tat: Säkularisierung bedeutet immer eine Art Nachkonstruktion: Neue Lebensordnungen, neue ›Weltgefühle‹, werden meist in Zeiten gestiftet, die man »religiös« nennen kann[8]. Wenn eine religiös ausgerichtete Epoche eine neue Lebensordnung entworfen hat, folgt meist eine Zeit der »Säkularisierung« nach, in der die – bejahte – neue Lebensordnung von den ›Schlacken‹ der religiösen Begründung nebst ihren damit verbundenen äußerlichen und psychologischen Beschwernissen ›gereinigt‹ werden soll. Das neue »Nichtreligiöse« wird dann gern mit dem – an sich wenig aussagekräftigen – Ausdruck »Rationalisierung« belegt, nicht weil der Verstand jetzt das leistet, was vorher die religiöse Bindung zu leisten imstande war, sondern nur als Bezeichnung für den (angeblichen) Mangel an religiöser Bedingtheit. Die Phase der Säkularisierung verbreitert nun regelmäßig die Kenntnisse und Nutzungsmöglichkeiten der neuen Lebensordnung so lange, bis zutage tritt, daß ohne die religiöse Verankerung die neue Ordnung ins Gleiten und Wanken gerät. Nicht selten schließt sich dann wieder eine religiöse Erweckungsbewegung an, die die nächste neue Lebensordnung schafft. Das religiös bedingte Entwerfen neuer Lebensordnungen und danach ihre zugleich verbreiternde, vulgarisierende und aushöhlende Säkularisierung durchziehen die Geistesgeschichte wie Systole und Diastole im Herzen eines lebendigen Organismus.

Definiert man also Säkularisierung als die versuchsweise Loslösung einer historischen Lebensform von ihrer religiösen Bedingtheit, lassen sich herausragende Beispiele finden:

(1) Konfuzianismus als Rationalisierung von achsenzeitlicher Ethik; (2) Sophistik, Paideia und aristotelische Entelechie als ›Verdiesseiti-

gung‹ der »patriotischen Religion« (Nilsson) der Tragik (Perikles' Leichenrede; Aisschylos); (3) die Adaptation der erkenntnistheoretischen Methodik der aristotelischen Philosophie auf dem Kontinent an das Christentum zur Zeit der Hochscholastik – im Unterschied zu einer vorwiegend nur inhaltlichen Aufschließung der Antike für das Christentum in England (Anselm von Canterbury; John von Salisbury) und für das Judentum durch Maimonides; (4) Regression des humanistischen, des lutherischen und des calvin-kritischen Menschenbildes durch die Aufklärung, beginnend etwa mit Grotius und endend mit der Französischen Revolution. In den Rahmen der zuletzt genannten Säkularisierungswelle gehört die noch heute andauernde weltweite Verwendung der aus den Glaubensauseinandersetzungen des 16. Jahrhunderts auf christlicher Grundlage hervorgegangenen Grundrechts- und Menschenrechtsdemokratie, u. a. als Leitbild für Staatsverfassungen in West und Ost, Nord und Süd.

Säkularisierung ist also nach dem soeben Gesagten auch immer so etwas wie eine verdeckte Mission, und zwar zugunsten jener Lebensordnung entwerfenden religiösen Bewegung, die durch Säkularisierung »rationalisiert« werden soll. Der gegenwärtige Export der grundrechtsdemokratischen Verfassung ist in diesem Sinne vermutlich die größte Missionsbewegung seit der paulinischen und der islamischen, nur daß man das wegen der Säkularisierungsphase, in der man sich befindet, kaum bemerkt. Denn mit der Annahme einer grundrechtsdemokratischen Verfassung legt sich ein Land auch jenen Bestand an religiösen Voraussetzungen zu, die der Grundrechtsdemokratie historisch anhaften. Das bleibt im wesentlichen unbemerkt und führt nicht selten zu Mißverständnissen und Anwendungslücken.

Im Westen schlägt das Pendel zugunsten einer Rückbesinnung auf die religiösen Bedingtheiten von Lebensformen zurück.[9] Diese Rückbesinnung bezieht vor allem – unter dem Eindruck des Zusammenwachsens der Welt, also der Kultur-, Rechts-, Religions-, Philosophievergleichung – das *Metadenken* ein[10]. Wahrscheinlich beruht das Wesen der »zweiten Renaissance«, in der wir nach Meinung einiger leben, gerade in dem bewußten Einsatz des Metadenkens zur Bewältigung von unterschiedlichen kulturellen Traditionen. Das Verhältnis von Metadenken, christlich-fundiertem kartesischem Zweifel und fernöstlicher – häufig auf buddhistischer Weltabkehr beruhender – Toleranz bedürfte näherer

Untersuchung. Dies kann im folgenden nicht geschehen. Vielmehr geht es hier um den Teilaspekt des nichtsäkularen Ursprungs der Menschen- und Grundrechte in der »Erweckungsbewegung« des 16. Jahrhunderts, unter Betonung seiner aktuellen Wirksamkeit.

## V. Zur nichtsäkularen Entstehung der Grundrechte

Über die historische Entstehung und Entwicklung der Grund- und Menschenrechte (beides im folgenden grundsätzlich synonym) ist schon viel geschrieben worden. Die einen beginnen bei den alten Griechen, die anderen im fränkischen Feudalismus, wieder andere bei den Bullen des Hochmittelalters, bei den Reformatoren, bei den Monarchomachen, bei Edward Coke (Carl Joachim Friedrich), bei den Founding Fathers, bei den Enzyklopädisten oder bei der Französischen Revolution.

Nicht selten lesen sich jedoch derartige ad-fontes Forschungen ein wenig abstrakt und theoretisch, so als ob die Menschen angefangen hätten nach Grundrechten zu fragen, da sie sich ihrer Stellung gegenüber res publica bewußt wurden, oder seit sie sich über »Volkssouveränität« Gedanken machten. Die meisten Lehr- und Geschichtsbücher ordnen denn auch in diesem ex-post theoretisierenden Sinn die Entstehung der Grundrechte dem Zeitalter der Diskussionen um die Volkssouveränität zu, also vorwiegend dem späten 17. und vor allem dem 18. Jahrhundert.

### *1. Der Beginn in den Niederlanden*

a) Eine so wichtige Sache wie die Grundrechte muß weniger theoretische als vielmehr praktische, ja drastische Anlässe gehabt haben, und in den Religionskämpfen des 16., 17. und 18. Jahrhunderts gab es deren bei *allen* Konfessionen mehr als genug. Geht man in der Geschichte schrittweise zurück, so stützt sich die Französische Revolution auf die Enzyklopädisten, diese auf die Founding Fathers, die Founding Fathers auf John Locke, John Locke auf Edward Coke und beide auf Richard Hooker, den Locke auf vielen Seiten seiner Zweiten Abhandlung über die Regierung zitiert, und Richard Hooker (1546–1600) auf die niederländische Revolution, die ihren Beginn um das Jahr 1566 hat. So nimmt es nicht wunder, daß die erste in einer »verfassungsgebenden Versammlung« verbriefte Grundrechtsgewährung die Zubilligung der Religions- und Versammlungsfreiheit auf der erwähnten Dordrechter Ständeversammlung vom 15./16. Juli 1572 war, die am Anfang der Republik der Niederlande steht (vgl. dazu statt aller van Dorsten).

b) 1568 begann Wilhelm der Schweiger (1533–1584) seine Rolle als Militärbeauftragter der Staten in den nördlichen Niederlanden zu spielen. Die oft beschriebenen Einzelheiten der Jahre nach 1566 sind hier nicht noch einmal nachzuzeichnen. Rechtlich handelt es sich um eine Revolution zum Ziele der Ersetzung der Monarchie durch eine aristokratisch vertretene Demokratie mit Grundrechtsschutz, wobei die Theorien von Gesellschaftsvertrag und Herrschaftsvertrag vollständig und mit Erfolg bewußt durchgespielt wurden. Der moderne Staat als Träger von vom Individuum abgeleiteter Herrschaftsfunktionen und das Recht als Kompromiß von Mehrheitsbeschluß über tägliche Werte und unentziehbarer Schutzposition der Basiswerte erlangten dadurch ihre bis heute aktuelle Bedeutung.

Das Tridentinum endete 1563 für Kaiser und Reich politisch unbefriedigend und eröffnete in den Niederlanden die Inquisition (1566). Der 1568 eingeführten spanischen Umsatzsteuer wurde bald ein allgemeiner Boykott entgegengesetzt, militärische Erfolge blieben indes unbedeutend. Alba blieb Herr der Niederlande. 1569 trat in Frankreich Heinrich IV. an die Spitze der Hugenotten (König wurde er 1589).

Am 1.4.1572 gelang es den von Wilhelms Bruder Ludwig organisierten Wassergeusen, die seeländische Stadt Den Briel zu erobern. Binnen weniger Wochen fielen fast ganz Seeland und die Provinz Holland-Westfriesland in die Hand der calvinistischen Aufständischen. Nur Amsterdam und Middelburg (wo Wilhelm sich aufhielt) blieben spanisch.

Die Massentötungen Albas 1572 im Sommer als ›Strafe‹ für den Aufstand (vor allem in Mechelen, Naarden, Zutphen und beim Zug vor Haarlem) brachten dann die katholischen Bürger auf die Seite des Aufstands. Der »Blutzug von 1572« ereignete sich zeitlich parallel zur Dordrechter Staten-Versammlung, ihrer Vorbereitung und ihres Bekanntwerdens.

Am 15.7.1572 beschlossen die Staten (= Stände) von Holland-Westfriesland und Seeland, sich von Spanien gemeinsam loszusagen und *von sich aus* Wilhelm als *ihren* Statthalter einzusetzen, während sich der Titel »Statthalter« bis dahin auf Philipps II. Schwester Maria und die ihr nachfolgenden Beauftragten des *spanischen Königs* bezog. Gleichzeitig wurde offensichtlich auf Wilhelms Verlangen beschlossen, daß jedermann das Recht auf freie Religionsausübung habe.

Wilhelms Vertreter in Dordrecht war Marnix de St. Aldegonde, ein überzeugter Calvinist und guter einflußreicher Jurist, dessen Formulierungsgabe es wahrscheinlich zu danken ist, daß die Spielregeln eines Gesellschaftsvertrags der Staten untereinander und eines Herrschaftsvertrags der zusammengeschlossenen Staten mit Wilhelm eingehalten wurden. Von Marnix' Vorbereitungen für Dordrecht weiß man leider noch zu wenig. Es ist bemerkenswert, daß in jener militärisch und politisch verworrenen und prekären Lage diese beiden Grundformen christlich-politischer Organisation strikt beachtet wurden. Ob auch die Verbriefung der religiösen Freiheiten auf Marnix' Initiative zurückging, ist zweifelhaft, da er selbst später in seinem literarischen Streit mit Coornhert (1586) den Standpunkt der Vorherrschaft der calvinistischen Kirche verfolgte, während Coornhert die Gleichberechtigung der religiösen und persönlichen Meinungen vertrat. Es ist daher eher anzunehmen, daß der Grundsatz freier Religionsausübung auf Wilhelms persönlichen Wunsch in die Stipulationen des Herrschaftsvertrags aufgenommen wurden. Die Statenversammlung von Dordrecht 15.7.1572 ist damit der erste Fall in verfassungsgebender Versammlung beschlossener Grundrechte. Weder die Toleranzerklärung der französischen Könige von 1535 noch der Religionsfriede von Augsburg 1555 hatten *gleichberechtigte* Religionsausübung innerhalb derselben politischen Gemeinschaft zugebilligt.

Nachdem Wilhelm durch Marnix den versammelten Staten dies Angebot unterbreitet und diese zustimmend beschlossen hatten, bestätigte er nach Marnix' Rückkehr den Herrschaftsvertrag noch einmal und landete am 21.10.1572 in der westfriesischen Stadt Enkhuizen, um sein Amt als von den Staten beauftragter »Statthalter« anzutreten. Man kann über die juristische Vollständigkeit und Konsequenz, mit der diese Demokratie-Revolution durchgeführt wurde, nur staunen, zumal die theoretischen Schriften zur holländischen Unabhängigkeit, ausgelöst durch die Bartholomäus-Nacht (23./24. 8. 1572), erst um die Wende von 1572 zu 1573 einsetzten.

Ein Jahr später schon, 1573, beugte sich Wilhelm einem Statenbeschluß des Inhalts, daß die calvinistische Kirche in den Niederlanden die Vorhand genießen müsse und die anderen, insbesondere die katholischen und lutherischen Bekenntnisse, nur gewisse Schutzpositionen zugebilligt erhalten. Das blieb mit mancherlei Änderungen bis 1795 herrschendes Recht. Dennoch bewirkte der Geist von Dordrecht 1572, daß die Niederlande jahrhundertelang als das Land galt, in dem Menschen verschiedener Bekenntnisse, Katholiken, Reformierte, Lutheraner, Juden, Atheisten, im Prinzip unbehelligt nebeneinander leben konnten. Trotz aller Schikanen im einzelnen, mit denen die calvinistischen Richtungen untereinander und nach außen auftraten, war der Durchbruch zur staatlich verbrieften Meinungsfreiheit erzielt und konnte als Norm und Maßstab der – oft abweichenden – Praxis dienen. 1575 beauftragten die Staten Wilhelm, »den Katholizismus zu dulden«, was wohl wieder auf Wilhelms Initiative zurückzuführen war.

c) Die aufständischen Niederländer hatten sich also des militärischen Beistands Wilhelms von Oranien als »Statthalter« der Niederlande versichert, und der hatte seine Zusage von einer Verbriefung der Religionsfreiheit namentlich der Katholiken und Protestanten in den befreiten Gebieten abhängig gemacht. Warum stellte Wilhelm diese Bedingung? Wilhelm von Oranien, der »Schweiger« genannt, hat darüber Zeugnis in einer Reihe von Dokumenten abgelegt (»Vermaninghe« 1572, »Intentie« 1572, »Defensio« 1580/81, »Plakaat van Verlatinghe« 1581; vgl. noch die »Deductie van Vrancken« 1587). Er wiederholt sich darin, und eines der wiederkehrenden Argumente, ausführlich dargelegt vor allem in der sogenannten »Defensio« (oder »Apologia«) von 1580/81, bezog sich auf die Unterdrückung der Glaubensfreiheit durch Spanien. In der »Defensio« berichtet Wilhelm von einer persönlichen Warnung des »Königs von Frankreich«, die dieser ihm gegenüber geäußert habe. König von Frankreich war damals Heinrich III. von Valois, ein Gegner der Liga (weniger wahrscheinlich ist, daß mit dem »König von Frankreich« Karl IX. gemeint ist, der zusammen mit Franz II. 1559–1574 unter Katharina von Medici regierte; Heinrich III. regierte 1574–1589). Die Warnung an Wilhelm, der nicht nur Graf von

Nassau-Dillenburg, sondern auch »Prinz« von Oranien und damit dem französischen König ebenbürtig war, war gleichsam kollegial gemeint. Heinrich III. stand unter dem Eindruck der »leyenda negra«, der angeblichen Greuel, die die spanische Conquista in den neuentdeckten amerikanischen Gebieten begangen hatte. Auch Christoph Columbus selbst hat es bewegt, daß von den etwa 3 Millionen Einwohnern von Jamaika (den Arawaks; die Insel wurde entdeckt im Jahre 1494) bei seiner späteren Rückkehr auf diese Insel nur noch 350 000 lebten. Heute gelten die Arawaks als »ausgestorben«. Die Zahlen für Haiti: 1492 (Entdeckung): 300 000 Einwohner; 1496: 200 000; 1508: 60 000; 1548: 500[11]. Heinrich glaubte offenbar an die von Las Casas berichtete Zahl von 20 Millionen getöteten Indianern. Das gleiche Blutbad werde die spanische Inquisition nun unter den ketzerischen Niederländern anrichten, ließ Heinrich in seiner Warnung Wilhelm wissen. Die Kriegsführung des Herzogs von Alba, namentlich der »Blutzug von 1572«, schien dem Hinweis Heinrichs im Rückblick Recht zu geben. Wilhelm fühlte sich als niederländischer Standesherr, der er ebenfalls war, gegenüber der Bevölkerung verantwortlich. Als Ziel seines militärischen Engagements für die Niederländer sah er, sie vor dem Schicksal der Indianer zu bewahren. Und was die religiösen Auseinandersetzungen anlangte, kam es ihm, so Wilhelm in der »Defensio«, darauf an, das »grausame Töten« nach Möglichkeit abzuschaffen. Man mag Wilhelms Berufung auf die »leyenda negra« als Propaganda abtun. Im Rahmen der »Defensio« (1580/81) war sie sicher z. T. auch so gemeint. Tatsache ist aber, daß die die Mehrheit bildende katholische (und katholisch gebliebene) Bevölkerung der Niederlande Wilhelm wegen seines Eintretens für die Religionsfreiheit mindestens ebenso unterstützte, wie die calvinistische Minderheit es tat.

1572 und öfter noch danach drang Wilhelm auf Verbriefung und Gewährung religiöser Bekenntnisfreiheit und den dazugehörigen Freiheiten, sich zu versammeln und, wie wir heute sagen würden, seine Meinung frei zu äußern. Er glaubte dies seiner christlichen Überzeugung schuldig zu sein. Katholisch geboren, hat er, wiewohl von einem evangelischen Geistlichen getraut, sein Bekenntnis nie gewechselt. Wilhelm fiel 1584 einem Mordanschlag zum Opfer. Seine letzten Worte galten seinen Niederländern: »Mon Dieu, aie pitié de mon ame, et de ce pauvre peuple«.

Es würde hier zu weit führen, den allmählichen Übergang von der Toleranzdiskussion um die Mitte des 16. Jahrhunderts zu einem Denken in unentziehbaren Grundwerten und Grundrechten eingehender darzustellen. Dies ist an anderer Stelle geschehen[12]. In groben Zügen läßt sich diese Entwicklung wie folgt schildern:

Seinen Anfang nahm – und das sollte hier festgehalten werden – das Grundrechtsdenken in der Religion. Der durch Luther, Zwingli, Calvin u. a. reformierte, d. h. versuchsweise auf seinen ursprünglichen Inhalt zurückgeführte Glaube besagte im wesentlichen: Der Mensch muß hinsichtlich seines Schicksals und der Beurteilung seines Handelns voll auf seinen Gott vertrauen. Er kann sich weder im Diesseits noch im Jenseits durch Einsatz noch so großer Kräfte geistliche Vorteile verdienen. Andererseits ist ihm von Gott eine gerechte Beurteilung seiner Daseinsleistungen, umfassender: seines Schicksal-Schuld-Verhältnisses zugesagt. Der darin liegende Widerspruch – Angewiesensein auf Gottes Wohlwollen und doch Versprechen der Einhaltung von Rechtsregeln – kann nur durch ein diesem Gott entgegengebrachtes persönliches Vertrauen überbrückt werden. Hierbei bedingen absolute göttliche Souveränität und Vertrauen einander.

Anders ausgedrückt: Vertrauensbegriff, Rechtfertigung durch den Glauben statt durch Werke, christliche Vergebung und freies Handeln in der Zeit sind vier Aspekte der gleichen Sache. Dabei wird trotz der Angewiesenheit auf Gott als den Herrn des Lebens wegen des stets möglichen Neubeginns, so lange diese Zeit besteht, eine prinzipielle Offenheit der Zukunft, also ein Indeterminismus mit legitimem Risikogehalt und entsprechenden Vertrauensanforderungen erreicht.

Mit der Emanzipation des glaubenden Menschen und der »neuen Methode« war der Zweifel – das zur Prüfung einladende, aber unaufdringliche »Kommt und sehet's« (Johannes 1,39) der christlichen Verkündigung – wieder wissenschaftlich legitim geworden. Die Fesseln eines säkularisierten aristotelisch-scholastischen Naturrechts mit vorschreibbaren Denkinhalten waren abgeworfen. Politisch mußte das in einer Ordnung seinen Niederschlag finden, die den christlichen Zweifel institutionalisierte[13].

Diese Umsetzung des christlichen Zweifels in Organisation heißt Grundrechtsdemokratie. Sie gelang theoretisch-praktisch im Kreis um Wilhelm dem Schweiger, und sie wurde begleitet von der Theorie der

Ireniker und der Monarchomachen. Beiden voraus ging die Calvin-Kritik, wobei allen vier Positionen das Gebot der Toleranz in den Dingen des Glaubens und der Meinungsbildung gemeinsam ist. Eine Absage wurde damit allen politischen Durchsetzungsversuchen inhaltlicher Gewißheiten erteilt: Der Wissens- und Glaubensgewißheit der kontinental-scholastischen Lehre; der naturrechtlichen Gewißheit des Aristoteles; auch des Plato in seinen »Gesetzen« und im »Staat«; des Erasmus; des Bodin; auch der Heilsgewißheit der calvinistischen Prädestinationstheoretiker. Im Kreise der Theoretiker um Wilhelm setzte sich der »sokratische Zweifel« an der Trennbarkeit von Unkraut und Weizen durch, also der Standpunkt Coornherts (der dem Kreis selbst wohl nicht zugehörte, sondern sich zugunsten der Glaubensfreiheit mit Marnix in Streitschriften anlegte). Bei Richard Hooker wird der Zweifel zu einer vollständigen Rechts- und Staatstheorie ausgebaut (1586–1592), die sich über John Locke Weltgeltung als »Demokratie« verschaffte.

d) Zu zwei Einzelheiten dieser ersten Grundrechtsgewährung sei noch kommentierend Stellung genommen:

(1) Die Vorgänge von 1572 bezeugen auf seiten des Kreises um Wilhelm und der Staten, daß man die feudalrechtliche Begründung der Herrschaft von Menschen über Menschen beherrschte und anwandte, dies aber im Sinne eines reformierten Menschen- und Herrschaftsverständnisses: Die Grundlage bildet die Festlegung der Volkssouveränität durch Wilhelms »Vermaninghe« (in der Sprache der Texte: »auctaritas populi«)[14], woran sich Gesellschaftsvertrag[15] und Herrschaftsvertrag[16] durch Wilhelms »Intentie« und den Dordrechter Staatenbeschluß anreihen, ergänzt durch den Beschluß der Verbürgung der Religionsfreiheit.

Zusätzlich zu diesen Verbriefungen von Volks- und Statensouveränität, Gesellschaftsvertrag und Herrschaftsvertrag – sozusagen als inhaltliches Ziel der Revolution – läßt Wilhelm durch Marnix den Staten in der »Intentie« vortragen »dat gehouden zal worden vrjheid van religie, en dat een iegeleyk de zijne in het openbaar, in Kerk of Kapel, naar het de overheid zal goed dunken, vrij oefenen zal, zonder dat daarin iemand overlast mag leiden; verder, dat de geestlijken in hun staat onbekommerd zullen blijven«. Im modernen Sinne »unentziehbar« war die zuerkannte Religionsfreiheit daher nicht formuliert. Dem Sinne nach war sie es, schon wegen ihrer theologischen Begründung. Interessant ist, daß ein Gesetzesvorbehalt und ein unantastbarer Kernbereich (behördliches Gutdünken, aber keine gewaltsame Unterdrückung) als Probleme erkannt und formuliert wurden, und das im Jahr 1572. Das Edikt von Nantes 1598, 26 Jahre später, 1629 eingeschränkt und 1685 aufgehoben, ging nicht so weit. In der Utrechter Union vom 23. Januar 1579 finden sich die Grundsätze geschützter Religionsausübung wiederholt.

Die geforderte Religionsfreiheit erzwang eine liberale Haltung gegenüber der menschlichen Meinung überhaupt, und damit eine demokratische Regierungsform, wobei das Volk zwar souverän gedacht wurde, aber selbst noch nicht wählte, sondern jedenfalls grundsätzlich von den ebenfalls souveränen Staten (»ordines et populus«) vertreten wurde.

Die Revolte der Niederlande wandte sich also auch gegen die neue Regierungsform des Absolutismus. Die Zeit brachte *zwei* Dinge mit sich: Die *religiöse* Neubesinnung, die aber zugleich eine »Reform« der alten *feudalen Vertrauensstrukturen* bedeutete. Der Gegner war der Katholizismus von Trient, der den Absolutismus begünstigte und der allenthalben auftauchte, nicht zuletzt aus militärischen Gründen. Man muß daher die religiöse und die politische Rückbesinnung in einem engeren Zusammenhang sehen als dies bisher vielfach geschieht: Reformation und Antibürokratismus lagen nahe beieinander.

(2) Es ist bisher aber ebenso zu wenig beachtet worden, vor allem im Gefolge der Calvinismus-Kapitalismus-Theorie von Max Weber, daß zwischen der Religions- und Meinungsfreiheit einerseits und der Verteidigung »burgundischer« Finanzprivilegien ein enger Zusammenhang bestand, der das kaum unterscheidbare Ineinanderfließen von Freiheitsidealen und vermögensmäßigem Privilegiendenken zu Beginn der niederländischen Revolution verständlich macht. Im Gegensatz zu Max Webers Behauptungen standen von Anfang an religiöses Freiheitsdenken und das Pochen auf verbriefte Eigentumsrechte in engem Zusammenhang, nicht etwa folgte das Wirtschaftliche aus dem Religiösen.

Iterson erwähnt, daß (burgundische) Privilegien bestanden, die die bedingungslosen Vermögenskonfiskationen durch Obrigkeit abgeschafft oder gegen Zahlung eines Fixums ablösbar gemacht hatten. Vermögenskonfiskation war an sich eine verbreitete Strafart des ausgehenden Mittelalters. Nun stand auf Hexerei in der Regel die Todesstrafe, verbunden mit vollständiger Verfallerklärung des Vermögens. Zwischen »Hexen« und protestantischen Ketzern wurde in der 2. Hälfte des 16. Jahrhunderts nicht unterschieden, jedenfalls was die Straffunktionen anbelangte. So bedeutete ein Ketzerprozeß nicht nur in aller Regel den Feuertod, sondern notwendig auch Vermögenskonfiskation. Da das *zweite* im Wege der »burgundischen Privilegien« im niederländischen Raum abgeschafft war, konnte man »Privilegien« gegen »Ketzerverfolgung« anrufen, obwohl natürlich die persönliche Glaubensfreiheit *als solche* niemals Gegenstand jener fiskalischen Vergünstigungen war. So erklärt es sich, daß in der Auseinandersetzung zwischen 1568 und 1587 weithin »vermögensrechtlich« argumentiert wurde, wo es in der Sache um Religionsfreiheit ging. Es fiel leichter, wirtschaftliche Privilegien zu zitieren, als sich dem Odium der Unrechtgläubigkeit auszusetzen.

Die Unabhängigkeitserklärung der Niederlande vom Reich (PlaKaat van Verlatinghe, 26. 7. 1581) wäre eine eigene demokratietheoretische Studie wert. Sie entspricht weithin, auch in der Gedankenführung, der amerikanischen Unabhängigkeitserklärung vom 4. 7. 1776. Zugrunde liegt das von der Luther- und Calvin-Kritik, insbesondere von den Baslern, Béza und den Monarchomachen entwickelte Bild des in religiösen Dingen und *daher auch im politischen Bereich* selbstverantwortlich entscheidenden Menschen, der das göttliche und natürliche Recht hat, sich gegen Gewissenszwang zu verteidigen und sich zu diesem Zwecke zu organisieren, und der dabei auf die abweichenden Überzeugungen der anderen Menschen Rücksicht zu nehmen hat.

Verglichen mit der (1) Vermaninghe und der (2) Intentie von 1572 ist die (3) holländische Unabhängigkeitserklärung ausführlicher, verglichen mit der (4) Defensio von 1580/81 konziser und besser gegliedert. Im übrigen entsprechen sich die vier Papiere weitgehend in Inhalt und Anliegen. Zusammengefaßt finden sich die Grundgedanken der vier Papiere noch einmal in der (5) Deductie van Vrancken von 1587 aus Anlaß der Verabschiedung Leicesters. Man sollte diese fünf niederländischen Papiere einmal gesammelt herausgeben. Dann würde man sehen, daß die amerikanische Unabhängigkeitserklärung von 1776 nur ein Stück einer Entwicklung ist, die 1572 in Dordrecht begann.

## *2. Richard Hookers »Of the Laws of Ecclesiastical Polity«*

Wie nimmt sich nun die niederländische Entwicklung in der Rechts- und Staatstheorie von Richard Hooker aus? Hookers Werk entstand in den Jahren nach 1586 und lag in seinen ersten Teilen 1592 vor.

Hooker erweiterte in der rechtstheoretischen Einleitung seiner achtbändigen Grundlegung des Anglikanismus die Widerstandstheorie der Basler und Genfer Calvin-Kritiker, des Kreises um Wilhelm und der Monarchomachen durch die Frage nach Herkunft dieses Rechts auf Widerstand gegen den gottlosen Fürsten zu einer partiell, nämlich auf die *täglichen Dinge* beschränkten »Mehrheits«-Demokratie, die ihre Grenzen an unaufgebbaren, majoritäts-, kirchen- und obrigkeitsfesten *Grund- und Basiswerten* findet. Dieser Weg vom Widerstandsrecht zu einer die Volkssouveränität nicht nur feudalistisch postulierenden (»auctoritas populi« im Sinne der Vermaninghe von 1572), sondern sie auch begründenden Rechtsquellenlehre war für die Vollendung der »Umsetzung« der Reformation in eine »Werte gewinnende« Gesellschaftsorganisation der letzte, entscheidende Schritt. Hooker bereitete somit aus der Toleranztheorie der Berater Wilhelms, der Ireniker, der Monarchomachen und der Calvin-Kritiker, dem Widerstandsrecht der Monarchomachen und der niederländischen Revolution und ihrer Begründung eine *grundrechtsdemokratische* Rechtstheorie, die aufging.

Daß er dabei das Instrumentarium der Hochscholastik, insbesondere die Rechtslehre des Thomas von Aquin, äußerlich und mit leichten Retuschen einsetzte, zeigt seine synthetische Begabung. In der Sache kam freilich, wegen des der persönlichen Überzeugung beigemessenen politischen Gewichts, das Gegenteil von Thomas' christlicher Aristotelik heraus. Das Gewissen als politische Instanz – und nicht nur das Gewissen der pastoralen Notlösung – ist für Hooker maßgeblicher als das Naturgemäße; jedenfalls konnte man Hooker so verstehen, und die englische und amerikanische Demokratietheorie hat ihn so verstanden. Totalitäre Regierungsformen und Philosophien haben das

Gewissen immer bekämpft oder für den Ausdruck eines falschen gesellschaftlichen Bewußtseins erklärt.

Hooker widerlegt also durch sein Werk und dessen historische Bedeutung die Annahme, daß die Grundrechtsdemokratie der Klassik oder dem Humanismus entstammt. Der Humanismus verkannte die spezifisch christliche Bedingtheit der feudalistischen Gesellschaftsstruktur (die der Humanismus für »Natur« ausgab), und er verkannte auch die prinzipielle Grundrechtslosigkeit der klassischen, d. h. dem tragischen Lebensgefühl verpflichteten Polis. Der Zusammenhang von Meinungsfreiheit, nicht nur im Sinne der herodotischen/demokratienotwendigen Isegoria (des gleichen Rederechts für arm und reich), sondern eines durchsetzbaren *Rechtes gegen die Obrigkeit* einerseits und *Legitimierung öffentlicher Macht* andererseits ist christlich-reformierten Ursprungs. Das zeigt Hookers Werk.

Die Grundgedanken der Hookerschen Rechtstheorie sind die folgenden: Der katholische Standpunkt ist unrichtig, wonach die Bibel für das, was der Mensch glauben soll, unzureichend ist. Denn das verleitet dazu, daß Menschen anderen Menschen vorschreiben, was sie glauben sollen. Umgekehrt ist auch der puritanische Standpunkt falsch, wonach alles und jedes, was der Mensch tun und lassen soll, in biblischen Geboten und Verboten vorgezeichnet ist. Denn das hindert den Menschen, seiner eigenen gottgegebenen Vernunft und Überzeugung zu folgen, wo dies nötig ist, und es bringt damit den puritanischen Gläubigen in entsprechende Abhängigkeit von kirchlichen Instanzen.

Vielmehr gilt im Bereich der täglichen Dinge nur *das* als Recht, worauf sich die Menschen kraft ihres gottgegebenen Verstandes und in Berücksichtigung natürlicher Gegebenheiten untereinander mehrheitlich geeinigt haben, vorbehaltlich unantastbarer »Grundwahrheiten«: »... Bindung aller tritt ein, wenn sie die Mehrheit der Versammlung ausmachen, und dann überwinden ihre zahlreichen Stimmen die Beurteilung der Minderheit, denn in diesen Fällen ist die größere Hälfte das Ganze«. Gottfried Michaelis (1933) meint dazu, bei Hooker erscheine das Mehrheitsprinzip »noch nicht als etwas Selbstverständliches und allgemein Anerkanntes«, wie die Art seiner Ausdrucksweise zeige, doch sei »das Prinzip deutlich als solches erfaßt«. Eben dies belegt die hier vorgetragene These, daß Hooker der erste war, der der feudalistischen, insbesondere der englischen Parlamentspraxis eine christlich-reformierte theoretische Begründung gab. Abgestimmt hatte man schon oft, aber warum und auf welchen Gebieten (»die täglichen Dinge«) mehrheitliche Abstimmungen rechtstheoretisch legitim und notwendig sind, das entwickelte Hooker. In Hooker laufen Thomas Smiths Beschreibung des englischen Parlamentarismus und der englischen Gewaltenteilung (1565, veröffentlicht 1583) sowie die Calvin-kritische, niederländische und monarchomachische »Wertgewinnung« zu einer Theorie zusammen, die das *Warum* des Parlamentarismus und der Gewaltenteilung liefert.

Die Beschlußfassung über die täglichen Dinge findet nach Hooker in »Parlamenten und Räten« statt. Bei ihr ist direkte Teilnahme von der – historisch häufigeren – repräsentativen Teilnahme zu unterscheiden. Die »Parlamente, Räte und ähnlichen Versammlungen« beschließen durch Vertreter, die diejenigen binden, die sie entsandt haben. Selbst ein absoluter Monarch, auf den man sich im Gesellschafts- und Herrschaftsvertrag geeinigt hat, ist (deswegen nur) ein derartiger Vertreter (»agent«: Das revolutionäre Verständnis des »stadhouder« der Niederlande klingt hier an). Darum binden auch seine Beschlüsse. Aber die Geschichte zeigt, daß man mit Alleinherrschern schlecht fährt, so daß sich Gesetzgebung durch Regierungen, also durch Versammlungen von mehreren Menschen, als besser erwiesen habe.

Für die täglichen Dinge verwendet Hooker folgende Ausdrücke: »things indifferent«; »matters to be judged in the light of nature«; »matters of common discretion«; »things accessory«; »matters underlying a judgement of itself«; ferner: die Bibel ist »unfit in common affairs«, es gibt »merely human laws«, die naturrechtlich nicht ableitbar sind. Diese Wendungen, insbesondere die der »common affairs«, gaben Anlaß, den Begriff – und es handelt sich um einen einheitlichen – hier mit »täglichen Dingen« wiederzugeben.

Den »täglichen Dingen« stehen die fundamentalen Wahrheiten gegenüber, die menschlicher Beschlußfassung in Parlamenten und Räten, aber auch der an sich weitreichenden königlichen Suprematie über kirchliche Glaubenslehren, und sogar kirchlichem Glaubenszwang entzogen sind. Die grundlegenden Wahrheiten (»main parts of Christian truth«, »things necessary«, »foundation of faith«, »general ground whereupon we rest«) gewinnt Hooker z. T. sicherlich aus der

Denkweise der Ireniker und der Theoretiker einer »Minimal-Religion«, z. B. des Acontius und wiederum Wilhelms von Oranien und seines ›Kreises‹. Die Grundwahrheiten bilden bei Hooker also zugleich – wie bei jenen Irenikern und religiösen Minimalisten – die Basis eines Toleranzangebots: Nur weniges ist am Christentum wirklich wichtig und zentral; über accidentalia läßt sich streiten, und man soll sie nicht zum verpflichtenden Glaubensinhalt machen.

Drei Aufgaben erfüllen daher diese »Grundwahrheiten«: Sie sind die Basis des Toleranzgebots, sie sind mehrheitsfest, und sie sind suprematiefest. Weltliche Parlamente, königliche Gewalt und – über das Toleranzgebot – kirchliche Gewalt haben die Grundwahrheiten zu achten. Es geht dabei um den Schutz des einzelnen und der Minderheit. Darin geht Hooker auch über die Grundsätze der zisterziensischen Partizipation hinaus.

Mit dieser Unterscheidung von Grundwahrheiten und »täglichen Dingen« hat Hooker als erster die Dualität von mehrheitsdemokratischer Beschlußfassung und unentziehbaren Glaubenspositionen auf eine theoretische Formel gebracht. Die Vorgänge von Dordrecht (1572) – Vermaninghe und Intentie – hatten, zwanzig Jahre danach, ihre Theorie erhalten.

Abgeleitet ist die Dualität aus der christlichen Überzeugung, daß der Mensch von Gott zwei Dinge mit auf den Lebensweg bekommen hat: Die göttliche Offenbarung des Wesentlichen und den menschlichen Verstand (ratio), um die »täglichen« Fragen gleichberechtigt mit seinen Mitmenschen mehrheitlich zu entscheiden.

Kein Zweifel, daß hier eine Kombination von aquinatischer Vernunft und evangelischem allgemeinem Priestertum vorliegt, wobei sowohl die Vernunft der Scholastik politischem Erkenntniszweifel als auch das evangelische Laienpriestertum einem gesellschaftsorganisatorischen Auftrag unterworfen wurden. Fortan waren dem, der diesen Überlegungen folgte, zwei Wege verbaut: Aus scholastisch-katholischem Naturrecht Gewissenszwang oder aus lutherischer »sola gratia« eine Indifferenz gegenüber der politischen Ordnung unter Christen abzuleiten.

Die rechtsstaatliche Demokratie entstand also in den Niederlanden als politischer Kampfverband gegen die Unterdrückung der Gewissens- und Meinungsfreiheit, in England wenige Jahre darauf als gedankliches Ergebnis einer auf die politischen und kirchlichen Probleme Englands angewandten Irenik. Das Gewicht lag dabei in Holland vorerst auf den Menschenrechten, in England auf dem Parlamentarismus. Für Holland können die Jahre 1572–1587 (Dordrecht bis Philip Sidneys Tod und Leicesters Heimfahrt) angesetzt werden, für England das Jahr 1592, in dem Hooker sein Werk (das 1593 im Druck erschien) an Bischof Whitgift schickte. Erst später vereinigten sich beide Ströme über Milton und Harrington bei Locke.

Die Hoffnungen Philip Sidneys und des Kreises um Wilhelm »den Schweiger«, das Freiwerden der polnischen Königskrone 1574, als Heinrich III. von Valois die polnische mit der französischen tauschte, dafür zu nutzen, um aus Polen »ein zweites Holland zu machen«, ließen sich nicht verwirklichen. Die Gründe hierfür näher zu untersuchen – sie dürften u. a. beim polnischen Adel und dem Einfluß der Gegenreformation liegen –, wäre ein lohnendes Thema.

Somit kann Hooker in rechtstheoretischer Hinsicht zugleich als ›Überwinder‹ des politisch-theologischen Thomismus *und* manichäisch-augustinisch-lutherischer Gesellschaftsabstinenz in Gestalt einer gnostischen Zwei-Reiche-Lehre (s. o. I) gelten.

### *3. Hooker – Luther*

Man könnte nun viele Dinge vertiefen: Hookers Verhältnis zu Luther, Hookers Verhältnis zu den Niederländern, seine Monarchietheorie, seine persönliche Bekanntschaft mit Edward Coke 1586 - 1591, usw. Das kann hier nicht alles ausführlich geschehen.

Doch soll abschließend noch von zwei Aspekten die Rede sein: Ein kurzer Vergleich Luthers und Hookers am Thema der Grundwerte und Hookers – man muß vorsichtig sagen: *mögliches* – Verhältnis zu den Niederlanden und deren republikanischer Tradition (seit 1572).

Im Ansatz findet sich die Hookersche »Zwei-Werte-Lehre« schon bei Luther, und dort in einer sehr bezeichnenden, aber undeutlichen, fast widersprüchlichen Verbindung zu Luthers eigener Zwei-Reiche-Lehre. Luther unterschied, wie Johannes Heckel nachgewiesen hat, das begrenzte (und nach Trägerschaft und Gegnerschaft differenzierte) Widerstandsrecht gegen den Fürsten, den »tyrannus particularis«, vom umfassenden Widerstandsrecht (einschließlich einer Widerstandspflicht) gegen den Großtyrannen, den tyrannus universalis, in Luthers Denken verkörpert durch Türken und Papst, letzterer, wenn er zum Schwert greift[17]. Den Großtyrannen definiert Luther dadurch, daß er es ist, der die beiden Reiche, in die Gott den Menschen gestellt hat, vereinheitlicht zu seinem eigenen tyrannischen Reich, in welchem er das Recht als Instrument der herrschenden Kraft, nämlich seiner Kraft bezeichnet. Der Großtyrann läßt nur seinen Willen gelten, er setzt nicht Gewalt gegen Recht, sondern *will das Recht selbst sein und geben.* Er will seinen Willen über Leib und Seele seiner Untertanen erstrecken. Gegen diese Mißachtung des Reiches zur Rechten als solchem ist kriegerischer Widerstand jedes einzelnen Recht und Pflicht, selbst wenn die Obrigkeit am gebotenen Widerstand nicht teilnimmt: »deficiente magistratu plebs est magistratus!«[18]

Luther spricht hier – ohne Abgrenzung von seiner Zwei-Reiche-Lehre – einen Kernbestand unentziehbarer, in keinem Falle zu menschlicher Verfügung gestellter Glaubensdinge an, und mit dem Angriff auf diesen Kernbestand endet das »Laß fahren dahin …«, um in ein allgemeines Widerstandsrecht umzuschlagen. Hier entfällt überraschenderweise die Grenze zwischen den beiden Reichen, und Christenpflicht in dieser türkisch-päpstlichen Welt ist es, sich und den Seinen die Glaubensfreiheit zu erkämpfen. Wilhelm der Schweiger in seinen »niederländischen Papieren« (seit 1572) und Hooker in seiner Rechts- und Staatslehre (1592) hätten dem sicherlich zugestimmt, ja sie haben in der Sache *diese* Grundsätze Luthers zum Inhalt ihres Denkens gemacht.

Luther unterschied *im übrigen* die zwei Reiche, deren Bürger der Christ ist (im Anschluß an den Satz: »Gebt dem Kaiser, was des Kaisers ist, und Gott, was Gottes ist«). Dadurch wurden die »täglichen Dinge« »Welt« und damit für den Gläubigen uninteressant, ja suspekt. Hooker unterschied die unaufgebbaren Grundwahrheiten und die »täglichen Dinge«, die ersten parlamentarisch unabstimmbar, die zweiten abstimmbar. Für Hooker war der Christenmensch aber auch in den »täglichen Dingen« mit Göttlichem beschäftigt und als Christ zu ihrer Erledigung beauftragt, denn er sollte dabei seine ihm »von Gott gegebene Vernunft« gebrauchen, auch dort, wo die Werte nicht gleich einsichtig oder sogar dauernd zweifelhaft blieben. Dadurch trieb Hooker der reformierten Religion den letzten Rest von augustinischem Manichäismus, der Lehre von Gottes- und Teufelsreich, aus. Hooker setzte, wenngleich er dies nicht so formulierte, aber doch in der Sache, Augustinus und Luthers »Zwei-Reiche-Lehre« eine christliche »Zwei-Werte-Lehre« entgegen.

Hooker spricht auch nicht wie Luther (und seine Ausleger bis zu Johannes Heckel und bis zu dessen Auslegern wie Steinmüller) vom »Gesetz«, das von irgendwoher kommt, von Gott im Dekalog oder vom Fürsten oder von den Ständen, sondern vom »Recht« (law). Schon in diesem terminologischen Gegensatz offenbart sich eine Weite des Abstands. Luthers (weltliches) Gesetz von irgendwoher war »der Zuchtmeister auf Jesus«, eine Ordnung dieser Welt, des Reiches zur Linken. Hooker hätte dem Gedanken, daß das »Recht« Zuchtmeister auf Jesus sei, vielleicht nicht widersprochen, aber bei ihm hätte die Aussage nicht den Sinn des erhobenen Zeigefingers. Nach Hooker gibt sich das Volk das »Recht« selbst, in den »Parlamenten und Räten«, in Anwendung gottgegebener menschlicher Vernunft: Die Menschen »erziehen« sich also selbst, im »Reich zur Rechten« (in Luthers Denkweise).

In der Diskussion um Kirche und Staat wird leicht übersehen, daß der moderne Staatsbegriff nicht in die Denkweise des Alten oder des Neuen Testaments zurückprojiziert werden darf. Die Diskussion der Zwei-Reiche-Lehre krankt an diesem Ethnozentrismus. Die seinerzeitigen Herrschaftsordnungen im östlichen Mittelmeerraum kannten statt des modernen Staatsbegriffs im wesentlichen nur den orientalischen Alleinherrscher und die griechische Stadtväterordnung der Polis, die in der römischen Republik in größere Dimensionen überführt wurde. Die Alleinherrscherordnung (basileus) lehnt Jesus in Lukas 22, 24 ff. als für Christen verwerflich ab, die Stadt- und Republikväterordnung (archontes) wird von Paulus in Römer 13 als für Christen annehmbar angesehen. Augustinus sieht nicht den radikalen Unterschied zwischen den beiden antiken Herrschaftsformen und stellt in der Civitas Dei, in der er das Christentum gegen den Vorwurf verteidigen wollte, es habe zum Untergang des Römischen Reiches beigetragen, den im »Reich zur Linken« tätigen archontes die Alleinherrscherordnung eines göttlichen basileus als »Reich zur Rechten« gegenüber, vermischt also aus biblischer Quelle Unvergleichbares und dazu noch mit falscher Akzentsetzung. Luther vertieft den Fehler, indem er aus der Sicht seiner Zeit den biblischen Unterschied zwischen basileus und archontes, also zwischen Despotie einerseits und Polis und Republik andererseits völlig vernachlässigt: für ihn gibt es nur einen Einheitsbegriff »Obrigkeit« oder »Gewalthaber«, womit er der deutlichen, wertenden Trennung von basileus und archontes in den Quellen nicht gerecht wird. Die moderne Diskussion der Zwei-Reihe-Lehre setzt die Reihe ethnozentrischer Verkennungen mit der Verwendung des modernen Staatsbegriffs fort.

## *4. Der Zusammenhang Hooker – Niederlande*

Vergleicht man Hookers Rechts- und Staatslehre mit den fünf Papieren zur niederländischen Unabhängigkeit (1572–1587), so ergeben sich gewisse Übereinstimmungen, die darauf schließen lassen, daß Hooker den Gang der niederländischen Entwicklung zumindest in den wesentlichen Grundgedanken und Grundzügen kannte. G. Michaelis (1933) weist nach, daß Hooker sich mit den Vindiciae auseinandersetzt, den Souveränitätsbegriff der Monarchomachen bis in die Formulierungen hinein übernimmt, ihn englischen Verhältnissen anpaßt und im Gegensatz zu Bodin stets auf die Beschränkung der Souveränität der obersten Staats- und Kirchengewalt Bedacht nimmt, was ebenfalls monarchomachisch-oranischem Geist entspricht.

Wenn man bedenkt, daß Duplessis-Mornay und Languet zugleich Mitverfasser der »Vindiciae contra tyrannos« (1579) *und* der »Apologie« Wilhelms (1580/81) sind, erscheinen die Verbindungslinien eng[19].

Die Staatstheorie der »Apologie« Wilhelms (1580/81) besteht darin, daß das einfache Volk lediglich gute »councils«, nicht mehr, haben wolle, die sich vor ihm öffentlich zu verantworten haben; daß der Fürst »Kredit« beim Volk haben müsse; daß Steuern mit der Zustimmung des Volkes (vertreten durch die Staten = Stände) zu beschließen seien; daß es umgekehrt die Aufgabe des Fürsten sei, »Freiheit des Gewissens zu garantieren« und Gewissenszwang zu bekämpfen. Hooker hat dem allen in der Sache – aber mit Bedacht, die Krone nicht zu verletzen – zugestimmt. Seine Vertretungstheorie ist rationaler und dadurch allgemeiner gehalten, und das Toleranzproblem bewegt ihn als Engländer in minderem Maße als die Holländer.

Wenn G. Michaelis meint, Einflüsse von Acontius' Toleranzprinzip auf der Basis einer »Minimalreligion« seien bei Hooker zweifelhaft, ist dem der persönliche Kontakt Hookers zur Dutch Colony, der niederländischen Kaufmannsgesellschaft in London, entgegenzuhalten, in der Acontius Hausgast van Meterens war.

## 5. *Eine Würdigung*

Es kommt aber letztlich nicht darauf an, ob nun R. Hooker oder Duplessis-Mornay oder Béza oder gar Luther selbst derjenige war, der zum ersten Mal den Gedanken klar formulierte, daß sich die Menschen in den täglich zu erledigenden Dingen zusammensetzen sollen, um sich Regeln zu geben, nach denen sie in gegenseitiger Achtung, einer als des anderen Diener, auf der Basis von Grundwerten leben wollen. Wichtig ist allein zu erkennen, daß diese rechtliche Lebensform, genannt Grundrechtsdemokratie, das profanisierte *Laienpriestertum* der Reformation ist. Dabei ist von entscheidendem Gewicht, daß die Fähigkeit des Menschen, an der Rechtssetzung direkt oder im Wege der Beauftragung von Abgeordneten teilzunehmen, aus seiner Gewissensfreiheit, also dem Primat der gegenseitigen Achtung und Zu-Diensten-Seins entwickelt wurde. Darin liegt der Unterschied zur Polis, was schon Hugo Grotius anhand seiner Treue-Theorie im Parallelon rerum publicarum aufzeigte[20]. Grundrechte und Volkssouveränität bildeten nach der Reformation eine gedankliche Einheit.

Die Vorgänge zwischen 1572 und 1592 bedeuten in allgemein rechtstheoretischer Hinsicht folgendes: Über das Mehrheitsprinzip der attischen Demokratie und der spätanimistisch-tragischen Genossenschaft hinaus, in denen die gesellschaftlich führenden Werte *mehrheitlich* beschlossen wurden, gelang eine Spaltung des Wertbegriffs. Das Mehrheitsprinzip wurde reduziert auf einen bestimmten Aufgabenkreis, nämlich auf die Aufgaben des täglichen Lebens. Über dies hinaus gab es nun unantastbare Werte, die mehrheitsfest waren. Es gab den Wert als ein Dafürhalten und zweitens den Wert als das Recht des anderen, seinerseits dafür zu halten und bei seiner Meinung zu bleiben. Das Gespräch über die Werte, der Zweifel an Werten, wurde auf Dauer – als Wert – institutionalisiert. M.a.W., der Meta-Wert, war entdeckt. Das fortan mögliche Denken in Werten und Meta-Werten macht die Hookersche »Zwei-Werte-Lehre« der lutherschen Zwei-Reiche-Lehre um vieles überlegen. Der Schritt von der Toleranz zum Grund*recht* wird getan, wo Toleranz hoheitlich garantiert wird, wo mithin Toleranz zur Sache des res publica wird. Also bedingt beides einander: Toleranz und tragisch-christliche, handlungsgeeignete Organisation.

Der Widerstand der »Päpste des 19. Jahrhunderts« gegen die Anerkennung von Menschenrechten ist also historisch nicht begründet[21]. Die Entstehung der Menschenrechte selbst belegt dies, ebenso wie der nichtsäkulare Ursprung der Menschenrechte deutlich wird: Anlaß für die Gründung der Niederlande 1572 als vom Reich und von Spanien unabhängige Republik war eine Unterdrückung von Religions- und Versammlungsfreiheit, die mit der Drohung physischer Ausrottung verbunden war. Da der Feldzug gegen die Niederlande religiös begründet wurde, nämlich mit der grundsätzlichen Rechtslosigkeit des Ketzers, war die Befürchtung der Niederländer, ein entsprechendes Schicksal wie die Indianer zu erleiden, begründet, und die spanischen Statthalter taten alles, um dieser Befürchtung Nahrung zu geben. 1572 überwog noch der Abwehrgedanke: Es galt, die Existenzgefährdung wegen Andersgläubigkeit zu bekämpfen.

Es bedurfte des *irenischen* Anstoßes durch Wilhelm den Schweiger, aus dieser Abwehrhaltung der calvinistischen Stände (Staten) einen *Rechts*titel auf Schutz gegen *jede* gravierende Sanktion wegen Andersgläubigkeit zu machen. Weil Wilhelm von Oranien damit durchdrang, war die *erste* dadurch geschützte Konfession die *katholische*, die übrigens zahlenmäßig in den Niederlanden zu allen Zeiten wenigstens die relative Mehrheit stellte. Die Entstehung der Menschen*rechte* (denn es ging 1572 schon um einen *Rechtstitel*, nicht bloß um Toleranz, einen Fortschritt, den manche, darunter Kriele [Kriele 1985], erst dem 18. Jahrhundert zuordnen) beruht also *staatspolitisch* auf der befürchteten Wiederholung eines Genozids, begangen im Namen der Kirche, *wirkte* aber in erster Linie zum *Schutze* der Katholiken. Der *Meta-Charakter* moderner Grundrechte kommt in dieser Entstehungsgeschichte ebenso zum Ausdruck wie im bekannten Wort Voltaires: »Ich bin nicht Ihrer Meinung, doch würde ich von mir hoffen, daß ich mein Leben für Ihre Freiheit einsetzte, sie zu äußern.«[22]

Was seit 1566 in den Niederlanden geschah, ereignete sich – mehr noch als in der Schweiz und im Schottland des John Knox – nicht im Winkel. Es muß den »Päpsten des 19. Jahrhunderts« (Isensee) bekannt gewesen sein, zumal sich die Gründung des Staates Maryland und seine Aufnahme in die Vereinigten Staaten von Amerika unter genau den gleichen menschenrechtlichen Auspizien vollzog (Menschenrechtsschutz zugunsten der Katholiken). Vielleicht war das Argument, in der Französischen Revolution habe sich gezeigt, wie verhängnisvoll sich liberale Menschenrechte auswirkten, ein – bewußt oder unbewußt – vorgeschobenes: Man wollte anderen nicht die Glaubensfreiheit geben, die man selbst – etwa in Maryland nach der Charta von Karl I. – für sich in Anspruch nahm. Theoretisch ausgedrückt: Der Katholizismus des 19. Jahrhunderts verkannte den Meta-Charakter der christlichen Freiheit.

Darin hielt man freilich nicht Schritt mit der allgemeinen Entwicklung seit Hooker, Althusius und Coke: Das Hin und Her zwischen Nantes (1598) und Fontainebleau (1685: Vertreibung der Hugenotten) in Frankreich, zwischen Parität (Augsburg 1555), Toleranz, cuius regio und status quo ante (1624) im Reich, zwischen Independenten und Stuarts in England – das alles gleicht einem unbehilflichen und unseligen Nachtarocken, das an einer christlich begründeten Denkfreiheit und an einem christlich begründeten Pluralismus nichts mehr ändern konnte. Die Französische Revolution ist – wenn man an die kurz vorausgehende niederländische »Patriotten« und an die US-amerikanische Revolution denkt – im Zusammenhang mit der Begründung der Menschenrechte fast ein Fehlzitat. Auch in der politischen Diskussion hat man manchmal den Eindruck, daß sich die Kritiker der Menschenrechte, die sich in ihrer Kritik auf die Französische Revolution beziehen (vgl. dazu Isensee 146), auf einen Pappkameraden einschießen.

Für den modernen Katholizismus, der zu Recht auf der Suche nach einem positiven Verhältnis zu den Menschenrechten ist, liegt also die Anknüpfung an 1572 mehr als nahe. Nur noch scheinbar stellt sich dann das Problem: Wo anknüpfen, wenn nicht an säkularer Liberalität? Zweifellos, für den Gläubigen verbietet es sich, eine so wichtige Sache wie die Menschenrechte an a-christlicher Rationalität festzumachen. Soll man es, um den Bezug zur Religion herzustellen, wie es Maimonides für die jüdische und Albertus Magnus und Thomas von Aquin für die christliche Tradition taten, mit einer Adaptation säkularer Vorfindlichkeit in die religiöse Verkündigung versuchen?

Nichts von alledem. Wieder hilft ein Blick auf die Geschichte, namentlich die des ›langen‹ 16. Jahrhunderts: So wie sich die Vorstellung von rechtlich geschützten und staatlicherseits zu gewährenden unentziehbaren Werten des Menschen im 16. Jahrhundert entwickelt hat, vor allem im Kreis um Wilhelm den Schweiger und, vermittelt über die Dutch Colony in London, bei Richard Hooker, kann kein Zweifel daran bestehen, daß die Menschenrechte, so wie wir sie heute verstehen, christlichen Ursprungs sind, unbeschadet ihrer – politisch labilen – tragischen Vorformen in Polis und Genossenschaft wie Asylrecht, Isegoria, Aidos, Bürgerrechten und fränkisch-feudaler Partizipation.

Die ersten Anstöße kamen dabei aus der spanischen Kolonisationskritik, namentlich von seiten Francisco de Vitorias (1539), der als Rechtslehrer und Berater der spanischen Krone erheblichen Einfluß ausübte, und diese Mahnungen wurden aufgegriffen von Irenikern und »politiques«. »Die Deportation der schwarzafrikanischen Völker sowie die Massaker an den Indios waren zugleich die Geburtsstunden der Menschenrechte (Las Casas 1552). So waren diese Opfer vielleicht nicht ganz umsonst« (Lüders 488). Diese ersten Ansätze kommen also ganz überwiegend aus dem katholischen Lager. Die Lutheraner haben – ungeachtet der Thesen Martin Luthers zum Widerstandsrecht – zunächst keine Menschenrechte entwickelt. Melanchtons Rückgriff *in politicis* auf Aristoteles – schon wieder eine Säkularisierung – verbot dies. Ähnliches gilt für Calvin. Die Gründe sind für Luther und Calvin freilich verschieden. Zu Werten im Diesseits findet der augustinisch-lutherische Manichäismus keinen Zugang: Alles im Diesseits taugt nichts. Eine gnostische Eschatologie schleicht sich ein, durch die andere Eschatologien (mystische-pietistische, völkische, marxistische u. a.) für manchen lutheranischen Christen zur Versuchung wurden und werden. Anders wiederum Calvin: Was gottgemäß ist, spiegelt sich bereits in diesseitiger Werthaftigkeit, und wer zweifelt, wird – wie Michel Servet im Jahr 1553 – als Ketzer verbrannt. Der Feuertod Servets löst eine aus christlichem und humanistischem Geist gespeiste Luther- und Calvin-*Kritik* aus, als deren »Vororte«, wie man heute sagen würde, u. a. die Verlagshäuser Froben in Basel und Plantin in Antwerpen gelten dürfen. Es sind die Luther- und Calvin-*Kritiker,* die mannigfach verbunden mit Humanisten, Irenikern, »politiques« und der Family of Love jene *katholischen* Anstöße aufnehmen und im Kreis um Wilhelm (seit 1566) und in der monarchomachischen Pamphlet-Literatur (seit dem 23. August 1572) erst auf Toleranz und dann auf

Menschenrechte auf Toleranz dringen. – Man muß also nicht Protestant werden. Aber Christ – oder wenigstens Tragiker – muß man sein, wenn man Menschenrechte in einer auf Handeln angelegten menschlichen Gesellschaft vertritt (Troller).

Denn sonst verpflichtet man sich auf ein richtiges Bewußtsein, und sei es das einer 50,1%-Mehrheit. Ohne den kartesischen Zweifel an der Berechtigung des eigenen Standpunkts – auch des eigenen christlich-konfessionellen Standpunkts – sind Menschenrechte nicht zu haben. Das bedeutet z. B.: Die aristotelische Entelechie – wie Sophistik und Paideia ein Produkt säkularisierter Tragik – steht auch dann der Anerkennung von Menschenrechten entgegen, wenn sie nach Sichtung durch Maimonides, Albertus Magnus und Thomas von Aquin ins Judentum oder Christentum eingefügt wird (um denen eine Stütze zu geben, die durch den Glanz der Antike ins Schwanken geraten sind – so ist der Titel des wichtigsten Buches von Maimonides zu deuten). Denn ebenso wie die Entelechie (also die jedem sich Bemühenden erkennbare und benennbare Werthaftigkeit des Seienden in Ermangelung einer Werte-Offenbarung) eine Säkularisierung der tragischen Lebenshaltung der attischen Polis darstellt, ist ihre Einfügung in den christlichen Glauben insbesondere durch Thomas von Aquin ein Vorgang der *Säkularisierung*.

Die kritischen Fragen nach dem, was ist und wie man es erkennen könnte, werden durch die Lehre von der Entelechie ebenso abgeschnitten wie die von der Scholastik bejahte Erkennbarkeit des moralisch Guten durch den Gläubigen. Die Hochscholastik – eine Säkularisierung des christlichen Glaubens? Man wird diese – für manche vielleicht schockierende – Frage bejahen müssen. Die Idealisierung des Mittelalters, das geforderte Zurück zur verloren geglaubten Einheit und Statik des Gemeinwesens ist im Kern nur das Festhaltenwollen an einer Säkularisierung des Christentums, die aufgebbar ist wie jede Säkularisierung und die aufzugeben ist, wenn man Menschenrechte will.

Die Scheu vor dem kartesischen Zweifel schwindet, wenn man sich fragt, *warum* der Mensch zweifeln darf – und soll. Dann hat man nämlich sehr schnell wieder »absoluten« Grund unter den Füßen. Ein Blick in die Runde der Religionen zeigt das (für das Christentum siehe z. B. Lukas 22, 24 ff. und die eingangs zitierten Parallelstellen; dazu das praktische Beispiel unten VII 1.a), Abs. 7). Die Würde des Menschen besteht darin, daß er die Wahrheitsfrage stellen, d. h. zweifeln darf. Das ist der Sinn des »cogito, ergo sum« (Descartes; cogitare hier: über etwas nachdenken). Und der Pluralismus ist nicht der Feind des Christentums, sondern sein Auftrag und seine Konsequenz. Denn pluralistisch fragen kann nur, wer sich gegenüber einer Außeninstanz stets im Unrecht weiß, und diese Außeninstanz ist nur tragisch oder jüdisch/christlich konstruierbar (zustimmend: Troller; vgl. auch Fikentscher, Modes of Thought, 393 ff.).

## VI. Die beiden Wertbegriffe

Die Rückbindung der Methode an die Philosophie, deren Notwendigkeit eingangs (oben II.) behauptet wurde, erfolgt also mit zwei Wertbegriffen: Die majorisierbaren und die nicht-majorisierbaren Werte. Nun läßt sich auch die Antwort auf die Frage nach der Gerechtigkeit umreißen: Gerecht sind die Werte, auf die sich die Majorität einigt, vorausgesetzt, es besteht eine Ordnung, in der die »ewigen«, nicht-majorisierbaren Werte dafür sorgen, daß die Frage nach dem was »gerecht« ist, stets neu gestellt und beantwortet werden kann.

Werte sind ausgewählte Zwecke, Wertung ist ethologische Dezision. Die »Grundwerte« sind solche, welche die Möglichkeit der Zweckauswahl für möglichst viele Auswähler in möglichst gleich weitem Maß aufrechterhalten. Von hier aus, nicht von sonstigen »materialen Werten« oder werthaltigen Philosophien, schränkt sich die Unendlichkeit der Dezisionen in gewissem Umfang – aber gerecht – ein. »Materialer Natur« sind *alle* Werte, die majorisierbaren, mehr noch die nicht-majorisierbaren, voran die Rede- und Meinungsfreiheit. Naturrecht und Grundrechtsdemokratie sind das gleiche.

## VII. Zur heutigen Bedeutung

Wenn es also richtig ist, daß die beiden der tragischen Denkart zugehörigen Organisationsformen, polis und Genossenschaft, lediglich labile Vorformen der Grundrechte (im Zusammenhang mit der Erfindung subjektiver Rechte) entwickelt haben, wenn es weiterhin richtig ist, daß demnach die modernen Grundrechte nicht nur christlichen Ursprungs sind, sondern daß das Christentum als Erfüllung und Überwindung der Tragik (Röm. 6–8) für Grund- und Menschenrechte konstitutiv wurde und daß darum ein säkulares Grundrechtsraisonnement zu Retragisierung und erneuter Labilität führt, so muß dies für eine ganze Reihe moderner, gesellschaftlicher und politischer Probleme von unmittelbarer Bedeutung sein[23].

Selbstverständlich kann hier nicht allen modernen Bedeutungen christlicher Naturrechtsverankerung nachgegangen werden. Im Wege der Gewinnung eines Überblicks lassen sich – so der Vorschlag – die Gesellschafts- und Politikprobleme der Entwicklungsländer von denen des sogenannten entwickelten oder »modernisierten« Bereichs, man kann auch sagen von denen des Abendlands, unterscheiden. Dies soll im folgenden in einer Skizze geschehen, die in hohem Maße unvollständig, unsystematisch und ungeschützt vorgeht.

### *1. Im Bereich der Entwicklungsländer*

a) *Lateinamerika als Beispiel.* Mittel- und Südamerika leidet seit seiner Entdeckung an einem Geist der Übervorteilung und Unzuverlässigkeit. Ein englischer Diplomat sagte unlängst, auf die politischen Zustände in Mittel- und Südamerika hin angesprochen, man dürfe von einem Kontinent nichts anderes erwarten, der Treu und Glauben, selbstlose Verwaltung und Achtung vor dem kleinen Mann nie kennengelernt habe. Die Last der Schuld, die aus kolonialer Zeit auf dem Christentum liegt, wird kaum je abgetragen werden können[24].

Es scheint ein wenig vorschnell, wenn man auf die Beseitigung der Militärdiktatur in Brasilien und in Argentinien und die nachfolgenden Regierungen von Zivilisten Hoffnungen auf eine Demokratisierung setzt. Den Schwierigkeiten im staatlichen Bereich entsprechen solche im kirchlichen, in Begriffe gekleidet u. a. durch die Auseinandersetzungen um die Befreiungstheologie.

Wohl im Hinblick auf die Thesen der Befreiungstheologie formulierte neulich ein brasilianischer Gewerkschaftsführer die Bedingungen, unter denen er sich eine demokratische Entwicklung in seinem Land vorstellen könnte: Es handelte sich um einen Sprecher der katholischen Arbeiterbewegung in Brasilien, die in Konkurrenz zu marxistischen und säkularen Gewerkschaften steht, wobei sich offenbar diese Bewegungen bei der Verfolgung ihres sozialpolitischen Ziels den Unternehmern bessere Arbeitsbedingungen und Löhne abzuringen, gegenseitig behindern. Dieser katholische brasilianische Gewerkschaftsführer sagte also, man habe es bisher immer damit versucht, gegenüber anderen Recht zu behalten. Er sehe aber darin keinen Weg in die Zukunft. Denn es trage nicht zur Demokratisierung einer Nation bei, wenn man lediglich bestrebt sei, seine eigene Meinung als katholischer Gewerkschaftler gegen die konkurrierenden Gewerkschaften und gegen die Kapitalisten zu vertreten. Es gehe vielmehr um die Schaffung eines Rahmens, einer gesellschaftlichen und politischen Ordnung, innerhalb dessen jeder die Freiheit habe, seine Meinung zu vertreten. Dies Ringen um den gemeinsamen Rahmen sei wichtiger als die Durchsetzung der eigenen Meinung.

Dieser brasilianische Gewerkschaftler hat das Wesen der auf Grundrechten aufgebauten Demokratie mit einer für jenen Kontinent seltenen Klarheit erkannt. Wie Wilhelm von Oranien kommt es ihm darauf an, die Freiheiten aller zu achten, damit auch die eigene Freiheit auf Dauer zur Geltung gebracht werden kann. Daß er dies unter ausdrücklicher Bezugnahme auf seinen katholischen Standpunkt als Gewerkschaftler vertrat, deutet einen Wandel an. Hier wird Grundrechtsdemokratie als Ergebnis einer religiösen, nämlich christlichen, und nicht-säkularen Metatheorie der Werte begriffen.

Die damit verbundene Absage gilt *einerseits* den Marxisten und Neomarxisten, deren Wertlehre auf der behaupteten Divergenz von Tauschwert und Gebrauchswert beruht. Der Tauschwert ist der am Markt, d. h. durch einen Dialog über Werte ermittelte, von den Marxisten als Instrument der Ausbeutung abgelehnte Wert. Marxisten wollen eine am Gebrauchswert orientierte Gesellschaft und Wirtschaft. Gebrauchswerte kann man nicht messen, man kann über sie nicht diskutieren. Diskutierte Gebrauchswerte werden automatisch zu Tauschwerten. Daher verfährt der Marxismus dialoglos und begriffsnotwendig totalitär. Dies hat er mit allen Denkarten gemeinsam, die vorgeben, über den erkenntnistheoretischen Zugriff auf Werte zu verfügen.

Das bedeutet, daß sich das Bekenntnis jenes katholischen Gewerkschaftsführers in gleicher Weise gegen die Dogmatik seiner eigenen Kirche richtet, soweit sie vorgab oder vorgibt, über den Schlüssel der Erkenntnis von Gut und Böse zu verfügen. Letztlich ist Inhalt seiner Kritik ein fehlender erkenntniskritischer Abstand der römischen Kirche zur Entelechie, zur Ablesung des (angeblich) Naturgemäßen.

Damit gilt die Kritik jenes Gewerkschaftlers zugleich der Befreiungstheologie, soweit sie justum pretium und den Gebrauchswert gleichsinnig, das heißt notwendig dialogentzogen, verwendet. Der »Vater der Befreiungstheologie«, Pater Gustavo Gutiérrez, hat nach einem Bericht von Friedrich Kassebeer in der Süddeutschen Zeitung (vom 21. 2. 1985, S. 12) seiner Überraschung Ausdruck gegeben, daß Kardinal Ratzinger »in seinem Dokument die Befreiungstheologie als absolut gültig bezeichnete«. So habe es auch die peruanische Bischofskonferenz in ihrer Stellungnahme zu der Instruktion aus Rom dargestellt. Im Grunde ist das keine große Überraschung. Der Schritt vom (nicht kritisierbar) richtigen christlichen Bewußtsein zum richtigen sozialistischen Bewußtsein ist ein kleiner. Dies zum Ausdruck gebracht und kritisiert zu haben, ist das Verdienst jenes katholischen Gewerkschaftlers. Es kommt ihm nicht darauf an, Recht zu haben, sondern auf Dauer einen Dialog zu eröffnen. Dazu muß er eine erkenntnistheoretische Position einnehmen, die er als Dienst an einer Metaordnung versteht.

Das Bemerkenswerte an jenem christlich-katholischen Standpunkt der Dialogoffenheit ist, daß er sich *nicht* der Säkularisierung bedient. Im Gegenteil: Wer so denkt wie jener Gewerkschaftler, weiß, daß die Säkularisierung dem Dialog schaden würde, weil sie dem Dienstgedanken schadet. Das Neue und doch urchristliche Alte an der Inswerksetzung von Dienst und Dialog ist die Erkenntnis der *meta*theoretischen Natur des Christentums mit seinem Toleranzgebot auch gegenüber Nichtgläubigen: Daß man das Gewissen der anderen nicht verstören soll, daß den geistlich Armen das Himmelreich gehört, daß die Erkenntnis hier Stückwerk und erst dort vollkommen ist, daß auch dem gläubigen Christen die Wahrheit undeutlich erscheint wie in einem trüben Kupferspiegel, daß man den Kleinen und Unsicheren kein Leid zufügen soll, daß das Gute wollen und das Böse tun eine tragische menschliche Fehlleistung ist, die nur von einer Außenposition aus geheilt werden kann, auf die man keinen wertenden Zugriff hat, der gegenüber man vielmehr stets im Unrecht ist – das sind Wahrheiten aus der Bibel der Christen, nach denen ganze Kontinente sich sehnen, sagen wir Lateinamerika. Daß die Schafe des Herren Stimme kennen, begründet keine Jurisdiktion über das, was diese Stimme sagt. Von Franz Kardinal König stammt der Satz: »Je mehr die Grenzen eigener Einsicht erkannt werden, desto notwendiger wird der Sinn für echte Toleranz.« An dem Satz fehlt nur noch, daß man ja auch handeln können muß. Sonst gerät Toleranz zu buddhistischer Inaktivität. Wegen des Handelnkönnens stimmt man in Demokratien ab, und die 50,1 % bestimmen, wie gehandelt werden soll. Wichtiger aber als das Recht der 50,1 %, die Handlungsrichtung zu bestimmen, ist der freie Dialog über die Handlungsmöglichkeiten, also der Grundrechtskatalog. Er, der Dialog, setzt – wenn man ihn nicht auf tragisch-skeptische Erkenntnis-Distanz gründen will – christliche Toleranz und damit das Kerngrundrecht der freien Meinungsäußerung voraus.

Damit ist nicht eine beliebige Verfahrensvielfalt oder Dialogik (Lorenzen; Gröschner) gemeint, sondern eine Offenheit, die das leichte Joch des Dienstes am Nächsten, also das Joch der Meta-Werte trägt[25]: Die den Pluralismus des Handelns garantierenden Meta-Werte sind nur auf der Grundlage tragischer oder jüdisch/christlicher Toleranz zu haben. Praktisch gesprochen hängt heute der Pluralismus am Christentum. Wenn man dem Pluralismus die Chance gibt – etwa weil man darin sein Wesen sieht –, das Christentum zu verdrängen, ist es mit dem Pluralismus auch vorbei. Es trifft nicht zu, daß der Rechtsstaat von Voraussetzungen lebt, die er selbst nicht garantieren kann[26]. Er kann sie garantieren, weil er von diesen Voraussetzungen garantiert wird. Die (Grundrechts-)Demokratie ist kein »secular system« (zutr. Peter Berger). Der Rechtsstaat muß die tragischen, vom Christentum aufgegriffenen und gesicherten – also der Tragik enthobenen – Grundwerte schützen. Säkular-rationalistische Begründungen der Rechtsstaatlichkeit schneiden sie von ihren Quellen ab und bringen sie in Gefahr.

b) *Islam, Ostasien, Afrika.* Auch in diesen Weltteilen wird der nicht zu widerlegende Vorwurf erhoben, im Namen des Christentums sei schweres koloniales Unrecht geschehen. Aber der Vorwurf enthält, ebenso wie in Lateinamerika, auch die Frage, wie es heute mit dem Christentum stehe.

Die nicht-katholischen Entwicklungsländer ordnen sich ganz vorwiegend dem Islam, dem Buddhismus und den Stammesreligionen zu. In all diesen Entwicklungsländern, fast 130 an der Zahl, gibt es meist vier Parteien: Die Fundamentalisten, die zur Rückkehr zu den alten Ordnungen rufen; die westlich gesinnten Reformer, denen eine Demokratie mit Grundrechtsschutz nach westeuropäischem und nordamerikanischem Vorbild vorschwebt; die ehemaligen Marxisten, Neomarxisten und enttäuschten Gebrauchswert-Sozialisten; und die Rechtsstaatler, die nüchtern eingestehen, daß eine 50,1 %-Demokratie aus Gründen der Tradition und der Religion kaum Chancen hat, die aber ein Minimum von rechtsstaatlicher Sicherung, insbesondere Grundrechte westlichen Musters fordern. Die Erkenntnis, daß diese westlichen Grundrechte christlichen Ursprungs und vom christlichen Glaubensinhalt her konstituiert sind, wird die Fundamentalisten und die frustrierten Marxisten in ihren Bestrebungen stärken und bestätigen. Für die meist säkular gesonnenen »westlichen« Reformer und für die Rechtsstaatler bildet dagegen die christliche Verankerung der Grundrechte, sofern sie nicht selbst Christen sind, ein ernstes Problem. Unwissend oder mit schlechtem Gewissen betreiben sie, wie schon zum Ausdruck gebracht, mit ihren politischen Bestrebungen christliche Mission. Wenn sie sich das eingestehen, befinden sich die säkularen, rein westlich orientierten Reformer von einem non liquet. Die Rechtsstaatler sind die »Partei«, denen vielleicht mit folgendem Hinweis gedient ist: Auch die tragische Denkart verfügt über das subjektive Recht, kennt bescheidene Vorformen von Grundrechten, unterscheidet res privatae und res publica und ermöglicht im Diesseits handlungsfähige Organisationsformen. Man kann als Westler geradezu dazu übergehen, Aischylos, Herodot und Thukydides zu »predigen«. Wenn man es einmal versucht, wird man viel Anerkennung, ja Dankbarkeit erfahren. Diese Zurücknahme christlicher Verkündigung auf tragische Vorbedingungen des Christentums – man kann dies unterstützen durch Hinweise auf die Entstehung und die Entwicklung der Synagogengemeinde und der sog. Apokalyptik seit dem jüdischen Exil – dürfte derzeit im nicht-katholischen Bereich der Entwicklungsländer die erfolgversprechendste Vermittlung von Grundrechtsgedanken sein.

### *2. Im Bereich der entwickelten Länder*

Der Ausdruck »entwickelte Länder« (developed countries) stammt aus der Theorie der Entwicklungshilfe. Die moderne Geschichtstheorie spricht von den »modernisierten« Lebensordnungen, der traditionelle Ausdruck lautet: Abendland. Was besagt für diesen Bereich die These, Grundrechte seien aus einem reformierenden Sich-selbst-Besinnen der Christen entstanden und wegen ihrer – auf moralischer Extraposition beruhenden – Hinführung zur Toleranz nur vom Christentum her konstituierbar?

a) *Liberalismuskritik.* Die notwendige Folge ist dann eine Liberalismus- und Säkularisationskritik[27]. Die historische Entstehung der Grundrechte muß nun früher angesetzt werden. Nicht das 17. und 18. Jahrhundert und schon gar nicht die französische Revolution lassen sich dann als Entstehungsfelder der Grundrechte festmachen, sondern man muß bei den reformationsbezüglichen Toleranztheorien ansetzen, die schon in der ersten Hälfte des 16. Jahrhunderts entwickelt wurden, auf dem Kolloquium von Poissy 1562 und 1563 literarische und politische Form annahmen, den Abfall der Niederlande auslösten, zur Gründung der niederländischen Republik 1572 führten, den fast ausschließlichen Inhalt der monarchomachischen Pamphletliteratur nach der Bartholomäusnacht vom 23. August 1572 ausmachten und schließlich, zum Ende des 16. Jahrhunderts, von Richard Hooker in eine brauchbare und von Großbritannien seither benützte grundrechtsdemokratische Fassung erhielten. Edward Cokes Kommentar zur Magna Charta von 1628 ist schon reflektierter Richard Hooker. John Lockes »Second Treatise on Government« von 1689 ist in Teilen gleichsam die zweite aktualisierte Auflage von Hookers »Of the Laws of Ecclesiastical Polity«. John Adams kann sich bei der Mitarbeit an und beim Vollzug der US-amerikanischen Unabhängigkeitserklärung von 1776 bereits auf eine 200jährige Tradition berufen, und das tut er. Die französische Revolution kam später.

Wer dies in Rechnung stellt, kann nicht säkularer Liberaler sein. Er kann es zwar sein, aber nur für eine kleine Weile. Die Labilität der Sophistik und ihrer Paideia wird ihn einholen.

b) *Ausbildung neuer Grundrechte.* Entstammen mithin Grundrechte dem christlichen Dienstgedanken, dienen sie dem erkenntniskritischen Dialog auf Werte hin, sind sie also Instrumente von Dienst und Dialog, sind sie folgerichtig zeitverhaftet und damit entwicklungsfähig. Wo immer Meinungen unterdrückt und menschliche Äußerungen und Lebensformen nicht hinlänglich beachtet werden, ist die Anerkennung eines neuen entsprechenden Grundrechts zu prüfen. Nur zwei Beispiele seien angefügt: Es gibt nach neuerem Verständnis, ausgelöst durch praktische Notwendigkeit, Grundrechte der Volksgruppen und, möchte man hinzusetzen, der Gebietsgruppen, auch ganzer Nationen, etwa gegen sprachliche oder kulturelle Überfremdung (Volksgruppen- und Nationenrechte). Es gibt sicherlich neben den Grundrechten auf Meinungs*äußerung* und auf Meinungs*empfang* (vgl. Art. 10 der Europäischen Menschenrechtskonvention) die konträren Grundrechte, eine Meinung *nicht äußern zu müssen*, aber auch eine Meinung oder Kunstäußerung *nicht empfangen zu brauchen*. Das Grundrecht auf *Nicht*empfang von Meinungen und Kunstäußerungen – eine Variante des right to be left alone – ist ein wichtiges, noch anzuerkennendes Grundrecht im Zeitalter der Medien-Explosion. Aus ihm ergibt sich z. B. die grundsätzliche Unzulässigkeit der Verwendung von Lautsprechern im Freien.

c) *Die Affinität der evangelischen Kirchen zum Marxismus*. Wenn es zutrifft, daß Grundrechte christlichen Ursprungs und christlichen Gedankeninhalts sind, läßt sich die verbreitete marxistische Affinität der evangelischen Kirchen nicht begründen. Christian Stolorz berichtet: »Hatte sich die evangelische Studentengemeinde anfangs nur zögernd in der Studentenrevolte engagiert, so stieg sie später immer häufiger an manchen Universitäten bis zur Vorhut der radikaler gewordenen Protestbewegung auf. Bei maßgeblichen Aktionen des Sozialistischen Deutschen Studentenbundes – wie z. B. den Ausschreitungen gegen den Axel Springer Verlag bis hin zu Gottesdienststörungen, wie in Berlin – mischte die ESG bald in vorderster Front mit. Systematisch wurden kirchentreue Studentenpfarrer durch ESG-konforme ersetzt – wie der spätere Generalsekretär der ESG, Pfarrer Constantin Heinrich Rohrbach, der jedes Abrücken vom SDS oder anderen Trägern des linksradikalen Vormarsches an den Hochschulen strikt ablehnte« (Stolorz 1982). Hier wird von evangelischer Seite richtiges Bewußtsein vorgetragen mit einer Intoleranz, die bezogen auf seine Mitwelt, jenen brasilianischen Gewerkschaftsführer zur Forderung nach einem Ordnungsrahmen für Dialog und Meinungsäußerung veranlaßte. Wer Gebrauchswerte durchsetzen will, wie jene evangelischen Christen – und vom Gebrauchswert hängt in der marxistischen Analyse alles ab, Klassenbegriff-, Imperialismusbegriff, Ausbeutung, Geschichtsbegriff und »richtiges Bewußtsein« –, der verletzt Grundrechte, wird intolerant und verläßt die Rahmenbedingungen christlicher Verkündigung. Diese diktatur-affiniten neuen deutschen Christen bilden eine verkennende Kirche. Sie predigen und praktizieren nicht die christliche Verkündigung, sondern die Lehren des »Heiligen Karl«. Allgemein kann man die leere Hand, mit der die evangelische Christenheit den politischen Anforderungen der modernen Welt entgegentritt, etwa im Unterschied zur Toleranz der führenden asiatischen Religionen, nur bedauern.

d) *Ein Blick auf die moderne katholische Christenheit.* Kardinal Ratzinger, der leitende Verantwortliche für die Glaubenskongregation, sagte mit Bezug auf die von ihm vertretene Modifizierung und Präzisierung der Ergebnisse des 2. Vatikanischen Konzils: »Aus dem Neuen Testament ergibt sich für das Prinzip der Kollegialität nichts« (Südd. Zeitung vom 25.1.1985). Auf dem Hintergrund der hier angestellten Überlegungen zur christlichen Konstitution der Grundrechte muß man dieser These eine andere entgegensetzen: »Aus dem Neuen Testament ergibt sich, was das Zusammenleben von Christen in dieser Welt angeht, nichts anderes als Kollegialität.«

Dienst und Dialog als Elemente einer handelnden menschlichen Gesellschaft finden sich, außer in der tragischen Denkart, die sich in der Geschichte in Ermangelung von Grundrechten als politisch labil und daher als vorübergehend erwiesen hat, soweit ersichtlich, nur in der synagogen-jüdischen und in der christlichen Tradition. Aus der geglaubten Verkündigung des Ewigen, aber im Bewußtsein einer beschränkten Erkenntnis der Werte nach Art des »trüben Kupferspiegels«, ergeben sich die christlich-politischen Lebensformen von Dienst und Dialog, d.h. von gegenseitig zugestandenen und im Verhältnis zueinander wahrgenommenen *Grund*rechten, wenn es um die Äußerung von Meinungen, Bekenntnissen und das Fällen von Entscheidungen mit wechselndem Inhalt zur Bewältigung des menschlichen Daseins geht.

## VIII. Thesen: Folgerungen für Möglichkeiten toleranten Glaubens in einer auf Handeln im Diesseits (und nicht auf Verabschiedung aus dem Diesseits) angelegten Gesellschaft

1. Die bisherige Meinung steht auf dem Standpunkt, daß politisch wirksame Grundrechte nicht wesentlich älter sind als die amerikanische (1776) und die französische (1789) Revolution. Dies trifft nicht zu.

2. Die griechische Antike kannte gewisse Vorformen von »Grundrechten«: Isegoria, Aidós, Asylgewährung im Falle der Verbannung. Das römische Imperium gewährte den Inhabern des römischen Bürgerrechts gewisse Vorrechte.

3. Die erste Gewährung von Grundrechten durch den Staat im modernen Sinne, in verfassungsgebender Versammlung, geschah durch die seit dem 15.7.1572 in Dordrecht versammelten Landstände (»Staten«) von Holland, Westfriesland und Seeland. Anlaß war die Bedingung Wilhelms von Oranien, sich militärisch nur dann für die Niederlande einzusetzen, wenn freie Religionsausübung und Redefreiheit verbürgt wurden.

4. Der Engländer Richard Hooker (1544–1600) verband in einer 1592 fertiggestellten und dem auftraggebenden Bischof Whitgift überreichten »Rechtstheorie« die englische Parlamentstradition und die niederländische revolutionäre Entwicklung zu einer Rechts- und Staatslehre, die auf der Unterscheidung der »täglichen Werte« (things indifferent) von unantastbaren »Grundwerten« (things necessary) beruht. Die beiden Wertebenen sind in der Weise miteinander verknüpft, daß das Festhalten an den Grundwerten die stets neu zu findenden Tageswerte ermöglicht.

Über die Tageswerte haben nach Hooker »Parlamente und Räte« mehrheitlich zu entscheiden. Die Grundwerte sind mehrheitlicher Beschlußfassung entzogen, sind vom König, Parlament und Kirche zu achten und bilden die Grundlage für Toleranz und Gewaltenteilung.

Hooker hat höchstwahrscheinlich Edward Coke, zumindest in den Jahren 1585–1591, persönlich beeinflußt. Einflüsse Hookers auf Althusius sind möglich, aber vorläufig ungesichert.

5. Hookers Zwei-Werte-Lehre ist rechtstheoretisch brauchbarer als Luthers Zwei-Reiche-Lehre, weil sie die Wertgewinnung auch in den täglichen Dingen legitimiert (nämlich durch demokratische Abstimmung) und weil sie einen davon abgehobenen Grundrechtsschutz leistet.

In der für die moderne Grundrechtsdemokratie grundlegenden Schrift von John Locke: The Second Treatise of Government, 1689, stützt sich Locke in diesen Dingen maßgeblich auf Hooker und gibt dies auch durch direkte Zitate zu erkennen.

6. Die bisher ganz vorherrschende Meinung, der Barock habe als Antwort auf die Religionskriege den souveränen Staat entwickelt, später habe man diesem Staat ein Gerüst aus mehrheitsdemokratischer Legitimation eingezogen und als Drittes habe man dann nicht-majorisierbare Grundrechte hinzugefügt, hat die Geschichte gegen sich. Die Vorgänge von 1572 und danach zeigen, daß der moderne Staat als eine sich vom Volk und von den das Volk vertretenden Ständen her legitimierende Körperschaft *rund um das Grundrecht der Religions-, Meinungs-, Rede- und Versammlungsfreiheit,* also als der Grundwerte-Schutzverband, errichtet wurde. Mehrheitsdemokratische Überlegungen setzen erst später, vor allem im 18. Jahrhundert, ein.

7. Die Verführung der Katholiken ist die Diktatur, weil sich der Katholizismus durch die Aristoteles-Integration in das Christentum zur Zeit der Hochscholastik in die babylonische Gefangenschaft eines nicht mehr frei reflektierbaren Naturrechts begeben hat. Den Preis für die Integration der aristotelischen Entelechie mit ihrem erkenntnistheoretischen Gewißheitsanspruch in die christliche Verkündigung haben viele »Ketzer« in der Alten und vor allem in der Neuen Welt mit dem Leben bezahlt. Die Niederländer wollten diesen Preis nicht zahlen und gründeten zu diesem Zweck im Jahre 1572 die mit Menschenrechten ausgestattete Republik.

8. Die Verführung der Protestanten, d. h. der Lutheraner und vieler moderner Calvinisten, ist die Anarchie, weil sie – im Gefolge einer vielfach gebrochenen und letztlich auf Zoroaster und Mani zurückgehenden Gut-Böse-Dichotomie, vermittelt durch Augustinus, nie ein bejahendes Verhältnis zu den Werten dieser Welt gewannen, es sei denn

ein totalitäres. Die marxistische Inklination der evangelischen Kirchen muß daher auf der gleichen Sollseite der Strukturierung entwickelter oder im Stadium der Entwicklung befindlicher Staaten, und an benachbarter Stelle, abgetragen werden wie die katholische Theologie der Befreiung: Sozialistischer, nicht hinterfragbarer Wissensanspruch wird christlichem Erkenntniszweifel entgegengesetzt.

9. Nimmt man hinzu, daß sich Diktatur und Anarchie gegenseitig bedingen, und zwar in dem Sinne, daß beide immer zugleich vorhanden sind (Fikentscher, FS Ferid), ist der einheitliche Gegner des Christentums klar bestimmbar: Die Beschränkung auf wertbejahende (Diktatur) oder wertverneinende (Anarchie) *Theorie*. Wer diese vorgegebene Beschränkung nicht mitmacht, ist der Andersdenkende, der Kritiker, der Dissident, der geheimnisvolle Übeltäter, dem man sich intellektuell nicht gewachsen fühlt und der deshalb politisch gefährlich und zu bekämpfen, mindestens aber zu »meiden« ist (Gruter; Masters; Zippelius 1985). Erst die – nur *metatheoretisch* verfügbare – offene Frage *nach* Werten im Hinblick auf von außen *vorgegebene* Werte macht das *theoretisch* Unmögliche, toleranten Glauben in einer handelnden Gesellschaft, möglich. Dieser Metatheorie geht es also um nichts anderes als die Bedingungen des Verständnisses für andere unter der Anforderung menschlichen Handelnkönnens.

10. Der Sache nach ist dies schon die Entdeckung der Luther- und Calvin-Kritiker um die Mitte des 16. Jahrhunderts, der Ireniker, Monarchomachen, Toleranztheoretiker nach Art eines Coornhert und der Denker um Wilhelm den Schweiger – alles *vor* Bodin und lange Zeit vor Hobbes. Heute, 400 Jahre später, geht man daran, diese Entdeckung noch einmal zu vollziehen, ihr die Bedeutung einer Metatheorie zuzuerkennen und sie dadurch einer säkularisierten Welt zugänglich zu machen. Das kommt nicht von ungefähr: Diese Welt mit ihren Ost-West-, Nord-Süd-, ökumenischen und stets heftiger werdenden interreligiösen Konflikten zwingt dazu. Aus dieser allenthalben in Gang befindlichen metatheoretischen Besinnung auf die Reformationen des 16. Jahrhunderts (und damit ihrer Fortführung) läßt sich die heutige Bedeutung des nichtsäkularen Ursprungs der Grundrechte als anschauliches und wichtiges Beispiel herausgreifen. Das Ergebnis ist eine

theologisch begründbare Politik der zwei Wertebenen: Grundwerte und Tageswerte, beide einer ungebrochenen christlichen Existenz zugehörig und verpflichtet. Die Zwei-Reiche-Lehre sollte als quellenfremd und daher irreführend aufgegeben werden.

Literatur

Behrends, Okko, »Treu und Glauben. Zu den christlichen Grundlagen der Willenstheorie im heutigen Vertragsrecht«, in: Dilcher, Gerhard, und Staff, Ilse (Hrsg.), *Christentum und modernes Recht. Beiträge zum Problem der Säkularisierung,* Frankfurt/Main 1984, 255.

Berger, Peter L., Dimensions of Pluralism: *Religion and Morality in America,* W. W. Cook Lectures, Ann Arbor, Michigan, 1984.

Dilcher, Gerhard, und Staff, Ilse (Hrsg.), *Christentum und modernes Recht, Beiträge zum Problem der Säkularisierung,* Frankfurt/Main 1984.

Dorsten, Jan Adrianus van, »Alternatieven«, in: *Holland, Regional-Historisch Tijdschrift* 4 (1972) 143.

Fikentscher, Wolfgang, *Methoden des Rechts in vergleichender Darstellung,* Bd. I–V, Tübingen 1975–1977: Mohr-Siebeck (zitiert: Methoden und Bandzahl).

Ders., *Der Gegensatz von Grundwerten und »täglichen Dingen«* bei der *Entstehung der modernen Demokratie,* hrsg. vom Präsidenten des Niedersächsischen Landtages Hannover, Dezember 1978.

Ders., »*Anarchie und Rechtswandel*«, in: *Festschrift Murad Ferid,* München 1978: C. H. Beck.

Ders., *De fide et perfidia – Der Treuegedanke in den »Staatsparallelen« des Hugo Grotius aus heutiger Sicht –,* Bayer. Akademie der Wissenschaften, Phil.-hist. Klasse, Sitzungsberichte, München 1979, Heft 1 (Kommission C. H. Beck).

Ders., »Zum Stand der Werte-Diskussion in der heutigen deutschen Jurisprudenz und eine juristische Theorie der Meta-Werte«, in: Tietz, Reinhard (Hrsg.), *Wert- und Präferenzprobleme in den Sozialwissenschaften,* Schriften des Vereins für Sozialpolitik, Neue Folge Bd. 21, Berlin 1981, 43.

Ders., *Modes of Thought, A Study in the Anthropology of Law and Religion,* Tübingen 1995: Mohr-Siebeck.

Friedrich, Carl J., »Constitutions and Constitutionalism«, in: *International Encyclopedia of the Social Sciences,* Bd. 3, 1968, 318 f., 322.

Gröschner, R., *Dialogik und Jurisprudenz,* 1982.

Grün, Robert (Hrsg.), *Christoph Columbus. Das Bordbuch 1492. Leben und Fahrten des Entdeckers der Neuen Welt in Dokumenten und Aufzeichnungen,* Tübingen/Basel 1970.

Gruter, Margaret, *»Ostracism on Trial: The Limits of Individual Rights«, Social Science Information,* 24.1. (1985) 101.

Heckel, Johannes, *Lex Charitatis, eine juristische Untersuchung über das Recht in der Theologie Martin Luthers,* Abhandlung der Bayerischen Akademie der Wissenschaften, Phil.-Hist. Klasse, N. F. 3, München 1953 (Kommission C.H. Beck); 2. Aufl. besorgt von Martin Heckel, Köln/Wien 1973: Böhlau.

Heckel, Martin, *Das Verhältnis von Kirche und Staat nach evangelischem Verständnis,* in: Listl, Joseph, und Pirson, Dietrich, Hrsg., Handbuch des Staatskirchenrechts der Bundesrepublik Deutschland, 1. Band, 2. Aufl. Berlin 1994, 157–208.

Hooker, Richard, *Of the Laws of Ecclesiastical Polity*, 1592–1600, Ausgabe in 2 Bdn., eingeleitet von Christopher Morris, London/New York 1907 (Neudruck 1969).

Isensee, Joseph, *Die katholische Kritik an den Menschenrechten. Der liberale Freiheitsentwurf in der Sicht der Päpste des 19. Jahrhunderts*, in: Böckenförde, E.-W., und Spaemann, Robert (Hrsg.), Menschenrechte und Menschenwürde, Historische Voraussetzungen – säkulare Gestalt – christliches Verständnis, Stuttgart 1987: Klett-Cotta, 138–174.

Iterson, W. van, *Geschiedenis der confiscatie in Nederland*, Utrecht 1957.

Kaufmann, Arthur, *Rechtsphilosophie in der Nach-Neuzeit, Abschiedsvorlesung*, Heidelberger Forum 64, Heidelberg 1990: Decker & Müller; spanische Ausgabe: La filosofia del derecho en la posmodernidad, Monografias juridicas 77, Sante Fe de Bogotá, Colombia 1992: Editorial Temis.

Kaufmann, Arthur, *Gesetz und Evangelium*. GS Peter Noll, Zürich 1984, 61.

Kriele, Martin, »Menschenrechte und Gewaltenteilung«, in: *Kontinent. Ost-West-Forum*, 11. Jg. (34), Heft 3, 1985, S. 15–26.

Las Casas, B. de, *Kürzester Bericht über die Verwüstung und Entvölkerung der indischen Länder* (1552), Leipzig 1958.

Locke, John, *Two Treatises of Government*, 1689 (z. B. in der Übersetzung von Dorothee Tidow und Peter Cornelius Mayer-Tasch, Über die Regierung, The Second Treatise of Government, Reinbek 1966).

Lorenzen, P., *Methodisches Denken*, 1968.

Lüders, P. K. Hugo, »Ökonomisches Weltsystem und transnationales Recht, ein interdisziplinärer Entwurf«, in: *Kindlers Enzyklopädie Der Mensch*, Band VIII: *Politik, Wirtschaft und Recht*, München 1984.

Masters, Roger., Ostracism, Voice, and Exit, The Biology of Social Participation«, in: *Social Science Information* 23,6 (1984).

Michaelis, Gottfried, *Richard Hooker als politischer Denker*, Historische Studien Heft 225, Berlin 1933.

Pannenberg, Wolfhart, *Anthropologie in theologischer Perspektive*, Göttingen 1983: Vandenhoeck & Ruprecht.

Pesch, Otto Hermann, *Frei sein aus Gnade*. Theologische Anthropologie, Freiburg 1983: Herder

Ploetz, Karl, Auszug aus der Geschichte, hier zitiert nach der 27 Aufl. Würzburg: A. G. Ploetz-Verlag, 1968.

Steinmüller, W. H., Evangelische Rechtstheologie, Zweireichelehre, Christokratie, Gnadenrecht, 2 Bde., Köln/Graz 1968.

Stolorz, Christian, *Die evangelische Studentengemeinde. Religion oder Revolution*, 2. Aufl. Bonn 1982.

Troller, Alois, »*Wolfgang Fikentschers eleutherische (prophetisch-jüdische-christliche) Rechtsmethode*«, in: *Schweizerische Juristen-Zeitung* 1978, 53.

Westphalen, Friedrich Graf von (Hrsg.), *Diskussion um die Grundwerte: Krisensymptom oder Trendwende?*, Köln 1979.

Zippelius, Reinhold, »Ausschluß und Meidung als rechtliche und gesellschaftliche Sanktionen«, in: *Juristische Schulung* 1985, 755.

Ders., »Dialogik und Jurisprudenz«, in: *ARSP* 1983, 131.

## Anmerkungen

[1] Die folgenden Ausführungen schließen an die Darlegungen in: Die Freiheit und ihr Paradox, Gräfelfing 1997, S. 178, Verlag Resch, an. Dort finden sich Überlegungen zur Frage nach der »richtigen« politischen Lebensform unter Christen, wobei ein früherer Text inhaltlich fortgeführt wurde: Fikentscher, Wolfgang, Methoden des Rechts, Bd. IV: Dogmatischer Teil, Tübingen 1977, S. 478 ff.; auf die dortigen Ausführungen ist ergänzend zu verweisen, namentlich mit Blick auf die Nachweise und Belege.

[2] Zur Zwei-Reiche-Lehre liegt eine nicht mehr überschaubare Literatur vor. Aus letzter Zeit etwa Heckel, Martin, Das Verhältnis von Kirche und Staat nach evangelischem Verständnis, in: Listl, Joseph, und Pirson, Dietrich (Hrsg.), Handbuch des Staatskirchenrechts der Bundesrepublik Deutschland, 1. Band, 2. Aufl. Berlin 1994, S. 157–208, mit einer umfangreichen, feinsinnigen Nachzeichnung der neueren Entwicklungen zur Zwei-Reiche Lehre auf S. 176 ff. und einer Zusammenstellung der wichtigsten Literatur dazu auf S. 206 ff. – M. Heckel schreibt (S. 185): »Es gehört zu der Tragik der evangelischen Theologie und Kirchenbildung, daß die reformatorischen Grundpositionen zur Zwei-Reiche-Lehre und Ekklesiologie sich schon im 16. Jahrhundert nicht institutionell entfalten konnten … . Bis in das 20. Jahrhundert ist der evanglischen Kirche nicht die Entwicklung einer theologisch begründeten Kirchenverfassung und Kirchenverfassungstheorie gelungen …«. Dem wäre nur hinzuzufügen, daß das genau an der Zwei-Reiche-Lehre selbst liegt (näher unten Anm. 4 a. E. und der folgende Text). Den Auftrag zum Entwurf einer Kirchenverfassungstheorie für die bis dahin theorielose anglikanische Kirche erhielt im 16. Jahrhundert Richard Hooker, der keine Zwei-Reiche-, sondern eine Zwei-Wertebenen-Theorie entwarf (1592), die – aufgegriffen und weitergeführt durch John Locke – für die englische und nordamerikanische Demokratie und damit für die Rolle der Demokratie in der heutigen Welt grundlegend wurde. Ist das für Deutschland so ganz unbeachtlich, wie immer wieder gesagt wird? Untertreibend darf man feststellen, daß die englisch-nordamerikanische und die deutsche Entwicklung der Demokratie doch irgendwie historisch zusammenhängen. Zu der daran anknüpfenden Unterscheidung von government-Vorstellung und (kontinentaleuropäischer) Staatsidee Fikentscher, Wolfgang, Government vs. Staat, Eine Beobachtung zum anthropologischen Thema Kulturpersönlichkeit, in einer demnächst erscheinenden Festschrift.

[3] Zur Kennzeichnung der Gnosis im hier verwendeten Sinne und zur Abgrenzung von anderen in diesem Zusammenhang benutzten Begriffen siehe z. B. Fikentscher, Modes of Thought, Tübingen 1995, 159, 162 f., m. w. A.: große Teile des Christentums – Palästina, Kleinasien, Konstantinopel – gingen dem Christentum auch deshalb verloren, weil sich die geistliche Führung der Christen in den Ländern des östlichen Mittelmeers gnostischen Erlösungsvorstellungen und gnostischer Hierarchisierung im kirchlichen und weltlichen Bereich nicht in dem durch den christlichen Glauben gebotenen Maß entziehen konnte. Dadurch brach – mit einer politischen Metapher ausgedrückt – der »Kontakt zur Basis« zusammen, ohne den eine auf Gleichheit der Menschen angelegte Religion nicht auskommen kann. Konsequent wechselte die »Basis« zu einer insoweit plausibleren nicht-gnostischen Religion der Gleichheit – dem Islam.

[4] Das folgende ist eine teilweise Kombination zweier Texte von 1978 und 1987, die ihrerseits in weiten Passagen identisch sind: Fikentscher, Wolfgang, Der Gegensatz von Grundwerten und »täglichen Dingen« bei der Entstehung der modernen Demokratie, herausgegeben vom Präsidenten des Niedersächsischen Landtags, Dezember 1978 (ursprünglich ein Vortrag vor der 30. Deutsch-Niederländischen Juristenkonferenz in Amsterdam am 7. Oktober 1978 in der Aula der Städtischen Universität Amsterdam (Lutherse Kerk); ders., Die heutige Bedeutung des nicht-säkularen Ursprungs der Grundrechte, in: Böckenförde, Ernst-Wolfgang, und Spaemann, Robert, Menschenrechte und Menschenwürde, Historische Voraussetzungen – säkulare Gestalt – christliches Verständnis, Stuttgart 1987: Klett-Cotta, S. 43–73 (Vortrag im »Institut für die Wissenschaften vom Menschen«, Wien, vom 3.5.1985). Die gegenwärtige Zusammenfassung

zu einem durchgehenden Text mag dadurch gerechtfertigt erscheinen, daß die vom Präsidenten des Niedersächsischen Landtags herausgegebene Broschüre nicht mehr ohne weiteres greifbar ist und daß der Aufsatz in »Menschenrechte und Menschenwürde« seinerzeit versehentlich ohne Fahnenkorrektur zum Druck ging, so daß er zahlreiche sinnentstellende Fehler aufweist; bei Abweichungen gilt also die hier folgende Fassung. Im übrigen finden sich im nachstehenden beide vorgenannten Quellen textlich zufammengefügt und durch eine Reihe von Hinweisen ergänzt. Die damaligen Einleitungen sind weggelassen. – Erneute Aktualität erhielt die Grundwertediskussion, wie auch die Herausgabe des vorliegenden Bandes beweist, durch die Wende von 1989. Es seien hier nur die Stichworte, radikaler Pazifismus, »Gott-ist-anders-Ethik«, christlicher Marxismus, Esoterik-Welle, new age, multikulturelle Gesellschaft, Weltweitgeltung der Menschenrechte, deutsche Werte-Verfassung nach der Wiedervereinigung und Verfassungsreform genannt. In der Sache geht es im Folgenden im Rahmen dieser wiedereinsetzenden Grundwertediskussion um eine Kritik an der lutherischen Zwei-Reiche-Lehre, wie sie nach gemeinem Verständnis heute dargeboten wird. Als Alternative wird auf die in Deutschland noch immer nicht hinreichend gewürdigte Zwei-Werte-Lehre des Begründers der modernen englischen Verfassungdiskussion in anglikanischer Sicht, Richard Hooker (1546–1600), hingewiesen. Zeitlich und gedanklich bildet Hooker die Schaltstelle zwischen der spanisch-spätscholastischen und schweizerisch-französisch-niederländischen Irenik und Monarchomachie einerseits und den englischen und amerikanischen Verfassungsdenkern des 17. und 18. Jahrhunderts (insb. John Locke) andererseits (näher s. o. Anm.1).

5 Ursprünglich war geplant, auf die wertontologischen Ausführungen zu den »Grund- und Tageswerten« einen Abschnitt über die Erkenntnismöglichkeiten auf diesen beiden Wertebenen folgen zu lassen. Einer Ontologie, also einer Lehre dessen, was ist, sollte grundsätzlich immer eine Lehre über die Erkenntnismöglichkeiten dessen folgen, was ist. Zu den vier vorfindlichen – nicht etwa möglichen – ontologisch-epistemologischen Grundsatzeinheiten allein in der westlich-abendländischen (genauer: griechisch-judaistisch-christlichen) Philosophie-Tradition siehe Pepper, Stephen C., World Hypotheses, A Study in Evidence, Prolegomena to Systematic Philosophy and a Complete Survey of Metaphysics, Berkeley etc. 1942 (Neudruck 1984). Pepper behandelt nicht oder nur kurz die übrigen »modes of thought« oder Denkarten wie Animismus (i.w.S.), Buddhismus, Konfuzianismus, Islam usw. und deren Ontologien und Epistemologien, sondern nur die vier wichtigsten »westlichen«. Die Frage hätte also im gegenwärtigen Zusammenhang zu lauten: Wie erkennt man Grundwerte, wie Tageswerte? Es erwies sich aber, daß das schon gesammelte Material zu diesem geplanten erkenntnistheoretischen Teil so umfangreich war, daß sich eine verständliche, nicht allzu komprimierte Behandlung im Rahmen dieses Aufsatzes ausschloß. Das ist um so bedauerlicher als der kürzlich veröffentliche Katholische Katechismus willkommenen Anlaß zur Erörterung erkenntnistheoretischer Probleme mit Bezug auf christliche Wertungen gegeben hätte. Darüber hinaus hätte es der Erörterung moderner Hermeneutiklehren auf dem Gebiet der Wertungen bedurft. Da all dies im hier gegebenen Rahmen nicht möglich erschien, sei die zugehörige Werterkenntnislehre späterer Prüfung an anderer Stelle vorbehalten. Vorläufig sei auf die diesbezüglichen wertepistemologischen Andeutungen in Fikentscher, Wolfgang, Modes of Thought, Tübingen 1995, 397–401, hingewiesen; ferner ders., Methoden IV 584, 599, 615.

6 Dazu neuerlich *Kaufmann, Arthur*, Rechtsphilosophie in der Nach-Neuzeit, Abschiedsvorlesung, Heidelberger Forum 64, Heidelberg 1990: Decker & Müller, insb. 30 f.

7 in: *Dilcher/Staff*: S. 282.

8 Zum hier verwendeten Religionsbegriff im Sinne einer Bindung oder Nichtbindung an metaphysische Verhaltenssteuerungen, nicht im Sinne feierlicher Gefühle. Vgl. Fikentscher: Methoden I, S. 79 ff., 85; IV, 405, m.w.A.; ders., Modes of Thought, 190–199; Pannenberg: 41 ff., 159 ff.; Pesch.

9 *Pannenberg; Dilcher/Staff; Fikentscher*: Methoden IV, Kap. 36; u. a.

[10] Näher *Fikentscher:* Zum Stand der Werte-Diskussion; ders., Modes of Thought, 130 ff.; und unten V 4.

[11] Grün 187.

[12] *Fikentscher:* Methoden IV, 478 ff.

[13] Dazu näher *Fikentscher:* Modes of Thought, 394 ff.

[14] Die Volkssouveränität wurde vorab in einer Erklärung (»Vermaninghe«) Wilhelms »an die Staten und das Volk« dadurch zum Ausdruck gebracht, daß das Volk eine »auctoritas« habe, die von König Philipp »auf ein Nichts herabgemindert worden« sei. Er, Wilhelm, wolle sich zur Verfügung stellen, damit »die Unterdrückung der Seelen der einfachen Leute mit Waffengewalt« aufhöre.

[15] Zum Gesellschaftsvertrag findet sich in den Beschlüssen von Dordrecht der ausdrücklich bekundete Wille, gemeinsam der Inquisition zu widerstehen, und zwar durch einen (politisch gemeinten) Zusammenschluß der Staten (= Stände).

[16] Der Abschluß des Herrschaftsvertrags wird dadurch eingeleitet, daß Marnix eine »Intentie« Wilhelms des Inhalts vorträgt, Wilhelm sei bereit, die militärische Führung als Statthalter der Staten (nicht Spaniens oder des Reichs) zu übernehmen.

[17] *Heckel, Johannes:* Lex Charitatis (1953).

[18] *Heckel, J.:* aaO, 251 ff. Dazu *Fikentscher:* Methoden des Rechts, Bd. IV, 456 ff., 497 ff.

[19] Einzelheiten bei *Fikentscher:* Methoden des Rechts, Bd. 4, 488 ff.

[20] Näher *Fikentscher:* De fide et perfidia.

[21] *Isensee, Joseph:* Die Katholische Kritik an den Menschenrechten. Der liberale Freiheitsentwurf in der Sicht der Päpste des 19. Jahrhunderts (1987), der von einer kopernikanischen Wende im Grundrechtsverständnis der Päpste spricht.

[22] Zum Meta-Charakter der Grundrechte näher *Fikentscher:* De fide et perfidia, ders., Zum Stand der Werte-Diskussion.

[23] Zur tragischen Lebensauffassung – freier Wille bedeutet Unheil – und zur Anknüpfung an sie in der Mission des Paulus in Röm. 6–8, ausführlich *Fikentscher:* Modes of Thought, Kap. 9, S. 355 ff.

[24] Dazu die nüchterne, auf das gleiche hinauslaufende Bemerkung im »Ploetz«, S. 1087: »Während im angelsächsischen Nordamerika durch Ausrottung oder Vertreibung der Eingeborenen Land für selbständige europäische Siedler, zumeist aus übervölkerten und industriell fortschrittlichen protestantischen Gebieten, gewonnen wird und dort eine freiheitliche und entwicklungsfähige Gesellschaftsform entsteht, werden in den Ländern Lateinamerikas die eingeborenen Indianer unter der Devise »Seelen für Gott und Land für den König« unterworfen und bekehrt. Durch das eigenartige »Betreuungssystem« der Indianer entsteht eine dem Feudalismus ähnliche, starre Gesellschaftsform. Durch das Kolonialsystem, nach dem die überseeischen Gebiete zu Ausbeutungsobjekten für den Handel der Mutterländer werden sollen, werden die Kolonien den Mutterländern sowohl in Nord- wie in Südamerika mehr und mehr entfremdet.«

[25] *Fikentscher:* Methoden, Bd. 4, S. 617 ff.; ders., De fide et perfidia, S. 87 ff.; Zippelius 1983; Kaufmann, A., Gesetz und Evangelium.

[26] *Böckenförde, E.-W.,* in: Westphalen, Friedrich Graf von, S. 22.

[27] *Fikentscher:* Methoden I, S. 60 ff.; IV, S. 683. In der Tendenz grundsätzlich gegenteilig die meisten Beiträge in Dilcher/Staff, s. z. B. Hassemer, S. 247; vermittelnd jedoch Behrends, S. 255 ff. m. w. A.

*Nikolaus Lobkowicz*

# Zur philosophischen Problematik des Wertewandels

Das Phänomen, daß sich Vorstellungen davon ändern, was wertvoll ist und was nicht oder was wertvoller und was weniger wertvoll ist als anderes, ist wohl so alt wie die Menschheit selbst; Wertvorstellungen sind Kulturphänomene, und es gehört zum Wesen der Kultur, daß sie geschichtlich ist. Der Begriff eines Wertewandels, jedenfalls in der Geläufigkeit, die für ihn heute charakteristisch ist, dürfte dagegen kaum älter als ein paar Jahrzehnte sein; er kam erst nach dem Zweiten Weltkrieg auf, als man bemerkte, daß die »junge« Generation, die nicht mehr den Krieg und die Mühen des Wiederaufbaus erlebt hatte, anders dachte als jene ihrer Väter[1].

Dazwischen liegen u. a. zwei Entwicklungen der jüngeren Vergangenheit: ein wachsender Zweifel an der Berechtigung der Überzeugung, daß es objektive, z. B. im Wesen des Menschen verankerte Maßstäbe für dessen Verhalten gibt; und die Tendenz der Soziologie und ihrer verschiedenen Gestalten, weniger oder gar nicht mehr darauf zu achten, was »wahr und gut« ist, sondern darauf, wie Menschen sich – statistisch festgestellt – faktisch verhalten bzw. wie sie denken[2]. Zudem wurde die deutsche Diskussion entscheidend durch das Buch eines amerikanischen Politikwissenschaftlers geprägt[3], der auf der Grundlage empirischer Untersuchungen eine ältere, in ihrer Weise triviale Beobachtung bewähren wollte, daß nämlich in einer Zeit der Sicherheit und des wirtschaftlichen Wohlstandes »höhere Bedürfnisse« zum Zuge kommen. Solche Bedürfnisse – das Streben nach Partizipation, Solidarität, Freiheit, Gleichheit, Selbstverwirklichung u. ä. – bezeichnete der Verfasser als »postmaterialistisch«, weshalb sich die Diskussion über seine Thesen zumal in Deutschland einerseits mit jener verquickte, inwiefern wir in einer »post«-Epoche (»Postmoderne«, einer »nachchristlichen Zeit« etc.) leben, und andererseits in den Strom der meist von Linken vertretenen Überlegungen über »Modernisierung« geriet[4]. Auf diese Weise ist ein Denkgemisch entstanden, das nur mit einiger Mühe entwirrt werden kann. Dergleichen Entwirrungen zählen mit zu den Aufgaben der Philosophen, die seit Sokrates, zumindest wie ihn Platon dargestellt hat, u. a. darum bemüht waren, die Bedeutung von Worten zu klären und Argumente auf deren Zuverlässigkeit zu prüfen.

## I.

Was ist eigentlich ein Wert? Die ursprüngliche Bedeutung des Wortes kommt wohl aus der Welt des Handels: Man fragt sich, ob der geforderte Preis angemessen ist und und versucht so, den »Wert« eines angebotenen Objektes festzustellen – man »bewertet« es. Da Preise schwanken, versuchte man dann im 19. Jahrhundert Kriterien für so etwas wie einen »objektiven Wert« herauszufinden, an dem der Preis zu messen wäre. So hat Karl Marx in *Das Kapital* versucht, die Zahl der Arbeitsstunden, die für die Produktion eines Tauschobjektes nötig sind, als einen solchen Maßstab zu bestimmen.

»Wert« wurde als etwas Objektives und deshalb Unwandelbares verstanden; und in diesem Sinne griffen Philosophen den Begriff in der zweiten Hälfte des 19. Jahrhunderts auf. Sie verfolgten dabei den Gedanken, daß es möglich sein müßte, viele Themen der klassischen Philosophie, zumal der Ethik – das Gute, den Zweck des Handelns (den teloß bzw. *finis* der antiken und mittelalterlichen Ethik), Recht, Pflicht, Tugend, sittliches Urteilen, das Schöne, Wahrheit, Gültigkeit –, in eine »Theorie der Werte« zusammenzufassen. Rudolf Hermann Lotze (1817–1881), dessen Werk vornehmlich Themen gewidmet war, bei denen sich Medizin, Psychologie und Philosophie überschneiden, den aber im Gegensatz zu den meisten Denkern seiner Zeit auch lebhaft Dichtung und Kunst beschäftigten, war wohl der erste, der »Wert« in diesem Sinne gebrauchte. Da er als Erbe der idealistischen Philosophie meinte, alles, was »erscheint«, müsse irgendwie als »Wirklichkeit« angesehen werden, verstand er Werte als »Ausfüllung des Vakuums, das eine mechanistische Weltsicht hinterläßt«. Dabei dachte er an eine

Seinsordnung, die wie platonische Ideen der Wirklichkeit vorausliegen, aber in dieser Wirklichkeit zu bemerken sind, wenn man die Realität unter dem »ästhetisch-ethischen Bedürfnis der Einheit« betrachtet. Es »gibt« sie nicht in dem Sinne, in denen es Dinge und Menschen oder auch ein Königreich gibt, doch würden sie »gelten«.

Obwohl er heute fast völlig vergessen ist, übte Lotzes Denken eine beachtliche Wirkung aus. So waren von ihm nicht nur Deutsche wie Edmund Husserls Lehrer Franz Brentano (1838–1917) und der in Würzburg, Prag, Halle, München und Berlin lehrende Psychologe Carl Stumpf (1848–1936), sondern auch angelsächsische Spätidealisten wie der Engländer James Ward (1842–1925) und der Amerikaner Josiah Royce (1855–1916) beeinflußt. Seine Überlegungen über Werte fanden freilich zunächst fast nur im deutschen Sprachraum ein Echo; die Angelsachsen, die in Oxford, Cambridge und an den älteren amerikanischen Universitäten eine hervorragende Ausbildung in antiker Philosophie, vor allem jener des Aristoteles, genossen, zogen es lange Zeit vor, in klassischen Kategorien wie »gut« und »recht« zu denken.

Es ist nicht ganz einfach, den Unterschied zwischen diesen beiden Denkweisen genau festzuhalten. Die klassische Philosophie ging mehr oder weniger ausdrücklich davon aus, daß das Gute eine Vollendung ist, die dem Wesen des Menschen entspricht und sich, wenn man nur richtig erzogen wird, aus ihm ergibt. So ist die Tugendlehre genauer betrachtet eine Lehre von Haltungen, die das Wesen des Menschen vollenden und ihm erlauben, im richtigen Augenblick das Richtige zu tun. Dieses Denkmodell benötigte »Werte«, die irgendwie jenseits des rational Handelnden bestehen, nicht, es sei denn in dem Sinne, daß Gott als eine Person beschrieben wurde, die alle diese Qualitäten im vorhinein vollendet besitzt. M.a.W. gewann die Lehre von Werten erst dann und dort an Bedeutung, wo das Wesen des Menschen von den Naturwissenschaften, vor allem der Biologie her verstanden wurde und man vor der Frage stand, wie man jene Handlungen und Haltungen begründen soll, von denen man meinte, sie seien in einem objektiven Sinne »gut«. Auch das Interesse, eine allgemeine »Theorie von Werten«, die Werte und Bewertungen in den Wirtschaftswissenschaften, der Ethik, der Ästhetik, der Rechtswissenschaften, der Pädagogik und vielleicht sogar der Logik und Erkenntnistheorie zusammenfassend darstellen könnte, lag der klassischen Philosophie fern. Später nahmen sich in Deutschland dieser Problematik Denker wie Alexius Meinong (1853–1920), der unter dem Titel »Gegenstandstheorie« eine detaillierte Lehre von verschiedenartigen idealen Objekten entwickelte, Christian von Ehrenfels (1859–1932), Max Scheler (1874–1928) und Nikolai Hartman (1882–1950) an, aber auch – vor allem auf dem Gebiet der Ästhetik – der Pole und Husserlschüler Roman Ingarden (1893–1964). In den Vereinigten Staaten wurde die einschlägige Problematik nach dem Ersten Weltkrieg unter dem Einfluß des seit 1892 in Harvard lehrenden Deutschen Hugo Münsterberg (1863–1916) von Autoren wie John Dewey (1859–1952) erörtert und wird z. T. bis heute fortgesetzt.

Nun ist diese Tradition der »Wertphilosophie« gerade *nicht* geeignet, die Herkunft und die Deutung der Wendung von einem »Wertewandel« verständlich zu machen. Die große Mehrheit der erwähnten Autoren ging nämlich davon aus, das Werte »Wirklichkeiten« sind, die sich nicht verändern. Was sich verändern kann, sind dann höchstens *Wertvorstellungen* – also *Meinungen* darüber, welche Werte gelten bzw. anderen über- oder untergeordnet werden sollten. Von einem Wertewandel zu sprechen, ergibt erst dann einen Sinn, wenn man Werte als etwas versteht, daß zwar menschliches Handeln bestimmt, aber gerade nicht »objektiv« und deshalb auch nicht unveränderlich ist.

In der Tat geht wohl der Begriff eines Wertewandels nicht auf die Wertphilosophie zurück, sondern auf die Wendung von »Werturteilen«, wie sie einer der Begründer der modernen Soziologie, Max Weber (1864–1920) eingeführt hat. Weber ging es um die Objektivität sozialwissenschaftlicher Erkenntnisse; und da er meinte, Fragen, was positiv oder negativ zu beurteilen sei, könnten nicht wissenschaftlich entschieden werden, stellte er in berühmten, bis heute umstrittenen Aufsätzen[5] das Postulat von einer Wertfreiheit der soziologischen und ökonomischen Wissenschaften auf. Ohne sich dessen bewußt zu sein, folgte er damit einer Denktradition, die bis zu David Hume (1711–1776) zurückzuverfolgen ist, nach der erstens deskriptive und normative Aussagen streng voneinander zu unterscheiden sind, zweitens normative Aussagen nie von deskriptiven abgeleitet werden können (also Folgerungen von der Gestalt »Weil X so *ist, soll* Y so sein« nicht schlüssig sein können) und drittens eben deshalb normative Urteile unvermeidlich subjektiv sind, wissenschaftlich also nicht eingeholt werden können[6].

Webers Wertfreiheits-Postulat ist zumal nach dem Zweiten Weltkrieg heftig umstritten gewesen, wobei auch von Bedeutung war, daß man verschiedener Meinung darüber sein konnte, ob Weber bloß Werturteile aus der Wissenschaft heraushalten wollte oder er wirklich dachte, sie könnten immer nur subjektiv sein. Manche Autoren, so Eric Voegelin[7], warfen Max Weber sogar vor, einem »Positivismus« gehuldigt zu haben, der an der Wehrlosigkeit der Weimarer Republik gegenüber dem Nationalsozialismus mit schuld war (ein Vorwurf, den man in konservativen Kreisen vor allem der »reinen Rechtslehre« Hans Kelsens machte).

## II.

Ich will hier diese komplizierte, oft hitzig ausgetragene Auseinandersetzung nicht weiter verfolgen[8]. Ich habe sie deshalb erwähnt, weil mir scheint, daß es günstiger wäre, nicht von einem »Wertewandel«, sondern von einem »Wandel von Wertvorstellungen« zu sprechen. Während umstritten ist, ob Werte objektiv oder subjektiv und deshalb wandelbar oder unwandelbar sind, ist unumstritten, daß Wertvorstellungen sich ändern können, ja sich faktisch ständig ändern. Die Einsicht, daß Wert*vorstellungen* sich ändern, darf offenlassen, ob und inwiefern es so etwas wie »ewige Werte« gibt.

Dem könnte man entgegenhalten, daß sich mit dem Phänomen des Wertewandels vornehmlich jene befassen, die sich Sorgen um das Gedeihen des Gemeinwesens machen: Sie registrieren Entwicklungen, von denen sie meinen, sie könnten den Staat und die Gesellschaft, die ihn trägt, gefährden. Dies trifft sehr deutlich für die Untersuchungen der Gründerin und langjährigen Leiterin des Institutes für Demoskopie Allensbach Frau Elisabeth Noelle-Neumann zu, deren im Sommer 1975 in der *Zeit* in zwei Folgen erschienener Artikel »Werden wir alle Proletarier?«[9] die jüngere bundesdeutsche Diskussion über Wertewandel außerhalb von Fachkreisen der Soziologen eingeleitet hat. Wer Untersuchungen über den Wandel von Wertvorstellungen macht, weil er sich um die Zukunft des Gemeinwesens sorgt, hat offenbar auch Vorstellungen davon, welche Wertvorstellungen zu seinem Gedeihen beitragen würden (und deshalb möglicherweise überzeitlich sind). In der Tat ging es Frau Noelle-Neumann darum zu zeigen, daß Mitte der 70er Jahre eine Reihe »bürgerlicher Werte«, die noch in den 60er Jahren als weitgehend selbstverständlich galten, an Bedeutung verloren hatten: der hohe Wert von Arbeit und Leistung, die Überzeugung, daß sich Anstrengung lohnt, der Glaube an Aufstieg und eine Gerechtigkeit des Aufstiegs, die Bejahung von Unterschieden zwischen den Menschen und ihrer Lage, die Bejahung des Wettbewerbs und – als der Fähigkeit, kurzfristige Befriedigung zugunsten langfristiger zurückzustellen – der Sparsamkeit, der Respekt vor Besitz, das Streben nach gesellschaftlicher Anerkennung und die Anerkennung geltender Normen von Sitte und Anstand. Da die Zahl der Menschen, die diese Ziele unterstützten, innerhalb von 15 Jahren, vor allem in den Jahren 1967–72 deutlich absank, machte sich Frau Noelle-Neumann nicht zu Unrecht Sorgen, daß die Bundesrepublik nicht mehr weiter so erfolgreich sein könnte wie bisher.

Hier dürfte eine Zwischenbemerkung am Platz sein. Der Titel von Frau Noelle-Neumanns Artikel, der zumal bei linken Lesern zahlreiche Proteste provozierte, erinnerte uns einmal mehr daran, daß Max Webers Forderung nach einer Wertfreiheit der Wissenschaft – zumindest, wie sie meist verstanden wird – nicht nur problematisch, sondern unrealistisch ist. Natürlich müssen wir uns in der Wissenschaft – dies wird heute wohl niemand leugnen – soweit wie irgend möglich moralischer oder anderswie normativer Behauptungen enthalten, insbesondere dann, wenn wir für sie keine plausible Begründung angeben können. Entrüstung und Applaus, Vorwürfe und Unterstellungen sind in der Wissenschaft fehl am Platz. Aber wir sind zu einer solchen Wertfreiheit nur bis zu einem bestimmten Grad überhaupt fähig und zwar aufgrund der Natur unserer Sprache. Wollten wir in der Wissenschaft völlig wertfrei sprechen, müßten wir uns mit Gleichungen nach der Art der Mathematik begnügen; doch obwohl Sozialwissenschaften in den vergangenen Jahren zunehmend Verfahren dieser Art eingesetzt haben, haben sie eben nicht völlig ihren geisteswissenschaftlichen Ursprung aufgegeben. Um so mehr eine Wissenschaft sich der Alltagssprache bedient[10], um so schwieriger, oft nahezu unmöglich ist es für sie, frei von Werturteilen zu sein; denn wir beschreiben Tatsachen ja anders, wenn wir sie begrüßen oder ablehnen oder gar, wenn es um Entwicklungen geht, deren Ausgang wir noch nicht kennen. Am deutlichsten ist dies in der Geschichtsschreibung: Wenn wir wissen, wie ein Krieg ausgegangen ist oder welche Folgen eine bestimmte politische Entscheidung gezeigt hat, beschreiben wir sie anders, als wenn wir dies nicht wissen[11]; und wenn wir etwas begrüßen (und sei es nur, daß wir dies aus der Sicht der historischen Persönlichkeit tun, die wir als Historiker zu erfassen versuchen), gebrauchen wir andere Ausdrücke und Wendungen, als wenn wir es ablehnen. Wenn wir schreiben, ein Herrscher hätte in dieser oder jener Hinsicht Erfolg gehabt, übersehen wir gleichsam, daß dieser Erfolg (was ja schon ein Wertbegriff ist oder doch zumindest sein kann) für andere als den Herrscher möglicherweise eine Katastrophe war. Zwar kann man versuchen, solche normative Implikationen einer scheinbar rein deskriptiven Sprache so gering wie möglich zu halten; aber ein Blick in nahezu jedes historische Werk, zumal wenn es eine erst kurz vergangene Epoche beschreibt, zeigt, daß dies nur bis zu einem bestimmten Grad möglich ist. Eine der Folgen ist, daß Geschichte immer wieder neu geschrieben werden kann, und zwar nicht nur aufgrund der Entdeckung bislang unbekannter Quellen. Zumal in den Geistes- und Kulturwissenschaften, die ja wesentlich historische Disziplinen sind, kann man dieser oft unbewußten »Bewertung durch Sprache« nur dadurch entgehen, daß man in sie Verfahren aufnimmt, die den Naturwissenschaften entlehnt sind (z. B. von Hypothesen spricht, die zu bewahrheiten bzw. falsifizieren sind), die dann aber dem Gegenstand, den man erörtert, immer weniger gerecht werden.

Die Entrüstung über den Titel, unter dem die *Zeit* Frau Noelle-Neumanns erwähnten Aufsatz veröffentlichte, entsprang einem solchen Mißverständnis. Später fragte sich die Leiterin des Demoskopischen Institutes Allensbach selbst, ob dieser Titel nicht etwas Irreführendes an sich hatte; sie betonte, es sei ihr nur darum gegangen, einen Schwund von jenen Werten festzustellen, die seit Anfang des 18. Jahrhunderts in der populären Publizistik als »bürgerliche Werte« propagiert worden waren[12].

Nun ist freilich kaum zu leugnen, daß Ergebnisse demoskopischer Forschung insofern ein subjektives Element enthalten, als die Auskünfte, die man erhält, von den Fragen abhängen, die man stellt bzw. der Art und Weise, wie man sie formuliert. Statistisch-demoskopische Untersuchungen sind am Modell von Wahlprognosen entwickelt worden; und während die Fragen, die man für Wahlprognosen stellt, vergleichsweise einfach sind, sind Fragen nach Wertvorstellungen oft trickreich, zumal es außerordentlich schwierig ist, die Gründe und

Motive zu entdecken, die einem Wandel von Wertvorstellungen veranlaßt haben. Wie jeder von uns aus seiner Erfahrung weiß, hat dieser Wandel oft etwas mit ganz persönlichen Erlebnissen und der eigenen Lebensführung zu tun – mit Ereignissen und Entwicklungen, die statistischen Untersuchungen fast unweigerlich entgehen, ja die wir uns oft selbst nur ungern zugestehen.

Überdies müssen Ergebnisse empirischer Untersuchungen über einen Wertewandel gedeutet werden; dies nicht zu tun, sondern sich damit zu begnügen, veränderte Prozentsätze festzuhalten, würde in den meisten Fällen mehr Mißverständnisse hervorrufen, als solche Untersuchungen überhaupt sein zu lassen. Dies ist schon allein deshalb der Fall, weil Wortbedeutungen sich ändern, genauer: weil sie ständig mit jeweils neuen Vorstellungen verbunden werden. So hat etwa das Wort »gerecht« einen nicht unerheblich anderen Klang, wenn man Gerechtigkeit nach dem klassischen *suum cuique* versteht, als wenn man der Meinung ist, jederart Ungleichheit sei tendentiell ungerecht. Das Vordringen von Gleichheitsvorstellungen u. ä. kann innerhalb kurzer Zeit bewirken, daß Entwicklungen, die vorher als gerecht empfunden wurden, nun als ungerecht angesehen werden, ohne daß es deshalb zu einer deutlichen Änderung von Wertvorstellungen gekommen wäre.

Ebenso bewirken z. B. veränderte Lebens- und Arbeitsbedingungen einen Wertewandel, der leicht zu falschen Urteilen führt, sobald man ihn nicht richtig deutet. Wenn Sparsamkeit abnimmt, kann man dies als wachsenden Leichtsinn gegenüber Lebensbedingungen interpretieren; doch wenn – wie dies in der Bundesrepublik jahrelang der Fall war – das Einkommen ständig zunimmt und das »soziale Netz« immer dichter wird, verliert Sparsamkeit zumindest vorerst an Bedeutung. Ein noch plastischeres Beispiel haben Untersuchungen in Eisenwerken gezeigt: Da immer mehr vom computerisierten Schalter aus erledigt wird, ist nicht eigentlich Fleiß, sondern sind Aufmerksamkeit und möglicherweise Kommunikationsbereitschaft gefragt.

## III.

Man wird freilich schwer leugnen können, daß die »bürgerlichen Werte«, von denen Frau Noelle-Neumann sprach, nicht ohne weiteres

»ewige Werte« sind. Die Antike, auf deren Grundentwürfe der Ethik wir bis heute zurückgreifen, schätzte Arbeit höchstens in Zusammenhang mit idyllischen Darstellungen des bäuerlichen Lebens; wer arbeiten mußte, galt den Athenern als unfrei, weshalb man sich ein sittliches Leben nur in einer Gesellschaft vorstellen konnte, in der es mehr Sklaven als Herren gibt. Es ist kein Zynismus, wenn Aristoteles etwa so argumentiert: »Entweder gibt es unter Menschen keine ευδαιμονία oder muß es Sklaven geben, von denen die Mehrheit, da sie Barbaren sind, ohnedies nicht in der Lage ist, rational zu denken«. Erst das Christentum hat den Wert der Arbeit entdeckt, teils weil es sie als eine Folge der Vertreibung aus dem Paradies, also als eine Strafe verstand, teils weil es an die Geschichte im Lukasevangelium (10, 38–42) dachte, in dem Jesus Martha zwar rügt, weil sie Maria nicht die Kontemplation erlauben will, aber zugleich anerkennt, daß sie ihn bedient. *Quod agebat Martha, ibi sumus, quod agebat Maria, hoc speramus*, heißt es in einer Predigt von Augustinus[13]: »Marthas geschäftiger Dienst ist unser Schicksal, Marias Anschauen des Herrn ist, worauf wir im Jenseits hoffen«. Insofern ist auch heute noch die Hervorhebung von Leistung nicht ohne Probleme: Gelingt es nicht, sie als in sich selbst sinnvoll darzustellen, als etwas, das Freude bereiten kann, fragen sich zumal junge Menschen, warum sie sich abschuften sollen – wobei sie freilich übersehen, daß die Üppigkeit, in der sie im Vergleich zu früheren Zeiten leben, eben auf der Leistung ihrer Väter und Großväter aufbaut und rasch in bittere Not einmünden könnte, wenn alle nur noch Spaß haben wollten. Wenn man Leistung nicht als die Freude daran, daß man gut tut, was man eben tut oder auch nur tun muß, darstellt, fällt es schwer, sie ohne weiteres als einen Wert darzustellen. Ebenso hat man sich so häufig über »Karrieristen« mockiert, daß es kein Wunder ist, wenn Jugendliche vielfach meinen, die Bemühungen des Aufstiegs lohnten nicht, man könne ja auch bescheiden leben.

Dieses Beispiel weist uns auf etwas hin, was Konservative (zu denen ich mich zähle, auch wenn mir ihre Primitivität nicht selten arg auf die Nerven geht) oft übersehen. Wertewandel wird oft als Werteschwund verstanden. Dies kann, muß aber nicht der Fall sein. Gewiß gibt es Wertvorstellungen, die einfach verlöschen und deren Verschwinden u. U. höchst problematisch ist. So haben Verhütungsmittel bewirkt, daß kaum noch jemand Enthaltsamkeit als eine Tugend ansieht, und das Schwinden ehelicher Treue hat eine bedenkliche Instabilität der Kernzelle jeder, auch der modernen Gesellschaft, der Familie, verursacht. Doch schon das Interesse daran, Vergewaltigung in der Ehe strafrechtlich zu ahnden, deutet darauf hin, daß zu Zeiten, in denen sexuelle Enthaltsamkeit gepredigt wurde, keineswegs alles in Ordnung war. Der Umgang unter den Geschlechtern hat sich – zuweilen in bedenklicher Weise – gelockert, und im Bereich des Denkens und des öffentlichen Wortes (und veröffentlichten Bildes!) sind mehr Hemmschwellen verschwunden, als uns guttut, aber zugleich scheinen sich Mann und Frau heute mit mehr personalem Respekt anzusehen, als dies vielfach früher der Fall war; kaum ein junger Mensch läßt sich heute gerne nachsagen, er betrachte eine Frau bloß als Lustobjekt, während dies noch um die Jahrhundertwende für gewisse soziale Schichten eine unproblematische Selbstverständlichkeit war. Auch die Tatsache, daß Homosexualität nicht mehr mit derselben Heftigkeit abgelehnt wird wie früher, kann nicht ohne weiteres als »sittlicher Verfall« gedeutet werden; die Entwicklung ist auch Folge des Sichdurchsetzens des Toleranzgedankens, genauer – ähnlich wie bestimmte Formen des Feminismus – bei den einen der Entrüstung, bei anderen der Schuldgefühle darüber, daß bestimmte gesellschaftliche Gruppen so lange verfolgt oder ausgenützt wurden[14].

Ich weise auf diese Zusammenhänge nicht nur deshalb hin, weil »Wertewandel« vielfach nur negativ gesehen wird, sondern auch aus zwei weiteren Gründen. Erstens scheint mir, daß zumal in Deutschland als Maßstab des Wertewandels oft die 15–20 Jahre des Aufbaus nach dem Zweiten Weltkrieg gesehen werden; dabei übersieht man, daß aufgrund der Erschütterung darüber, was der Nationalsozialismus in den Jahren 1933–45 angestellt hatte, diese »Gründerzeit« in der Geschichte der letzten 150 Jahre eine Ausnahmestellung einnimmt. Es war eine Zeit der – nationalen – Besinnung auf »ewige Werte«, zumal religiöser und quasi-religiöser Art, die einen breiten Strom der Skepsis und des Relativismus, der das Denken von »Intellektuellen« der letzten 150 Jahre kennzeichnet, unterbrochen hat. In den letzten Jahrzehnten waren fast die einzigen, die – ohne deshalb einem Fundamentalismus zu verfallen – an absolute Werte zu erinnern wagten, mittel- und osteuropäische Dissidenten wie etwa Kołakowski oder Sacharow. Man hätte meinen können, daß das Verschwinden des Eisernen Vorhangs im Westen eine neue, an die Zeit nach 1945 erinnernde Besinnung bewirken würde[15]; das Gegenteil war dann der Fall – die »losen Sitten« des Westens schwappten mit einer früher kaum vorstellbaren Wucht nach Mittel- und Osteuropa über, so sehr, daß sich heute auch im Westen kaum mehr jemand an den Mut und die scharfsinnige Intelligenz der geistigen Helden von damals erinnert.

Der zweite Grund ist etwas schwieriger darzustellen. Wertvorstellungen verschwinden nicht (oder doch nur sehr selten), wie ein Rinnsal versickert. Ihre Gesamtheit bildet ja eine Art Hierarchie; in dieser steigen einzelne Wertvorstellungen auf und ab und werden dann anderen vorgezogen oder nachgestellt. Dabei hat dieser Wandel Eigenschaften, die an das Verhalten eines Organismus erinnern und vielleicht am Ende nur systemtheoretisch gedeutet werden können. Wie ein Organismus, wenn er beschädigt ist oder die Funktion einer seiner Teile ausfällt, gleichsam »Ersatzlösungen« ersinnt, übernehmen beim Schwinden einer Wertvorstellung andere Wertvorstellungen deren Funktion. Das einfachste Beispiel ist der »höchste Wert«: Wenn man nicht mehr an Gott glaubt, übernehmen die Funktionen dieses Glaubens der Glaube an die Nation oder die Revolution oder die größtmögliche anstrengungslose Freiheit oder andere, meist ideologisch verkleidete Ideale. Es gehört einfach zum Wesen von Wertvorstellungen, daß unter ihnen eine, selten mehrere einen Wert betreffen, der als höchster angesehen wird. Ein anderes Beispiel ist die heute bei jungen Christen vielfach zu beobachtende (teilweise) Ersetzung der Ehrfurcht vor dem Sakralen durch Gerechtigkeitswünsche. Wenn man mit seinem religiösen Leben im Alltag nicht viel anzufangen weiß und dennoch der religiösen Gemeinschaft nicht eigentlich entfremdet ist, werden religiöse Kategorien durch moralische ersetzt, bis am Ende das Christentum und die Kirchen vornehmlich als moralische Instanzen verstanden werden – teils als unerfreulich empfundene wie angesichts des Erfordernisses der Fügsamkeit gegenüber kirchlichen Autoritäten oder Normen des Sexuallebens, teils als leicht zu habende wie die Forderung nach Gerechtigkeit zumal in weit entfernten Ländern, z. B. in Südamerika.

Ich meine dies nicht nur ironisch. Denn so sehr man in mancher Hinsicht bedauern kann, daß früher als selbstverständlich angesehene Werte in den Hintergrund getreten sind, wird man kaum leugnen können, daß unsere junge Generation echte Werte hochhält, die man früher nur selten beachtete oder nur nebenbei erwähnte, insbesondere die Würde der menschlichen Person[16]. Es versteht sich ja nicht von selbst, daß so viele Jugendliche mit so großem Engagement gegen Ausländerfeindlichkeit protestieren, wie wir es in den letzten Jahren beobachten konnten. Zum wesentlichen Teil entspringen solche Aktionen dem Entsetzen darüber, was die ältere Generation in den Jahren des Nationalsozialismus angestellt oder doch mitgemacht hat. Dieses Entsetzen lag in erheblichem Ausmaß freilich auch der Zuwendung zu verschiedenen Gestalten des Marxismus in den späten 60er und frühen 70er Jahren zugrunde: da Herbert Marcuse in einem ursprünglich 1934 erschienenen, damals wiederveröffentlichten Aufsatz[17] behauptet hatte, der Nationalsozialismus sei eine letzte Wucherung des Spätkapitalismus, man offenbar in einer kapitalistischen Welt lebte und zudem einige NPD-Mitglieder in Landesparlamente einzogen, entstand unter Studenten vielfach der Eindruck, der »Faschismus« kehre wieder – und nicht nur in Deutschland war bei vielen schon lange vorher die Legende aufgekommen, der entschiedenste Bekämpfer des Nationalsozialismus seien die Sowjetunion und der Kommunismus gewesen.

## IV.

Damit komme ich zum eigentlichen Anliegen dieses Beitrages. Die vielen Differenzierungen, die ich bisher vorgetragen habe, könnten den Eindruck erwecken, ich wollte das, was man »Wertewandel« nennt, verharmlosen. In Wirklichkeit liegt mir nichts ferner, zumal angesichts einer Reihe von nicht undramatischen Entwicklungen der letzten drei Jahrzehnte. Doch scheint mir niemandem dadurch gedient, daß man diese Entwicklungen überdramatisiert und sie vor allem methodologisch unbedacht und deshalb ohne weitere Differenzierungen vorträgt.

An erster Stelle will ich nochmals daran erinnern, daß ein Wandel von Wertvorstellungen etwas völlig Selbstverständliches ist. Völlig unabhängig davon, ob es ewige oder doch überzeitliche Werte gibt (was heute eigentlich nur noch von Menschen mit tieferen religiösen Überzeugungen vertreten wird), wären ja auch und gerade die Werte, die wir heute hochhalten, nie artikuliert worden und in den Vordergrund getreten, wenn es einen solchen Wandel nicht gäbe. Jene, die sich über einen Wertewandel beklagen und dabei als Maßstab die Denkweise der ersten 15 Jahre nach dem Zweiten Weltkrieg vor Augen haben, neigen in dieser Hinsicht nicht selten zu einer Art Kurzsichtigkeit – als hätte man damals einen Höhepunkt erreicht, angesichts dessen jederart Wandel von Wertvorstellungen von Übel ist. In Wirklichkeit gibt es im Bereich der Wertvorstellungen nur in ganz primitiven, streng geschlossenen Gesellschaften einen länger währenden Stillstand und kann man – um zentrale Wertvorstellungen am Leben zu erhalten – in einer so dynamischen und ständig über sich selbst reflektierenden Kultur wie jener Europas (zu der heute weitestgehend auch jene Nordamerikas zählt) nicht viel mehr tun, als immer wieder von neuem und in jeweils neuer Weise an die tragenden Säulen dieser Kultur zu erinnern.

Dies erfordert zweitens, daß man sich darüber einig ist, welche Traditionen die entscheidenden sind. Damit ist ein Problem angesprochen, das uns heute wohl am meisten zu schaffen macht: Die europäischen Traditionen sind vielfältig und nicht ohne Widersprüche. Einerseits ist die monotheistische jüdisch-christliche Tradition wohl die entscheidende Säule; was wir von der Antike geerbt haben, ist uns im wesentlichen durch sie vermittelt worden. Dieser Tradition verdanken wir nicht nur eine sich nach und nach enfaltende, bis heute unser Denken bestimmende Moral, sondern auch eine »Entgöttlichung der Natur«, ohne die die neuzeitliche Naturwissenschaft und die auf ihr aufbauende Technik nie hätten aufkommen können. Andererseits haben Ungeschicklichkeiten, zuweilen Monstrositäten der Christen, z. T. auch deren unbedachte Fortführung vorchristlicher Traditionen, also von Aberglauben wie dem Hexenwahn, der Astrologie, der sich am häufigsten an Juden austobende Sündenbocksymbolik[18] usf. bewirkt, daß Kräfte, die seit der Aufklärung immer wieder zunahmen und an Bedeutung gewannen, sich gegen diese tragende Säule der abendländischen Kultur wandten und auf die Dauer eine allmähliche Löslösung der europäischen Kultur von den entsprechenden Traditionen bewirkten. Teile dieser Auflehnung gegen das christliche Erbe waren Splitter desselben, die von den Christen vernachlässigt worden waren; andere nicht. So entstand, was Papst Paul VI. einmal als die »tragische Kluft zwischen dem christlichen Glauben und der europäischen Kultur« bezeichnet hat. Werte, die uns heute ganz selbstverständlich sind, etwa Toleranz gegenüber Andersdenkenden, Religionsfreiheit, Pressefreiheit usf. mußten sich lange Zeit gegen den Widerstand christlicher Autoritäten durchsetzen, was seinerseits den neuzeitlichen Säkularisierungsprozeß, der ja auf weite Strecken eine Entdeckung der Eigenrechte weltlicher Bereiche war[19], beschleunigte. Die Folge war und ist z. T. bis heute, daß viele Menschen, zumal Intellektuelle, christlichen Traditionen gegenüber skeptisch, ablehnend oder gar ressentimentgeladen sind. Dies ist aus zwei Gründen problematisch: Erstens lassen sie viele unserer Wertvorstellungen nur sehr schwer ohne Rückgriff auf die judaeo-christliche Tradition rechtfertigen, sind sie also in Gefahr zu verblassen, wenn sie von ihren Wurzeln abgeschnitten werden; und zweitens ergibt es zwei Welten von Wertvorstellungen, die sich zwar zu erheblichem Teil überschneiden, jedoch Diskussionen darüber, zu welchen Wertvorstellungen man erziehen soll, erschweren.

Ein Beispiel für beide Zusammenhänge sind die erregten Diskussionen über Abtreibung, Euthanasie und jüngst die Vorstellungen von Peter Singer. Abtreibung, die früher aufgrund christlicher Traditionen einen sehr hohen *negativen* Wert hatte, gilt heute als so annehmbar, daß ihre Gegner Schwierigkeiten haben, sich Gehör zu verschaffen; die diesbezüglichen Diskussionen im Bundestag leiden an einer eigentümlichen Verlogenheit, da auch die Befürworter der Möglichkeit einer straflosen Abtreibung sich bei ihren Entwürfen nicht anders als ihre Gegner auf den »Schutz des Lebens« berufen. Dies ist ein Beispiel eines Wandels von Wertvorstellungen, bei denen eine von ihnen – das Recht auch des Ungeborenen auf Lebensschutz – buchstäblich aus dem Bewußtsein der Bevölkerung zu schwinden droht. Mit der Euthanasie ist es noch nicht so weit, vermutlich u. a. deshalb, weil alle an der Diskussion Beteiligten noch am Leben sind und ihren Tod noch befürchten müssen. Aber die Stimmen jener, die – ebenfalls unter Hintansetzung christlicher Vorstellungen, die in diesem Falle sogar schon bei Platon zu finden sind[20] – das Recht einer »Freiheit zum Tode« verkünden, mehren sich und werden lauter. Nun kommt Peter Singer hinzu und vertritt eine Auffassung, die im Grunde zumal den Verteidigern einer Freigabe der Abtreibung passen sollte: Unantastbares Recht auf Leben haben nach ihm nur jene Wesen, die sich ihres Personseins bewußt sind, also zwar – so meint Singer – einige höhere Tiere, nicht aber unwiderbringlich gehirn- oder geistig geschädigte Menschen. Die Entrüstung, die diese Vorstellungen Singers in Deutschland hervorgerufen haben, ist, blickt man genauer hin, eigentümlich pharisäisch; denn die Vorstellung, man habe das Recht abzutreiben, gründet ja letztlich auf der Vorstellung, das Ungeborene sei noch kein Mensch, sondern nur eine ihrer selbst noch nicht bewußte »Leibesfrucht«. Dabei wird bei der ganzen Diskussion oft übersehen, daß die christliche, sich auf das Naturrecht berufende Ablehnung der Abtreibung zur Voraussetzung hat, daß nach christlicher Vorstellung nicht etwa die Fähigkeit des Bewußtseins, sondern ein ihr *zugrunde liegendes* Personsein (die »Seele«) das Wesen des Menschen ausmacht. Insofern illustriert dieses Beispiel auch, wie Wertvorstellungen mit letztlich »ontologischen Modellen« zusammenhängen, bei deren Verschwinden sie nur noch schwer aufrechtzuerhalten sind.

Damit wird freilich drittens deutlich, daß es zwar Aufgabe der Eltern, der Kirchen, des Staates und am Ende der ganzen Gesellschaft ist, zu den »richtigen« Wertvorstellungen zu erziehen und den gesamtgesellschaftlichen Wandel von Wertvorstellungen wachen Auges zu verfolgen, mit der erfolgreichen Erhaltung zentraler Wertvorstellungen, wie sie das Gedeihen oder gar nur Überleben eines Staatswesens oder einer Gesellschaft voraussetzt, jedoch eine erhebliche Denkanstrengung verbunden ist. Früher wurden Äußerungen, die nach Meinung der Herrschenden die gedeihliche Entwicklung des Gemeinwesens gefährdeten, einfach verboten und wurden jene, die darauf bestanden, sie weiterzuverkünden, als Häretiker verbrannt oder anderswie zum Stillschweigen verurteilt[21]. Wir haben ein politisches System erreicht, daß sich dergleichen nicht leisten kann und will; Meinungsfreiheit ist zu einem Grundwert geworden, der nahezu jedem, der nicht offen zur Gewalt aufruft, erlaubt, auch die verrücktesten und abwegigsten Gedanken zu vertreten und nahezu jederart Tabu zu durchbrechen[22].

Dadurch ist der Wandel von Wertvorstellungen nicht nur beschleunigt und jederart wirksamen Kontrolle entzogen worden, sondern zugleich zu einem Bereich geworden, in dem intellektuelle Bemühungen, rationale Argumente und nicht zuletzt plausible, weil lesenwerte Darstellungen, entscheidend sind. Dabei genügt es eben nicht, Wertvorstellungen, die einem wichtig erscheinen, gleichsam »einzuhämmern«, so wiederholt auf sie hinzuweisen und sie so oft zu wiederholen – bis sie langweilig werden. Gefordert sind vielmehr Argumente und Darstellungen, die sie in die Denkweise der Menschen von heute einweben und dabei berücksichtigen, daß diese Argumente nicht dieselben wie jene von gestern sein können. Zuweilen muß man sich wohl auch zugestehen, daß man – etwa als Christ – eine historische Schlacht verloren hat (Beispiel: Abtreibung), und nach neuen Gebieten suchen, von denen aus man wieder Terrain gewinnen könnte (in Zusammenhang mit dem Problem der Abtreibung z. B. die Unantastbarkeit der Würde jedes Menschen[23]).

Wie schwierig solche Dialoge und Auseinandersetzungen heute sein können, hat der in den Vereinigten Staaten lehrende Schotte Alasdair MacIntyre zu Beginn seines wichtigen Buches *After Virtue*[24] an einem höchst einleuchtenden Gedankenexperiment illustriert. Man stelle sich vor, so schreibt er, die Naturwissenschaften würden Opfer der Auswirkung einer Katastrophe: Labors werden niedergebrannt, Physiker gelyncht, Bücher und Geräte vernichtet. Hundert Jahre später versuchen einige aufgeklärte Menschen, die Wissenschaften, von denen man weitgehend vergessen hat, was sie einmal waren, wiederzubeleben. »Sie besitzen nur noch einige Bruchstücke: ein Wissen um Experimente ohne Kenntnis des theoretischen Zusammenhangs; Teile von Theorien, die zu anderen Theoriefragmenten, die noch bekannt sind oder zu den Experimenten keinen Bezug haben; Geräte, deren Verwendungszweck man vergessen hat; halbe Kapitel aus Büchern, einzelne Seiten von Artikeln, die nicht immer ganz lesbar sind, weil sie zerrissen wurden oder angekohlt sind.« Die Rekonstruktionen dessen, was die Naturwissenschaften einmal waren, würden, wie MacIntyre es mit einer Phantasie, die eines *Science-fiction*-Autors würdig wäre, darstellt, abenteuerlich sein. Nichts paßt richtig zusammen, so daß es am Ende eines neuen Newton und Einstein bedürfen würde, die Wissenschaften wieder dorthin zu bringen, wo sie einst angelangt waren.

Ebenso steht es, wie MacIntyre zu zeigen versuchte, mit unserem Erbe an abendländischen Wertvorstellungen. Sie haben sich verschiedenster Denkmodelle bedient, miteinander gerungen und einander allerlei unterstellt und damit ein Gemisch geschaffen, von dem heute viele nach der Art von P. K. Feyerabend meinen, daß *anything goes* bzw. gemäß dem »alten Fritz«, daß jeder »nach seiner eigenen Façon selig werden« müsse. Vielleicht ist die wichtigste Aufgabe der Zukunft, eine Aufgabe, die den »Wertewandel« zwar nicht aufhalten, vielleicht aber doch in eine Richtung leiten kann, die die Menschen nicht in neue Katastrophen stürzen läßt, die Entwicklung eines durchdachten, in sich harmonischen »Wertemodells«, in dem alle wichtigen Wertvorstellungen ihren Platz finden und das zugleich so überzeugend ist, das die große Mehrheit der Zeitgenossen ihm ohne weitere Bedenken anhängen. Leider ist nicht wahrscheinlich, daß dies gelingt; wir sind, jeder von uns, zu sehr darauf erpicht, uns selbst zu bestimmen und uns deshalb auch unsere je eigene Hierarchie von Werten zurechtzulegen. Ob der extreme Individualismus, der darin zum Ausdruck kommt, ohne neuerliche Gefährdungen des Menschen zu überwinden ist, bleibt eine offene Frage[25]. Nur wenige haben den Mut – und die Geistesgaben –, um den schmalen Weg zwischen einem Dogmatismus, der allzuleicht eine fundamentalistische Gestalt annimmt, und einem Skeptizismus, der rasch in Zynismus abgleitet, zu finden und dann auch zu gehen. Wie Leszek Kołakowski es erst kürzlich in einem Vortrag, den er an der Katholischen Universität Eichstätt hielt, formuliert hat[26], ist der neuzeitliche Relativismus zu einer Falle geworden, die unsere Kultur bedroht, da niemand das Törchen finden kann, die aus ihr hinausführen würde.

## V.

Deshalb zum Schluß nochmals die Frage: Gibt es nicht doch »ewige Werte«, an denen wir Menschen uns immer halten und an denen wir die Normen messen müssen, die unser Zusammenleben bestimmen?

In der Summa theologiae Thomas von Aquins findet man einen Satz, der dagegen spricht, daß Werte des Menschen ewig sein könnten. *Si nullus intellectus esset aeternus, nulla veritas esset aeterna*, heißt es da[27]: »Gäbe es keinen ewigen erkennenden Geist, gäbe es keine ewige Wahrheit.« Wahrheit ist eine Beziehung zwischen einer Erkenntnis und einem Zusammenhang, der in ihr erkannt wird; so kann sie nur so »stabil« sein, wie beide, die Erkenntnis und das Erkannte, konstituiert sind. Auch Werte schweben nur für einen radikalen Platoniker (wie es z. B. Duns Scotus oder auch Leibniz waren) unabhängig von einer Wirklichkeit herum. Sie sind eine Beziehung zwischen einer Wirklichkeit, in unserem Falle des Menschen, und dem, was sie entsprechend ihrem Wesen anstreben soll (und deshalb von Natur aus erstrebt), weil es sie vollendet. Und da der Mensch, wie wir ihn in dieser Welt kennen, nicht ewig ist, sind auch seine Werte nicht ewig.

Aristoteles hat in einer kurzen Polemik gegen seinen Lehrer Platon diesen Punkt zu Beginn seiner Nikomachischen Ethik scharf herausgearbeitet: das Gute ist nicht ein in sich ruhendes Ideal, an dem alles zu messen wäre, sondern jede Wirklichkeit hat ihre eigene Art von Gutsein, ihre je eigene Vollendung[28]: vielen Vögeln tut nicht gut, was für Fische ihr Lebenselement ist, und für Pferde ist es kein Nachteil, daß sie sich nicht wie Schmetterlinge in Blüten tummeln können, um deren Honig zu sammeln.

Aber dies besagt eben genau nicht, daß jeder Mensch sich selbst zurechtlegen könnte, was ihm gut und was ihm schlecht tut. Es gibt so etwas wie »das Wesen des Menschen« und dieses ist davon, was Menschen sich ausdenken und wie sie sich selbst verstehen, weitgehend unabhängig. Gewiß hat Hegel recht, wenn er ein An-sich und ein Für-sich unterscheidet und nahelegt, letztlich sei der Mensch das, was er für sich ist[29]; alles ist etwas, aber Wirklichkeiten, die reflektieren können, bestimmen sich darüber hinaus selbst, indem sie ihr Sosein deuten. Sie sind nicht durch ihr An-sich determiniert, haben gleichsam darüber, was sie genau sind, mitzureden[30]. Schon in der Renaissance hat dies Pico della Mirandola in seiner berühmten *Oratio de dignitate hominis* ausgesprochen, in der Gott, nachdem er den Menschen geschaffen und »in die Mitte der Welt« gesetzt hat, diesem sagt: »Du bist der Gestalter und Macher Deiner selbst ... Du kannst zu den niedrigen Wesen herabsteigen, die Tiere sind, Du kannst nach oben zu den höheren Wesen wachsen, die göttlich sind«[31]. Doch dies ist ein Bild – und die Gestaltung seiner selbst, die Wandlungen aufgrund des Wandels und der Gestaltung des Für-sich-Seins haben Grenzen, und zwar solche, die nicht allein in der physischen Dimension des Menschen angelegt sind. Der Mensch kann sich entwickeln und wachsen – und er kann sich zerstören. Sein Verstand ist ihm gegeben, damit er entscheidet – entscheidet, ob er wachsen oder sich und andere zerstören will; und Geschichte ist ein ständiges Vorbeisegeln des Menschen an Klippen, die er – will er sich nicht zerstören – meiden muß. Damit ist auch schon gesagt, daß es dabei nicht allein, ja nicht einmal vornehmlich um die jeweils individuelle Biographie, sondern auch um das Schicksal größerer Einheiten geht, zumal der Nation und des Staates. Ein Wandel von Wertvorstellungen, der oft zunächst von kleinen Gruppen ausgeht und dann um sich greift, weil er auf eine träg selbstzufriedene oder auch von geheimen Ängsten, gar von unzugestandenem Schuldbewußtsein gejagte, jedenfalls in dieser Hinsicht unvorbereitete und deshalb wehrlose Gesellschaft trifft, bleibt ja nicht ohne Auswirkungen auf Verhaltensmuster, die Gesetzgebung, die Politik usf. In der Demokratie, in der diejenigen, die das Staatsschiff steuern, auf das Volk hören müssen, ist dies sogar deutlicher als in anderen Staatsformen der Fall, zumal dann, wenn Wahlen zu gewinnen wichtiger wird als tiefere Überzeugungen. Welcher erfolgreiche Politiker ist heute schon bereit, Entwicklungen, die ihm bedenklich erscheinen, öffentlich zu verurteilen, wenn er nicht die Mehrheit der Stimmen oder zumindest seiner Wähler hinter sich weiß?[32]

In diesem Sinne gibt es dann auch ein »Naturrecht«, eine normative Ordnung des Menschen, seines Lebens und seiner Geschichte, die sich daraus ergibt, was oder eigentlich wer wir Menschen sind. Es ist nicht völlig unwandelbar und es liegt vor allem nicht in der Weise vor, wie Naturdinge vorliegen: Der Mensch muß kraft seines Verstandes unter Berücksichtigung seines Wesens und der Umstände, in denen er sich vorfindet, jeweils herausfinden, was seine »Natur« ihn im gegebenen Augenblick bzw. Zeitalter lehrt[33]. Die Zehn Gebote sind so etwas wie eine Kurzfassung dieses »Naturrechts«; Gott übergibt sie Moses und dem jüdischen Volk nicht wie eine von außen an den Menschen herangetragene Ordnung, sondern damit sie wissen, wer sie sind, worin ihr Heil und ihr Unheil besteht, ein Heil und Unheil, die sich daraus ergeben, wie Er sie erschaffen hat.

Im Grunde wissen wir dies alle ganz genau. Wir könnten, was Hitler und Stalin bewirkt haben, nicht mit Schaudern und Abscheu betrachten, wenn wir nicht wüßten, was für den Menschen recht und was für ihn unrecht ist; Wildschweine können dies nicht, sie haben höchstens Angst, wenn sie gejagt werden. Und wir würden, wüßten wir es nicht, nicht alles mögliche unternehmen, um Menschen von Alkoholismus, Drogensucht u. ä. abzuhalten; es ist uns nicht gleichgültig, wie das Leben des Menschen, das der anderen und unser eigenes, verläuft. Dies gilt nicht nur von der Einzelbiographie, sondern ebenso von der Gemeinschaft, der Nation, dem Staat. So erwarten wir z. B. von Politikern Gesetze und ein tägliches Handeln, die uns nicht nur im Augenblick wohltun, sondern unser Zusammenleben so steuern, daß auch unsere Kinder und Enkelkinder noch in einer Welt leben werden, in der sich zu leben lohnt. Und zwar lohnt nicht nur durch materielles Wohlergehen und technologischen Fortschritt, sondern in einem anderen, ethischen Sinne.

Insofern zählt es, ich wiederhole mich, zu unseren Aufgaben, darüber zu wachen, welche Werte Kindern in der Familie und in der Schule vermittelt werden, welche Gesetze und Verfassungsurteile verabschiedet werden, wie sich die öffentliche Meinung entwickelt, welche Kultur unser Leben bestimmt. Über viele Entwicklungen kann man verschiedener Meinung sein; man kann Gefahren überschätzen, und Politiker tun dies gerne, weil sie uns als Wähler mobilisieren wollen. Aber man kann das Entstehen und Wirken gefährlicher, unsere Gemeinschaft gefährdende Entwicklungen auch unterschätzen, in ihrer Bedeutung herunterspielen, bis es dann zu spät ist.

Dabei sollte man u. a. beachten, daß kulturwirksame Wertvorstellungen, »Werte«, die uns durch eine lange Geschichte zugewachsen sind, nicht in der Weise einsichtig sind, wie z. B. mathematische Sätze. Kaum jemand würde heute wagen, die Richtigkeit des Satzes zu leugnen, mit der der Abschnitt über Grundrechte unseres Grundgesetzes beginnt: »Die Würde des Menschen ist unantastbar«. Dieser Satz hat für uns – vom Schicksal unserer ungeborenen Kinder einmal abgesehen – heute eine unmittelbare Evidenz. Dies war nicht immer so – und nichts spricht dafür, daß es immer so bleiben müßte. Es ist eine Evidenz, die kulturgeschichtliche und kulturelle Voraussetzungen hat: das jüdisch-christliche Menschenbild, die in der Neuzeit herangewachsenen, besonders deutlich bei Kant artikulierten Vorstellungen von der Person des Menschen, die Rechtsgeschichte. Wie der Holocaust, der Archipel Gulag und die jüngsten Ereignisse im vormaligen Jugoslawien beweisen, braucht es nur wenig, um sie als Evidenzen auszulöschen, so als dürften wir heute technisch hochgerüstete Neandertaler sein. Wenn sich z. B. der Gedanke ausbreitet, wir Menschen seien nichts als »nackte Affen«, also Produkte einer letztlich zufälligen und deshalb »blinden« Evolution, verliert ein Satz wie jener von der Unantastbarkeit der Würde des Menschen rasch seine Evidenz.

Wer sich Sorgen um einen »Werteverfall« macht, sollte deshalb mehr tun, als diesen Verlust zu beklagen. Er muß jenen widersprechen, die ihn fördern, und jene wachrütteln, die geistig blind sind oder ihn in der Hektik des Alltags übersehen. Er muß daran erinnern, daß Kulturen und deren Werte sich nicht von selbst verstehen, sondern aus Quellen speisen, die versickern können[34]. Er muß, wenn es nötig ist, den Mut aufbringen, der öffentlichen Meinung entgegenzutreten, laut und vernehmlich rufen, wenn – heute nicht zuletzt durch verantwortungslose Massenmedien – Fragwürdiges zu Selbstverständlichem zu werden droht und richtige, für das Schicksal des Menschen entscheidende Einsichten der Lächerlichkeit preisgegeben werden. Und er muß sich Gedanken darüber machen, wer wir Menschen sind, was unsere Bestimmung ist, was unserem Zusammenleben förderlich ist und was es gefährdet. Dabei kann ihm, wenn sie gut ist, die Verfassung beistehen; aber auch Verfassungen sind nur Menschenwerk und enthalten deshalb latente Widersprüche, die durch Verfassungsänderungen in fragwürdiger Weise behoben werden können. Wer sich Sorgen um einen Verfall der Wertvorstellungen macht, kann, wenn er diesem Verfall mit Erfolg entgegenwirken will, nicht umhin, sich Gedanken darüber zu machen, ob wir richtig erzogen worden sind und unsere Kinder richtig erzogen werden. Wie ein amerikanischer Ethiker vor Jahren zu zeigen versuchte, ist Ethik, die individuelle wie die politische, letztlich immer auch eine Lehre davon, wie man zum Guten erzieht[35], Menschen veranlaßt, sich zu bemühen, das für sie und ihre Mitmenschen »Richtige« zu suchen und am Ende zu finden. Nicht zuletzt sollte, wer sich um die richtige Erziehung unserer Kinder sorgt, nicht unterlassen, auch seine eigene Erziehung zu befragen; Irrwege der Kinder sind fast immer Folgen verborgener Irrwege der Eltern oder Großeltern: *parvus error in principio magnus est in fine*[36], locker übersetzt: »ein scheinbar unbedeutender Irrweg in den Grundsätzen und zu Beginn hat am Ende erschreckende Folgen«.

## Anmerkungen

1 Zuweilen ist auch darauf hingewiesen worden, es sei die erste Generation, die von Kindesbeinen an vor dem Fernsehgerät saß, in Amerika etwas früher als in Deutschland.

2 Einer eigenen Untersuchung wäre das Eindringen der Soziologie in die Politikwissenschaft wert. Ursprünglich waren die Themen, die heute in der »Wissenschaft von der Politik« behandelt werden, ein Randgebiet Juristischer Fakultäten; Soziologie dagegen wurde in den Fakultäten für Wirtschaftswissenschaften und – bevor diese sich verselbständigten – in den Philosophischen Fakultäten gelehrt. Die aus den Vereinigten Staaten

zurückkehrenden Begründer der »Demokratiewissenschaft«, als welche die Politikwissenschaft nach 1945 verstanden wurde, hatten meist Rechtswissenschaften studiert; nur die wenigen, die sich mit Wahlen befaßten, waren mit empirisch sozialwissenschaftlichen Erhebungen vertraut.

3 *R.Inglehart:* The Silent Revolution, Princeton 1977.

4 Dazu u. a. *H. O.Luthe, H.Meulemann, Hrsg.:* Wertwandel – Faktum oder Fiktion?, Frankfurt 1988, bes. 163 ff.

5 Erstmals ausführlich wohl in: Der Sinn der »Wertfreiheit« der soziologischen und ökonomischen Wissenschaften, Logos. Internationale Zeitschrift für Philosophie der Kultur VII (1917/18), 1, 40–88. Die Bemühung, »Werte« aus der Wissenschaft herauszuhalten, war auch dadurch veranlaßt, daß einige der oben erwähnten deutschen Denker das Erkennen von ihnen dem »Gefühl« zuordneten, so z. B. Max Scheler.

6 Einen gelungenen Versuch, Webers umstrittenes Postulat der »Werturteilsfreiheit« differenziert darzustellen, findet man in D. Käsler, Einführung in das Studium Max Webers, München 1979, 183 ff.

7 Z. B. in Wissenschaft, Politik und Gnosis, München 1959.

8 Vgl. u. a. *H. Albert/E. Topitsch, Hrsg.:* Werturteilsstreit, Darmstadt 1979 (Wege der Forschung CLXXV). Ein wichtiger neuer Beitrag zur Diskussion, der durch z. T. bahnbrechende Detailanalysen zeigt, wie sehr Weber – freilich nicht ganz ohne eigene Schuld – mißverstanden worden ist, ist *W. Hennis,* Max Webers Wissenschaft vom Menschen, Tübingen 1996, gelungen.

9 Wiederveröffentlicht in *E. Noelle-Neumann:* Werden wir alle Proletarier? Wertewandel in unserer Gesellschaft, Zürich-Osnabrück 1978.

10 Was nicht ausschließt, daß sie sich eine – meist völlig unnötige – künstliche Terminologie zulegt; es entsteht dann eine Sprache, die ich in den 70er Jahren »Soziologesisch« nannte. Es wird häufig übersehen, daß eine solche Terminologie – die im Deutschen meist durch die Übernahme von Wendungen aus dem Amerikanischen entsteht – grundsätzlich von der in Naturwissenschaften üblichen unterscheidet. Um so mehr eine Disziplin Gleichungen einsetzt, um so mehr muß sie sich von der Alltagssprache entfernen; in denjenigen Wissenschaften dagegen, die sich vornehmlich der Alltagssprache bedienen, sind solche künstlichen Termini nur in den seltenen Fällen nötig, wo es um Phänomene geht, die noch keinen Namen haben. In der deutschen Philosophie wurde bis zur Zeit vor dem Zweiten Weltkrieg wenigstens versucht, in diesen Fällen deutsch klingende Wendungen zu gebrauchen, so bei Hegel und Heidegger. Ein Beispiel, wie man selbst sehr komplizierte Zusammenhänge in schönem Deutsch darstellen kann, ist Romano Guardini, der fast nie ein Fremdwort gebrauchte. Ich schreibe dies, obwohl Deutsch nicht meine Muttersprache ist ...

11 Vgl. dazu *A. Danto:* Analytische Philosophie der Geschichte, Frankfurt 1974.

12 AaO, Vorwort.

13 Sermo 104, 4; MPL XXXXVIII, 618.

14 Ein interessantes Beispiel dafür, daß Homosexuelle selbst diese Entwicklung nicht automatisch als positiv empfinden müssen, ist das 1995 in Harvard erschienene, bei aller Gelehrsamkeit in seiner Sprache geradezu brutale Buch *Homos* des an der Berkeley University lehrenden Romanisten Leo Bersani, der argumentiert, die Anerkennung der Gleichwertigkeit von Homosexuellen beraube diese ihrer Identität, weil diese Identität in einem Aufstand gegen das Leben und die Natur des Menschen zu finden sei. Wie sehr sich in dieser Hinsicht Wertvorstellungen geändert haben, ist schon allein daran zu ermessen, daß vor dreißig Jahren, als ich in den Vereinigten Staaten lehrte, kein Universitätsverlag auch nur im entferntesten daran gedacht hätte, die Drucklegung eines solchen Buches zu übernehmen. Überhaupt zählen die »sexuelle Revolution« und deren Folgen zu den dramatischsten Veränderungen von Wertvorstellungen – am auffälligsten in den Vereinigten Staaten.

15 Offenbar war dies auch die Hoffnung Johannes Paul II., als er bei seinem ersten Besuch in der damaligen Tschechoslowakei eine Bischofssynode ankündigte, die die Erfahrun-

gen der Christen unter der kommunistischen Verfolgung durchdenken würde; diese Synode ist, jedenfalls in der angekündigten Form, nie zustande gekommen.

16 Zu dieser Frage vgl. meinen Beitrag zur Festschrift für Bernhard Sutor, *K. G. Ballestrem* u. a., Hrsg., Sozialethik und politische Bildung, Paderborn 1995.

17 Vgl. *H. Marcuse:* Kultur und Gesellschaft I, edition suhrkamp 101, 1967, 17 ff. Der Aufsatz »Der Kampf gegen den Liberalismus in der totalitären Staatsauffassung« war ursprünglich 1934 in der damals schon in Paris herausgegebenen Zeitschrift für Sozialforschung erschienen.

18 Vgl. dazu neben den bekannten Untersuchungen von *René Girard* neuerdings *R. Schenk, Hrsg.:* Zur Theorie des Opfers, Stuttgart 1995.

19 Am deutlichsten ist dies an unserem heutigen Denken über den demokratischen Staat abzulesen. Seit Platons Dialog über den Staat herrschte im Abendland die Vorstellung, das Gemeinwesen müsse kosmische Zusammenhänge widerspiegeln. So wird z. B., einer langen Tradition folgend, in Thomas von Aquins De regimine principum die Monarchie durch den Hinweis gerechtfertigt, da der eine Gott das Universum regiere, solle auch einer dem Gemeinwesen vorstehen. Selbst die noch heute in manchen Verfassungen demokratischer Staaten vorkommende Formulierung, alle Macht gehe vom Volke aus, ist nur eine – nach der Französischen Revolution entstandene – Umkehrung der Worte in Römer 13, 1, es gäbe keine Gewalt außer von Gott. Der moderne demokratische Rechtsstaat dürfte das erste Gemeinwesen sein, das sich nicht mehr solcher Modelle bedienen muß, sondern ganz pragmatisch einzig darauf abzielen darf, die Bürger voreinander und vor sich selbst zu schützen – was natürlich nicht hindert, daß Verfassungsväter in den Verfassungspräambeln ihre Verantwortung vor Gott anführen. Um so wichtiger ist es, die Demokratie nicht mit mythisch-ideologischen Aussagen zu schmücken. – Zur Frage des Gottesbezuges in Verfassungspräambeln vgl. neuerdings die klugen Überlegungen des Vorsitzenden der Deutschen Bischofskonferenz in der Festschrift für Hans Maier (*K. Lehmann:* Demokratie und Menschenbild, Politik-Bildung-Religion, hrsg. v. Th. Stammen u. a., Paderborn 1996, 572 ff.).

20 Phaidon 62 b-c.

21 Vor Jahren habe ich mich eine Zeitlang mit der abstrusen Vorstellungswelt der »Europäischen Arbeiterpartei (EAP)«, eines in Deutschland von Frau Zepp-LaRouche vertretenen Zweiges der von Herrn LaRouche gegründeten amerikanischen »Labour Party« befaßt; da sie sektenähnliche Züge hatte und mir schien, daß sie kriminelle Neigungen hat, meinte ich, sie müßte vom Verfassungsschutz überwacht werden (schließlich wurde sie ja auch in Schweden des Mordes an Ministerpräsident Olaf Palme verdächtigt). Als ich das Problem mit einem leitenden Beamten der Forschungsabteilung der Pullacher Behörde besprach, meinte dieser aufseufzend, eine solche Bewegung oder Partei wäre unter einem anderen politischen System längst ausgeschaltet worden, heute sei dies undenkbar.

22 Mit dem Verbot, den Holocaust zu leugnen, ist diese Grundtendenz freilich ihrerseits wieder durchbrochen worden; welche Folgen dies haben wird, ist noch nicht abzusehen. Ein prominenter Antisemitismusforscher, der Vorsitzende des Auschwitz-Komitees W.Dlugoborski hat die Entscheidung des deutschen Gesetzgebers bei einem Vortrag in Deutschland bedauert: sie behindere die Forschung, da bisher selbst die abwegigsten Behauptungen und Überlegungen von Neonazis stets Anlaß gewesen seien, sich nochmals in die schreckliche Materie zu vertiefen.

23 Dabei erinnern Juristen nicht zu Unrecht gelegentlich daran, daß es nicht ohne Gefahr ist, den Begriff »Mensch« etwa durch Wesensumschreibungen zu präzisieren. Um so genauer der Begriff gefaßt wird, um so größer ist die Gefahr, daß bestimmte Menschen dann doch wieder unbewußt ausgegrenzt werden.

24 Notre Dame 1981; deutsch Der Verlust der Tugend, Frankfurt 1987.

25 Um diese geht es in der neuerlichen Diskussion über Liberalismus und »Kommunitarismus«, die freilich außerhalb ihres amerikanischen Kontextes schwer verständlich, ja leicht irreführend ist, vgl. J. Gebharts Analyse in der Festschrift für Hans Maier (Fußnote 19), 303 ff.

[26] Der Vortrag fand in Verbindung mit einer Tagung des Zentralinstituts für Mittel- und Osteuropastudien über Probleme der Kirche in Polen nach 1989 im Mai 1996 statt; soviel mir bekannt ist, ist er nicht veröffentlicht.

[27] S.Th. I, 16, 7c.

[28] 1096 a 23 ff.

[29] Vgl. den interessanten Abschnitt in der Geschichte der Philosophie, in der Hegel die aristotelischen Begriffe »Möglichkeit« und »Wirklichkeit« in diesem Sinne deutet, Werke, ed. Glockner, XVIII, 321 ff.

[30] Obwohl Hegel mit dieser Überlegung – wohl als erster – die Geschichtlichkeit der Kultur erklären wollte, hatte er noch keinerlei »Relativismus« vor Augen: Geschichte war für ihn noch ein »Zusichselbstkommen des Ansichseienden«, das für ihn – religiös gedeutet – letztlich Gott selbst ist. Hegel vertritt noch keinen »Historismus«, der letztlich die Wurzel aller »Werterelativismen« ist, da für ihn »Fortschritt«, verstanden als eine fortschreitende Entfaltung der Wirklichkeit, die »Richtung der Geschichte« ist. Wenn aber, wie es heute der Fall ist, der (letztlich christliche, auch wenn Christen ihn seit Augustinus nicht auf die gleichsam empirische Geschichte bezogen) Gedanke, Geschichte habe eine »Richtung«, verschwindet, bleibt nur noch die Vorstellung übrig, Werte seien wandelbar – und zwar wirklich Werte, nicht bloß Wertvorstellungen.

[31] Ed. B. Cicognani, Florenz 1943, 6 ff.

[32] Hier liegt eine selten beachtete Gefahr, ja Selbstgefährdung der Demokratie verborgen: um bei Wahlen Erfolg zu haben, muß Politik den kleinsten gemeinsamen Nenner der größtmöglichen Zahl der Wähler suchen; damit fallen unweigerlich Wertvorstellungen, die dem Bürger etwas abfordern, immer mehr unter den Tisch, es sei denn, sie werden von anderen als politischen Kräften im Volke wachgehalten. Zuweilen kann man sich nicht des Eindruckes erwehren, dies habe zur Folge, daß ein demokratisches Staatswesen sich nicht nur auf »vordemokratische Tugenden« verlassen muß, sondern diese darüber hinaus ständig »schleift«. Keine der erfolgreichen liberalen Demokratien hat schon das experimentum crucis bestehen müssen: daß es mit dem Wohlstand wirklich schmerzlich bergab geht. Dies erklärt auch die z. T. bestürzenden politischen Entwicklungen postkommunistischer Staaten: das Volk begehrt Wohlstand mehr als Freiheit – und weil jene, die den Sturz des Kommunismus herbeigeführt haben, ihn nicht rasch genug verschaffen können, wendet es sich wieder den – angeblich geläuterten – Machthabern von gestern zu.

[33] Daß Normen des Naturrechts nicht jedermann ohne weiteres einsichtig, ja teilweise wandelbar sind und immer wieder jeweils von neuem herausgefunden werden müssen, ist Bestandteil der meist sehr vereinfacht dargestellten klassischen Naturrechtslehre, vgl. z. B. Artikel 94 der Ia-IIae der Summa theologiae des Aquinaten.

[34] Ein solches Versickern zu verhindern vermag reine Philosophie nur am Rande, zumal wenn auch sie, wie dies heute der Fall zu sein scheint, der Vorstellung verfällt, *that anything goes*. Philosophische Überlegungen, in denen klar zwischen Gut und Böse, Recht und Unrecht unterschieden wurde, haben sich stets aus religiösen Quellen gespeist, selbst dann, wenn die Philosophen selbst nicht mehr »Gläubige« waren. Insofern wird ein Philosophieren, daß religiöse Traditionen verleugnet, bodenlos; reine Rationalität vermag am Ende nicht einmal sich selbst zu rechtfertigen.

[35] *W. K. Frankena:* Three Philosophies of Education (Plato-Kant-Dewey), Englewood Cliffs 1965. Frankena galt in den 60er Jahren in den Vereinigten Staaten als einer der bedeutendsten Vertreter der »analytischen Ethik«, dem der Durchbruch – von unserer Tradition her gesehen: die Rückkehr – von der Metaethik zur eigentlichen philosophischen Ethik gelang.

[36] *Thomas v. Aquin:* De ente et essentia, prooem., unter Bezugnahme auf Aristoteles, 271 b 12 ff.

# Die Freiheit und ihr Paradox

## Über Irrtümer unserer Zeit

von Prof. Dr. Wolfgang Fikentscher. 212 Seiten, DM 43,– , ISBN 3-930039-50-8

Wenn Wirtschaftspartner sich auf dem Markt treffen, genügen moralische Appelle nicht. Der Schlüssel zu sozialem Verhalten liegt in der rechtlich gesicherten Einrichtung und Erhaltung der Freiheit. Funktionierende Märkte sind die sozial wirksamsten Verteiler der knappen Güter an den Ort des Bedarfs.

Wolfgang Fikentscher, seit vielen Jahren mit Rechtsfragen der Wirtschaft in den unterschiedlichsten Ländern beschäftigt, warnt in diesem Buch vor der verkürzten Sicht der neoklassischen Wirtschaftslehre. Die jüngsten Entwicklungen analysiert er und untermauert so seine Thesen.

So glaubten viele Politiker im Westen, daß die Öffnung der Märkte im Osten durch einen freien Wettbewerb von alleine die Schäden des Sozialismus überwinden wird. Aber es kam anders. Warum?

In neun Kapiteln werden die Probleme der ehemaligen Sowjetunion und China, die Rolle der Umwelt in der Sozialen Marktwirtschaft, die Grundlinien eines rechtlichen Schutzes der Wirtschaftsfreiheit, das Subventionsproblem in der Landwirtschaft, die Irrtümer neosozialistischer Politiker, die von den Folgen der Wende 1989 enttäuscht sind, sowie Fragen der hinter allem stehenden Wirtschaftsethik (aus christlicher und kulturvergleichender Sicht) dargestellt.

# Die offene Zukunft

## Lehren und Orientierung aus der Universalgeschichte

von Dr. Hans Graeve. 248 Seiten, DM 43,–, ISBN 3-930039-57-5

Das Buch vermittelt ein neues, sehr wirklichkeitsnahes Bild von den Zusammenhängen der Geschichte. Es orientiert sich an den großen Abläufen, die sich in allen Kulturen und in den wesentlichsten Epochen vollzogen haben und zeigt eine schlüssige Gesamtschau der Geschichte in ihren folgenträchtigsten gesellschaftlichen und geistigen Entwicklungen.

Die Untersuchung geht von den tiefgreifendsten und umfassendsten gesellschaftlichen Prozessen aus, die in der Geschichte zu beobachten sind und sich in stets gleichförmiger Gestalt wiederholt haben: den Kulturblüten- und Zivilisationsprozessen. Sie spürt die allgemeinen historischen Bewegkräfte auf, die ihrer Eigenart entsprechend auch noch in der Gegenwart wirksam sind und deren Kenntnis daher eine Standortbestimmung der Gegenwart und Diagnose des Zustands der Gesellschaften des neuzeitlichen Westens gestattet sowie eine Prognose ihrer weiteren Entwicklung erleichtert.

Neben seiner geisteswissenschaftlichen Bedeutung hat das Buch damit für das gesellschaftliche und politische Denken und Handeln der Gegenwart erhebliche Relevanz.

## Ethik in Wirtschaft und Gesellschaft

# Fauler Zauber

Schein und Wirklichkeit des Sozialstaates

von Roland Baader. Ca. 250 Seiten, ca. DM 39,–, ISBN 3-930039-59-1

Das soziale Netz reißt und steuert in den Offenbarungseid. Die sich jagenden „Reformen" sind nur Tünche über die schwärenden Wunden falscher Systeme. Wachsende Arbeitslosigkeit, ausufernde Staatsverschuldung, steigende Kriminalität, Politikverdrossenheit und Niedergang des Standorts Deutschland – alles das sind nicht vorübergehende Auswüchse, sondern logisch-unerbittliche Folgen der deutschen Sozial-Pathologie. Die Sozialpolitik heilt nicht den gesellschaftlichen, ökonomischen und ethischen Niedergang, sondern umgekehrt: Das tabuisierte Heiligtum „Sozialstaat" führt in den finanziellen, moralischen und gesellschaftlichen Bankrott. Als ersatzreligiöser Götzenkult zerstört er sogar die christlichen Fundamente der abendländischen Zivilisation.

Roland Baader, klassisch-liberaler Nationalökonom und Erfolgsautor, seziert die Erosions-Mechanismen mit wissenschaftlicher Akribie und zeigt die beschwerlichen Wege aus den Zeitgeist-Fallen. Seine scharfsinnige Analyse ist zugleich ein überzeugendes Plädoyer für den Minimalstaat, denn: Der Maximalstaat löst keine Probleme, er ist das Problem.

# Der globale Bürgerkrieg

Verlorene Schlachten gegen Bürokratie und Lüge

von Hilmar von Campe. Ca. 250 Seiten, ca. DM 39,–, ISBN 3-930039-28-1

Bürokratie und Lügen, Verschleierungen und Manipulationen führen unsere Gesellschaft in ein immer undurchdringlicher werdendes Geflecht von Abhängigkeiten. Gleichzeitig nimmt die Verantwortungslosigkeit des Einzelnen gegenüber der Gemeinschaft auf beängstigende Weise zu. Dabei hätte gerade Deutschland mit seinen Erfahrungen aus zwei überwundenen Totalitarismen alle Voraussetzungen, ohne falsche Hoffnung effizient zum Wohle der eigenen Nation zu wirken.

Hilmar von Campe, ehemaliger Weltkriegssoldat, Unternehmer und Kosmopolit aus Überzeugung, kennt die internen politischen Zusammenhänge nicht nur in Deutschland und Europa, sondern auch in Lateinamerika, den USA, Südafrika und China. Seine Vergleiche verblüffen vor allem durch seine schonungslose Offenheit. Aus seiner derzeitigen Perspektive als Deutscher, der in den USA lebt, und auf der Grundlage von Detailkenntnissen, die er sich in vielen Gesprächen mit Politikern, Wirtschaftsexperten, Journalisten und Geheimdienstlern erworben hat, analysiert Hilmar von Campe die Verantwortung Deutschlands im globalen Spiel der Mächte unvoreingenommener und nüchterner als dies uns möglich ist. Radikal geht der Autor mit den Halbherzigkeiten, Lügen und Heucheleien in der internationalen Politik ins Gericht – ebenso wie mit den Irrtümern und Versäumnissen seiner eigenen Vergangenheit.

Das Fazit aus seinen Erfahrungen lautet: Die Lösung der immer komplizierter werdenden und immer schwerer wiegenden Probleme unserer Zeit liegt in der offenen und verbindlichen Annahme der christlichen Wertvorstellung.